Deutsche Märchen

Deutsche Märchen

von Ludwig Bechstein, Jacob und
Wilhelm Grimm, Wilhelm Hauff
und Ludwig Tieck

ausgewählt von Joachim Michael

mit zahlreichen Illustrationen

Anaconda

Penguin Random House Verlagsgruppe FSC® N001967

Die Deutsche Nationalbibliothek verzeichnet diese Publikation in der
Deutschen Nationalbibliografie; detaillierte bibliografische Daten sind im
Internet unter http://dnb.d-nb.de abrufbar.

© 2021 by Anaconda Verlag, einem Unternehmen
der Penguin Random House Verlagsgruppe GmbH,
Neumarkter Straße 28, 81673 München
Alle Rechte vorbehalten.
Umschlagmotiv: Walter Crane (1845–1915), Red Riding Hood (colour litho)
© Look and Learn / Bridgeman Images
Umschlaggestaltung: www.katjaholst.de
Satz und Layout: InterMedia – Lemke e. K., Heiligenhaus
Druck und Bindung: CPI books GmbH, Leck
ISBN 978-3-7306-1025-1
www.anacondaverlag.de

Inhalt

Ludwig Bechstein........................... 7

Schwan, kleb an.............................. 9

Das Märchen vom Ritter Blaubart 15

Die Goldmaria und die Pechmaria.............. 19

Die verzauberte Prinzessin..................... 24

Die Perlenkönigin............................. 35

Siebenschön.................................. 39

Das Märchen vom Schlaraffenland.............. 45

Die drei Musikanten........................... 50

Der weiße Wolf 60

Jacob und Wilhelm Grimm 67

Aschenputtel 69

Brüderchen und Schwesterchen 79

Die Bremer Stadtmusikanten.................... 89

Frau Holle.................................... 94

Rotkäppchen 98

Rapunzel.................................... 104

Hans im Glück............................... 110

Rumpelstilzchen 117

Dornröschen 122

Der Wolf und die sieben jungen Geißlein 127

Hänsel und Gretel 131

Der Froschkönig oder der eiserne Heinrich 142

Sneewittchen 148

Die Sterntaler............................... 161

Tischlein deck dich, Goldesel und
Knüppel aus dem Sack 162

Wilhelm Hauff 177
Die Geschichte vom kleinen Muck 179
Die Geschichte vom Kalif Storch 205
Das kalte Herz 223

Ludwig Tieck 287
Der blonde Eckbert 289

Bildnachweis 319

Ludwig Bechstein

Schwan, kleb an

Es waren einmal drei Brüder, von denen hieß der älteste Jacob, der zweite Friedrich und der dritte und jüngste Gottfried. Dieser jüngste war das Stichblatt aller Neckerein seiner Brüder und der gewöhnliche Ablenker ihres Unmuts. Wenn ihnen etwas quer über den Weg lief, so musste Gottfried es entgelten und er musste sich das alles gefallen lassen, weil er von schwächlichem Körperbau war und sich gegen seine stärkeren Brüder nicht wehren konnte. Dadurch wurde ihm das Leben sauer gemacht und er sann Tag und Nacht darauf, sein Schicksal erträglicher zu machen. Als er einst im Walde war, um Holz zu sammeln, und bitterlich weinte, trat ein altes Weiblein zu ihm, das fragte ihn um seine Not und er vertraute ihr all seinen Kummer. »Ei, mein Junge«, sagte das Weiblein darauf, »ist die Welt nicht groß? Warum versuchst du nicht anderswo dein Glück?« Das nahm sich Gottfried zu Herzen und verließ eines Morgens frühe das väterliche Haus und machte sich auf den Weg in die weite Welt, um, wie das Weiblein gesagt hatte, sein Glück zu suchen. Aber der Abschied von dem Ort, wo er geboren worden war und wenigstens eine glückliche Kindheit verlebt hatte, ging ihm doch nahe und er setzte sich auf einen Hügel nieder, um noch einmal recht das heimatliche Dorf zu betrachten. Siehe, da stand das Weiblein hinter ihm, schlug ihn auf die Schulter und sprach: »Das hast du einmal gut gemacht, mein Junge! Aber was willst du nun anfangen?« – Gottfried dachte jetzt erst daran, was er beginnen solle? Er hatte bis jetzt geglaubt, das Glück müsse ihm wie eine gebratne Taube in den Mund fliegen. Das Weiblein mochte seine Gedanken erraten, lächelte grinsend und sagte: »Ich will dir sagen, was du anfangen sollst. Warum? Weil ich dich lieb habe, und weil ich glaube, dass du auch mich nicht vergessen wirst, wenn du dem Glücke im Schoß sitzest.« Gottfried versprach dies mit Hand und Mund; die Alte fuhr fort: »Heute Abend, wenn die Sonne untergeht, gehe an den großen Birnbaum, der dort am Kreuzweg steht. Darunter wird ein Mann liegen und schlafen, an den Baum aber wird ein großer schöner Schwan angebunden sein; den Mann hütest du dich aufzuwecken und du musst deswegen gerade mit Sonnenuntergang kommen, den Schwan aber knüpfst du los und führst ihn mit dir fort. Die Leute werden in seine schönen Federn vernarrt sein und du magst ihnen erlauben, davon eine auszurupfen. Wenn aber der Schwan berührt wird, so wird er schreien und wenn du dann sagst: Schwan, kleb an!, so wird dem, der ihn berührt, die Hand fest ankleben und nicht eher wieder loswerden, bis du sie mit diesem Stöcklein antippst, das ich dir hiermit zum Geschenk mache. Wenn du nun so einen weidlichen Zug Menschenvögel gefangen hast, so führe sie nur immer grad aus. Da wirst du an eine große Stadt kommen, da wohnt eine Königstochter, die noch nie gelacht hat. Bringst du sie zum Lachen, so ist dein Glück gemacht; aber dann vergiss auch mich nicht, mein Junge!« Gottfried gab nochmals das Versprechen und war mit Sonnenuntergang richtig an dem bezeichneten Baum. Der Mann lag da und schlief und ein großer schöner Schwan war mit einem Bande an den Baum gebunden. Gottfried knüpfte den Vogel beherzt los und führte ihn davon, ohne dass der Mann erwachte.

Nun traf es sich, dass Gottfried mit seinem Schwan an einer Baustätte vorüber kam, wo einige Männer mit aufgestreiften Beinkleidern Lehm kneteten; die bewunderten die schönen Federn des Vogels und ein vorwitziger Junge, der über und über voll Lehm war, sagte laut: »Ach wenn ich doch nur eine solche Feder hätte.« – »Zieh dir eine aus!«, sprach Gottfried freundlich; der Junge griff nach dem Schweife des Vogels, der Schwan schrie; »Schwan, kleb an!«, sprach Gottfried und der Junge konnte nicht wieder loskommen, er mochte anfangen was er wollte. Die andern lachten, je mehr der Junge schrie, bis vom

nahen Bache eine Magd herzugelaufen kam, die mit hoch
aufgeschürztem Rocke dort gewaschen hatte. Die fühlte
Mitleid mit dem Jungen und reichte ihm die Hand, um
ihn loszumachen. Der Schwan schrie; »Schwan, kleb an!«,
sprach Gottfried, und die Magd war ebenfalls gefangen.
Als Gottfried mit seiner Beute eine Strecke gegangen war,
begegnete ihm ein Schornsteinfeger, der lachte über das
sonderbare Gespann und fragte die Magd, was sie denn
da triebe? »Ach herzliebster Hans«, antwortete die Magd
kläglich, »gib mir doch deine Hand und mach mich von
dem verteufelten Jungen los.« – »Wenn's weiter nichts
ist!«, lachte der Schornsteinfeger und gab der Magd die
Hand, der Vogel schrie; »Schwan, kleb an!«, sprach Gottfried und der schwarze Mensch war ebenfalls behext. Sie
kamen nun in ein Dorf, wo eben Kirchweih war; eine Seil-
tänzergesellschaft gab dort Vorstellungen und der Bajazzo
machte eben seine Narreteidinge. Der riss Mund und
Nase auf, als er das seltsame Kleeblatt sah, das an dem
Schweife des Schwans festhing. »Bist du ein Narr geworden, Schwarzer?«, lachte er. – »Da ist gar nichts zu lachen!«, antwortete der Schornsteinfeger. »Das Weibsbild
hält mich so fest, dass meine Hand wie angenagelt ist.
Mach mich los, Bajazzo; ich tu dir einmal einen andern
Liebesdienst.« Der Bajazzo fasste die ausgestreckte Hand
des Schwarzen, der Vogel schrie; »Schwan, kleb an!«,
sprach Gottfried und der Bajazzo war der Vierte im
Bunde. Nun stand in der vordersten Reihe der Zuschauer
der stattlich wohlbeleibte Amtmann des Dorfes, der
machte ein gar ernsthaftes Gesicht dazu und er ärgerte
sich gar höchlich über das Blendwerk, das nicht mit rech-

ten Dingen zugehen könne. Sein Eifer ging so weit, dass er den Bajazzo an der ledigen Hand fasste und ihn losreißen wollte, um ihn dem Büttel zu übergeben; da schrie der Vogel, und »Schwan, kleb an!«, sprach Gottfried und der Amtmann teilte das Schicksal der Vorgänger. Die Frau Amtmännin, eine lange dürre Spindel, entsetzte sich über das Missgeschick ihres Eheherrn und riss mit Leibeskräften an dem freien Arm desselben, der Vogel schrie; »Schwan, kleb an!«, sprach Gottfried und die arme Frau Amtmännin musste trotz ihres Geschreis folgen. Hinfort hatte niemand mehr Lust, die Gesellschaft zu vergrößern.

Gottfried sah schon die Türme der Hauptstadt vor sich; da kam ihm eine wunderschöne Equipage entgegen, in der eine schöne junge, aber ernste Dame saß. Als diese den bunten Zug erblickte, brach sie jedoch in lautes Gelächter aus und ihre Dienerschaft lachte mit. »Die Königstochter hat gelacht!«, rief alles vor Freuden. Sie stieg aus, betrachtete sich die Sache noch genauer und lachte immer mehr bei den Kapriolen, welche die Festgebannten machten. Der Wagen musste umwenden und fuhr langsam neben Gottfried nach der Stadt zurück. Als der König die Kunde vernahm, dass seine Tochter gelacht habe, war er voll Entzücken und nahm selbst Gottfried, seinen Schwan und dessen wunderliches Gefolge in Augenschein, wobei er selbst lachen musste, dass ihm die Tränen in den Augen standen. »Du närrischer Gesell«, sprach er zu Gottfried, »weißt du, was ich dem versprochen habe, der meine Tochter zum Lachen bringt?« – »Nein«, sagte Gottfried. – »So will ich dir's sagen«, antwortete der König. »Tausend Goldgulden oder ein schönes Gut. Wähle dir zwischen den beiden«. Gottfried entschied sich für das Gut. Dann berührte er den Buben, die Magd, den Schornsteinfeger, den Bajazzo, den Amtmann und die Amtmännin mit seinem Stäbchen und alle fühlten sich frei und liefen davon, als brenne die Hölle hinter ihnen her, was neues unauslöschliches Gelächter verursachte. Da wurde die Königstochter bewegt, den schönen Schwan zu streicheln und sein Gefieder zu bewundern. Der Vogel schrie; »Schwan, kleb an!«, sprach Gottfried, und so gewann er die Königstochter. Der Schwan aber erhob sich in die Lüfte und verschwand in den blauen Horizont. Gottfried erhielt nun ein Herzogtum zum Geschenk; erinnerte sich aber auch des alten Weibleins, das Schuld an seinem Glücke war und berief sie als seine und seiner auserwählten Braut Haushofmeisterin in sein stattliches Residenzschloss.

Das Märchen vom Ritter Blaubart

Es war einmal ein gewaltiger Rittersmann, der hatte viel Geld und Gut, und lebte auf seinem Schlosse herrlich und in Freuden. Er hatte einen blauen Bart, davon man ihn nur Ritter Blaubart nannte, obschon er eigentlich anders hieß, aber sein wahrer Name ist verloren gegangen. Dieser Ritter hatte sich schon mehr als einmal verheiratet, allein man hatte gehört, dass alle seine Frauen schnell nacheinander gestorben seien, ohne dass man eigentlich ihre Krankheit erfahren hatte. Nun ging Ritter Blaubart abermals auf Freiersfüßen, und da war eine Edeldame in seiner Nachbarschaft, die hatte zwei schöne Töchter und einige ritterliche Söhne, und diese Geschwister liebten einander sehr zärtlich. Als nun Ritter Blaubart die eine dieser Töchter heiraten wollte, hatte keine von beiden rechte Lust, denn sie fürchteten sich vor des Ritters blauem Bart, und mochten sich auch nicht gern voneinander trennen. Aber der Ritter lud die Mutter, die Töchter und die Brüder samt und sonders auf sein großes schönes Schloss zu Gaste, und verschaffte ihnen dort so viel angenehmen Zeitvertreib und so viel Vergnügen durch Jagden, Tafeln, Tänze, Spiele und sonstige Freudenfeste, dass sich endlich die jüngste der Schwestern ein Herz fasste, und sich entschloss, Ritter Blaubarts Frau zu werden. Bald darauf wurde auch die Hochzeit mit vieler Pracht gefeiert.

Nach einer Zeit sagte der Ritter Blaubart zu seiner jungen Frau: »Ich muss verreisen, und übergebe dir die Obhut über das ganze Schloss, Haus und Hof, mit allem, was dazu gehört. Hier sind auch die Schlüssel zu allen Zimmern und Gemächern, in alle diese kannst du zu jeder Zeit eintreten. Aber dieser kleine goldne Schlüssel schließt das hinterste Kabinett am Ende der großen Zimmerreihe. In dieses, meine Teure, muss ich dir verbieten zu gehen, so lieb dir meine Liebe und dein Leben ist. Würdest du dieses Kabinett öffnen, so erwartet dich die schrecklichste Strafe der Neugier. Ich müsste dir dann mit eigner Hand das Haupt vom Rumpfe trennen!« – Die Frau wollte auf diese Rede den kleinen goldnen Schlüssel nicht annehmen, indes musste sie dies tun, um ihn sicher aufzubewahren, und so schied sie von ihrem Mann mit dem Versprechen, dass es ihr nie einfallen werde, jenes Kabinett aufzuschließen und es zu betreten.

Als der Ritter fort war, erhielt die junge Frau Besuch von ihrer Schwester und ihren Brüdern, die gerne auf die Jagd gingen; und nun wurden mit Lust alle Tage die Herrlichkeiten in den vielen, vielen Zimmern des Schlosses durchmustert, und so kamen die Schwestern auch endlich an das Kabinett. Die Frau wollte, obschon sie selbst große Neugierde trug, durchaus nicht öffnen, aber die Schwester lachte ob ihrer Bedenklichkeit, und meinte, dass Ritter Blaubart darin doch nur aus Eigensinn das Kostbarste und Wertvollste von seinen Schätzen verborgen halte. Und so wurde der Schlüssel mit einigem Zagen in das Schloss gesteckt, und da flog auch gleich mit dumpfem Geräusch die Türe auf, und in dem sparsam erhellten Zimmer zeigten sich – ein entsetzlicher Anblick! – die blutigen Häupter aller früheren Frauen Ritter Blaubarts, die ebenso wenig, wie die jetzige, dem Drang der Neugier hatten widerstehen können, und die der böse Mann alle mit eigner Hand enthauptet hatte. Vom Tod geschüttelt, wichen jetzt die Frauen und ihre Schwester zurück; vor Schreck war der Frau der Schlüssel entfallen, und als sie ihn aufhob, waren Blutflecke daran, die sich nicht abreiben ließen, und ebenso wenig gelang es, die Türe wieder zuzumachen, denn das Schloss war bezaubert, und indem verkündeten Hörner die Ankunft Berittner vor dem Tore der Burg. Die Frau atmete auf und glaubte, es seien ihre Brüder, die sie von der Jagd zurück erwartete, aber es war Ritter Blaubart selbst, der nichts Eiligeres zu tun hatte, als nach seiner Frau zu fragen, und als diese ihm bleich, zitternd und bestürzt entgegentrat, so fragte er nach dem Schlüssel; sie wollte den Schlüssel holen und er folgte ihr auf dem Fuße, und als er die Flecken am Schlüssel sah, so verwandelten sich alle seine Gebärden, und er schrie: »Weib, du musst nun von meinen Händen sterben! Alle Gewalt habe ich dir gelassen! Alles war dein! Reich und schön war dein Leben! Und so gering war deine Liebe zu mir, du schlechte Magd, dass du meine einzige geringe Bitte, meinen ernsten Befehl nicht beachtet hast? Bereite dich zum Tode! Es ist aus mit dir!«

Voll Entsetzen und Todesangst eilte die Frau zu ihrer Schwester, und bat sie, geschwind auf die Turmzinne zu steigen und nach ihren Brüdern zu spähen, und diesen, sobald sie sie erblicke, ein Notzeichen zu geben, während sie sich auf den Boden warf, und zu Gott um ihr Leben flehte. Und dazwischen rief sie: »Schwester! Siehst du noch niemand!« – »Niemand!«, klang die trostlose Antwort. – »Weib! Komm herunter!«, schrie Ritter Blaubart, »deine Frist ist aus!«

»Schwester! Siehst du niemand?«, schrie die Zitternde. »Eine Staubwolke – aber ach, es sind Schafe!«, antwortete die Schwester. – »Weib! Komm herunter, oder ich hole dich!«, schrie Ritter Blaubart.

»Erbarmen! Ich komme ja sogleich! Schwester! Siehst du niemand?« – »Zwei Ritter kommen zu Ross daher, sie sahen mein Zeichen, sie reiten wie der Wind.« –

»Weib! Jetzt hole ich dich!«, donnerte Blaubarts Stimme, und da kam er die Treppe herauf. Aber die Frau gewann Mut, warf ihre Zimmertüre ins Schloss, und hielt sie fest, und dabei schrie sie samt ihrer Schwester so laut um Hülfe, wie sie beide nur konnten. Indessen eilten die Brüder wie der Blitz herbei, stürmten die Treppe hinauf und kamen eben dazu, wie Ritter Blaubart die Türe sprengte und mit gezücktem Schwert in das Zimmer drang. Ein kurzes Gefecht und Ritter Blaubart lag tot am Boden. Die Frau war erlöst, konnte aber die Folgen ihrer Neugier lange nicht verwinden.

Die Goldmaria und die Pechmaria

Es war einmal eine Witwe, die hatte zwei Töchter, eine rechte Tochter und eine Stieftochter; beide hießen Maria. Die rechte Tochter war nicht gut und fromm, dagegen war die Stieftochter ein bescheidenes, sittiges Mädchen, das aber gar viele Kränkungen und Zurücksetzungen von Mutter und Schwester erdulden musste. Doch sie war stets freundlich, tat die Küchenarbeiten unverdrossen, und weinte nur manchmal heimlich in ihrem Schlafkämmerlein, wenn sie von Mutter und Schwester so viel Unbilliges zu leiden hatte. Aber bald war sie dann allemal wieder heiter und frischen Mutes, und sprach zu sich selbst: »Sei ruhig, der liebe Gott wird dir schon helfen.« Dann tat sie fleißig ihre Arbeit, und machte alles nett und sauber. Ihrer Mutter arbeitete sie immer nicht genug; eines Tages sagte diese sogar: »Maria, ich kann dich nicht länger zu Hause behalten, du arbeitest wenig und issest viel, und deine Mutter hat dir kein Vermögen hinterlassen,

auch dein Vater nicht, es ist alles mein, und ich kann und mag dich nicht länger ernähren, daher du ausgehen musst, dir einen Dienst bei einer Herrschaft zu suchen.« Und sie buk von Asche und Milch einen Kuchen, füllte ein Krüglein mit Wasser, gab beides der armen Maria und schickte sie aus dem Hause.

Maria war sehr betrübt ob dieser Härte; doch schritt sie mutig durch die Felder und Wiesen, und dachte: Es wird dich schon jemand als Magd aufnehmen, und vielleicht sind fremde Menschen gütiger als die eigene Mutter. Als sie Hunger fühlte, setzte sie sich ins Gras nieder, zog ihren Aschenkuchen hervor und trank aus ihrem Krüglein, und viele Vöglein flatterten herbei, pickten an ihrem Kuchen, und sie goss Wasser in ihre Hand und ließ die munteren Vöglein trinken. Und da verwandelte sich unvermerkt ihr

Aschenkuchen in eine Torte, ihr Wasser in köstlichen Wein. Gestärkt und freudig zog die arme Maria weiter, und kam, als es dunkel wurde, an ein seltsam gebautes Haus, davor waren zwei Tore, eins sah pechschwarz aus, das andere glänzte von purem Gold.

Bescheiden ging Maria durch das minder schöne Tor in den Hof und klopfte an die Haustüre. Ein Mann von schreckbar wildem Ansehen tat die Türe auf und fragte barsch nach ihrem Begehren. Sie sprach zitternd: »Ich wollte nur fragen, ob ihr nicht so gütig sein möchtet, mich über Nacht zu beherbergen?«, und der Mann brummte: »Komm herein!« Sie folgte ihm, und bebte noch mehr zusammen, als sie drinnen im Zimmer nichts weiter sah und hörte als Hunde und Katzen, und deren abscheuliches Geheul. Es war außer dem wilden Thürschemann (so hieß dieser Mensch) niemand weiter in dem ganzen Hause.

Nun brummte der Thürschemann der Maria zu: »Bei wem willst du schlafen, bei mir oder bei Hunden und Katzen?« Maria sprach: »Bei Hunden und Katzen.« Da musste sie aber gerade neben ihm schlafen, und er gab ihr ein schönes weiches Bette, dass Maria ganz herrlich und ruhig schlief. Am Morgen brummte Thürschemann: »Mit wem willst du frühstücken, mit mir oder mit Hunden und Katzen?« Sie sprach: »Mit Hunden und Katzen.« Da musste sie mit ihm trinken, Kaffee und süßen Rahm. Wie Maria fortgehen wollte, brummte Thürschemann abermals: »Zu welchem Tor willst du hinaus, zum Goldtor oder zum Pechtor?«, und sie sprach: »Zum Pechtor.« Da musste sie durchs goldene gehen, und wie sie durchging, saß Thürschemann oben darauf und schüttelte so derb, dass das Tor erzitterte und dass Maria ganz von Gold überdeckt war, das von dem Goldtore auf sie herabfiel.

Nun ging sie wieder heim, und ins elterliche Haus eintretend kamen ihre Hühner, die sie sonst immer gefüttert, ihr freudig entgegen geflogen und gelaufen, und der Hahn schrie: »Kikiriki, da kommt die Goldmarie! Kikiriki!« Und ihre Mutter kam die Treppe herunter und knickste so ehrfurchtsvoll vor der goldenen Dame, als wenn es eine Prinzessin wäre, die ihr die Ehre ihres Besuches schenkte. Aber Maria sprach: »Liebe Mutter, kennst du mich denn nicht mehr? Ich bin ja die Maria.«

Jetzt kam auch die Schwester ganz erstaunt und verwundert, wie die Mutter, und beide voll Neides, und Maria musste erzählen, wie wunderbar es ihr ergangen, und wie sie zu dem Golde gekommen war.

Nun nahm sie ihre Mutter wohl auf, und hielt sie auch besser wie zuvor, und Maria wurde von jedermann geehrt und geliebt; bald fand sich auch ein braver junger Mann, der Marien als Gattin heimführte und glücklich mit ihr lebte.

Der andern Maria aber wuchs der Neid im Herzen, und sie beschloss, auch fortzugehen und übergoldet wiederzukommen. Ihre Mutter gab ihr süßen Kuchen und Wein mit auf die Reise, und wie Maria davon aß und Vöglein geflogen kamen, um auch mit zu schmausen, jagte sie dieselben ärgerlich fort. Ihr Kuchen aber verwandelte sich unvermerkt in Asche, und ihr Wein in mattes Wasser. Am Abend kam Maria ebenfalls an Thürschemanns Tore; sie ging stolz zu dem goldenen hinein, und klopfte dann an die Haustüre. Wie Thürschemann auftat und nach ihrem Begehren fragte, sagte sie schnippisch: »Nun, ich will hier übernachten.« Und er brummte: »Komm herein!« Dann fragte er auch sie: »Bei wem willst du schlafen, bei mir oder bei Hunden und Katzen?« Sie sagte schnell: »Bei euch, Herr Thürschemann!« Aber er führte sie in die Stube, wo Hunde und Katzen schliefen und schloss sie hinein. Am Morgen war Mariens Angesicht hässlich zerkratzt und zerbissen. Thürschemann brummte wieder: »Mit wem willst du Kaffee trinken, mit mir oder mit Hunden und Katzen?« »Ei, mit euch«, sagte sie, und musste nun gerade wieder mit Katzen und Hunden trinken. Nun wollte sie fort. Thürschemann brummte abermals: »Zu welchem Tor willst du hinaus, zum Goldtor oder zum Pechtor?«, und sie sagte: »Zum Goldtor, das versteht sich!« Aber dieses wurde sogleich verschlossen und sie musste zum Pechtor hinaus, und Thürschemann saß obendrauf, rüttelte und schüttelte, dass das Tor wackelte und da fiel so viel Pech auf Marien herunter, dass sie über und über voll wurde.

Als nun Maria voll Wut ob ihres hässlichen Ansehens nach Hause kam, krähte der Gluckhahn ihr entgegen: »Kikiriki, da kommt die Pechmarie! Kikiriki!« Und ihre Mutter wandte sich voll Abscheu von ihr, und konnte nun ihre hässliche Tochter nicht vor Leuten sehen lassen, die hart gestraft blieb, darum, dass sie so auf Gold erpicht gewesen.

Die verzauberte Prinzessin
(Nach mündlicher Überlieferung)

Es war einmal ein schlichter Handwerksmann, der hatte zwei Söhne, die hießen Hellmerich und Hans; dieser ging einst aus seinem Dörflein in die nahe Stadt, um Geschäfte mancherlei Art abzutun. Als er am Abend, schon auf dem Heimweg begriffen, in der äußern Schenke noch einen stärkenden Trunk tat, machte ihn ein höchst lebhaftes Gespräch, das einige junge zechende Männer führten, aufmerksam; er lauschte mit Augen und Ohren, denn die Rede jener Leute ging von nichts Geringerem als davon, dass ein herrliches Schloss mit unermesslichem Gold und Gütern zu gewinnen sei. In diesem Schlosse schmachte eine holde Prinzessin verzaubert nach Erlösung, welche

Prinzessin dem Glücklichen, der sie durch pünktliche Erfüllung dreier Proben, die ihm auferlegt würden, erlösen
würde, die königliche Hand reiche und ihn zu ihrem Gemahl erhebe. Derjenige, dies war aber der Zusatz, der die
drei Aufgaben nicht löse, so er doch die Prinzessin begehrt, müsse das Leben lassen und kehre nimmer wieder.

Nachdenklich und mit hochschlagendem Herzen
schritt der ehrliche Meister über die vom Abenddämmer
umsponnene Heimatflur seinem Dörflein zu. Schon sah
er in Gedanken seinen ältesten Sohn, Hellmerich, den er
ungleich mehr liebte als seinen andern, Hans, im Königsschloss, und die holde Prinzessin als seine hochverehr-
teste Schnur.

Daheim teilte er nun seinem lieben Weibe und seinen
Söhnen die goldene Neuigkeit mit, und alle waren ganz
erstaunt über diese Mär. Der Vater gebot nun gleich seinem Lieblingssohn Hellmerich, sich aufzumachen, und
das Wagestück zu bestehen; die Sache litt keinen Auf-
schub; sollte Hellmerich das schöne Schloss gewinnen
und die Prinzessin einnehmen, so musste das Werk rasch

unternommen und ausgeführt werden, denn es leuchtete dem klugen Meister als ganz natürlich ein, dass viele andere sich auch daran wagen könnten und würden. Und Hellmerich war auch so entzückt und begierig, und bereits in seinem stolzen Herzen des Sieges so gewiss, dass er schon mit Hoffart und verächtlichen Blicken die kleinliche Welt um sich her maß, und ungeduldig der Stunde entgegen harrte, da er auf einem schön gezäumten Ross davonfliegen und dem ihm bestimmten Glück in die Arme eilen sollte. Endlich schlug die ersehnte Stunde. Scheidend verhieß Hellmerich, schon im Gefühl seiner Königswürde voll unaussprechlicher Huld und Güte, seinen armen Eltern, deren ganzes Vermögen sich in das stolze Ross verwandelt hatte, er wolle sie, samt seinem dummen Bruder Hans, in einem sechsspännigen Wagen abholen lassen, sobald er die Prinzessin erlöset habe.

Hans weinte, denn er fühlte sich gar sehr zurückgesetzt und gekränkt. Indessen, er arbeitete treulich und bald wieder fröhlich für den Unterhalt seiner lieben Eltern.

Hellmerich reiste stattlich von Ort zu Ort, des Sommers blumenreiche Gefilde breiteten sich immer lieblicher und erquickender vor seinen Blicken aus; je mehr er sich dem herrlichen Ziele näherte, je zauberischer und prächtiger gestaltete sich die Natur; rauschende Wälder und trauliche Bäche, klarduftende Wiesen, spiegelnde Teiche, anmutige Höhen und wogende Saatfelder wechselten auf das Angenehmste miteinander ab; hier schien es so paradiesisch, dass Hellmerich keinen Zweifel hegte, das zu gewinnende Königsgebiet bereits betreten zu haben. Und wirklich schimmerte endlich in der sonnenlichten Ferne ein goldglänzender Punkt. Da zitterte die wildeste Freude durch Hellmerichs Herz. Er jauchzte laut, und schlug mit der Reitgerte weit um sich. So trabte er am Saume eines frischen Laubwäldchens hin und scheuchte die Vöglein, die goldgefiederten, harmlosen Sänger von den Zweigen. Bald kam er an einen großen Ameisenhügel, der im Wege lag, und er ließ ihn mutwillig von seinem Ross zertreten und zerstampfen, sodass die erzürnten Geschöpfe an sein Pferd und an ihn selbst krochen und ihre Rache mit Schmerz erregenden Bissen ausließen, bis Hellmerich wütend sie alle zerschlug und zertrat. Und weiter kam er an einen silberhellen Teich, da schwammen zwölf weiße Entchen. Der böse Hellmerich lockte sie ans Ufer und trat sie tot; nur ein einziges entkam. Dann kam er an einen schönen Bienenstock, und tötete aus purem Frevelmut auch die kleinen fleißigen Künstler. So übte er an allem, was ihm aufstieß, die Tücke eines bösen Herzens.

Immer herrlicher erhob sich in der Ferne das Königsschloss, sein Dach war gülden, auf den zierlichen Türmen wehten hell schimmernde Fahnen. Das Gebäude war von Marmor aufgeführt, die hohen Fenster blinkten wie Flammenspiegel, und rings war es umrauscht von schattenden Myrtenbäumen, umblüht von den herrlichsten Blumen und Rosenbüschen. Doch immer geheimnisvoller wurde das Schweigen, das sich über diesem Zauber verbreitete.

Hellmerich stand jetzt an der hohen Pforte und klopfte ungeduldig, bis ein altes Mütterlein, mit spinnenwebfarbigem Gesichte und schreckendem Gespensterputz, erschien, und mit Widerwillen nach seinem Begehren fragte. »Nun, die Prinzessin will ich erlösen«, war Hellme-

richs kecke Antwort: »Sage, was soll ich tun, altes Weib?«
»Da musst du morgen früh neun Uhr wiederkommen«,
sprach das Mütterlein, »wo ich dich hier erwarten, und
das Weitere mit dir vornehmen werde.«

Zur bestimmten Zeit stellte sich Hellmerich ein; das
Mütterlein erschien, und trug ein kleines Fass voll Leinsamen, den sie bald auf einer schönen Wiese ausstreute,
und zu Hellmerich sagte: »Lese alle Körner wieder zusammen, auf dass nicht eins fehle, in einer Stunde komme
ich wieder, mein Sohn, da muss diese Aufgabe gelöst
sein.« Aber der hochfahrende Hellmerich mochte sich
nicht bücken in seinem modisch engen Gewande und
spottete der albernen Aufgabe. Er spazierte auf und ab, bis
das Mütterlein wieder kam, und mit hohnlächelnden
Mienen das leere Fässlein anblickte. Nun hatte sie zwölf
goldene Schlüssel, die sie in den nahen spiegelnden Teich
warf, und sie sagte zu Hellmerich: »Diese Schlüssel sollst
du wieder herausholen, auf dass kein einziger fehle, in
einer Stunde komme ich wieder, mein Sohn, da muss
diese Aufgabe gelöst sein.«

Hellmerich spähte hinein in das Wasser, er schnitt
Baumzweige ab und häkelte hinein, aber er brachte keinen einzigen Schlüssel heraus. Er stieg selbst ins Wasser,
und kam nur mit Mühe wieder ans Ufer, ohne einen
Schlüssel gefunden zu haben. Mütterlein kam, und Hellmerich hatte seine Aufgabe nicht gelöst. Da führte sie ihn
die schöne Marmortreppe hinan, und öffnete des Schlosses hohe goldene Pforte, dann schritt sie weiter voran
durch herrliche Zimmer und Säle, bis sie endlich in ein
anmutiges Gemach traten, wo tiefschweigend drei ver-

schleierte Frauen saßen. Eine war wie die andere gekleidet. »Nun wähle dir eine von diesen Frauen«, sprach das
Mütterlein, »zwei davon sind böse und eine ist gut;
wählst du die gute, so bist du ewig glücklich, wählst du
aber eine böse, so befiehl deine arme Seele. In einer
Stunde komme ich wieder, mein Sohn, da muss diese
Aufgabe gelöst sein.«

Nun stand Hellmerich schwankend und unschlüssig,
bis es zwölf Uhr schlug, und das Mütterlein hereintrat. Da
deutete er flugs nach der Rechten. Die Zaubergestalten erhoben sich, und die Schleier rauschten zur Erde. Die Mittelste war ein holdseliges Mägdlein, ihr schöner Lilien-
nacken war umwallt von reichen Locken, ihre Hände und
Brust waren mit funkelndem Geschmeide behangen, und
auf dem Haupte trug sie eine goldene Krone. Ihr wehmütiger, tränender Blick haftete eine kurze Minute auf Hellmerichs Angesicht, dann senkte sie das Tränenauge, und
der Schleier sank wieder leise über die zarte, holde Gestalt
hin. Die beiden aber zur Rechten und Linken waren hässliche Furien, ihre Augen sprühten feurige helle Flammen,
ihre Zähne schlugen knirschend aneinander und an ihren
Häuptern wuchsen Hörner hervor und an den Händen
abscheuliche Krallen. So stürzten sie mit höllischer
Freude nach dem Unglücklichen, und schleuderten ihn
zum Fenster hinaus, wo er in einem dunklen Abgrund auf
immer verschwand. Und dann verschwand auch alles
Übrige, Schloss, Prinzessin und Zauberhain.

Ein Jahr war verflossen, und wieder schmückten des
Frühlings rosige Blüten die Erde, aber bei dem armen
Handwerksmann war noch kein sechsspänniger Wagen

angekommen, und auch keine Kunde, dass die Prinzessin erlöst sei. Die Eltern gaben schmerzlich ihren Sohn Hellmerich auf. Und Hans fühlte heimlich eine herzliche Lust, auch einmal sein Glück zu versuchen, wiewohl er dies Vorhaben sorglich vor seinen Eltern verbarg. In einer hellen Mondnacht schlich er sich davon, ohne Ross und ohne Reisegeld, und wanderte wohlgemut durch Länder und Städte. Er nährte sich von Waldbeeren und Wurzeln, trank aus der klaren Quelle, sang mit den frommen Vögeln, und schlief sorglos und harmlos auf dem weichen Moose des dunkeln Waldes.

So wanderte er fröhlich fort, bis er eines Mittags an ein schattiges Laubwäldchen kam; dort begann das Gebiet des Zauberschlosses. Wie selig schlug sein Herz als er dieses paradiesische Land überschaute. Verklärt von rötlichem Schimmer lag es vor seinen Blicken ausgebreitet, und von mächtigem Zauberreiz war er also ergriffen, dass er trunkenen Sinnes auf seine Knie sank. Es umfing ihn ein süßer Schlummer, und er träumte lange, auf dem kühlen Waldmoose ruhend. Eine holde Frau, umwallt von hell schimmerndem Gewande, stieg zu ihm hernieder und reichte ihm eine Schale voll süßen Wassers, das er trank, und welches ihn himmlisch erquickte; und weiter taten sich goldene Herrlichkeiten vor seinem Traumblicke auf, liebliche Mägdlein in blumigen Gewändern umtanzten ihn und trugen ihn empor auf einen goldenen Thron, wo die holde Frau saß, die ihm lächelnd und liebeseligen Blickes eine blitzende Krone überreichte.

Also ward Hansens gutes, frommes Herz im Traume von Seligkeiten erquickt.

Als er erwachte, trat die Morgensonne in rosigem Schimmer aus den dunkeln Pforten der Nacht; er wanderte rasch von dannen, und kam bald an einen großen Ameisenhügel, der halb zertreten und zerrissen im Wege lag, und er blickte sinnend den fleißigen Tierchen zu, wie sie emsig zusammentrugen und an ihrem Bau arbeiteten. Er selbst wollte helfen; allein bald krochen die Tierchen an ihn und bissen ihn. Da las er sie alle von sich herunter und tötete keines.

Weiter wandernd kam er an einen schönen Teich, und es schwammen abermals zwölf weiße Entchen darauf; ihre Federn glänzten wie Silber. Und sie schwammen ans Ufer, und er streute ihnen Futter, hatte so seine herzliche Freude an ihnen.

Bald auch kam er an einen großen Bienenstock, und freute sich über den Fleiß der Tierchen und über ihre

Kunst. Still betrachtend pries er die Größe, Weisheit und Güte des liebevollen Schöpfers.

In goldener Klarheit lag nun das wundersam herrliche Schloss vor ihm, seine Augen vermochten kaum den Glanz zu ertragen, der es rings umstrahlte. Zagend schritt er näher und zweifelte gänzlich an der Erfüllung seines vermessenen Vorhabens; doch stärkte ihn mächtig der Gedanke an seinen wundersamen Traum, und es trieb ihn vorwärts, ob er auch zagte und zitterte. So stand er an der Pforte des Schlosses und klopfte leise, bis das Mütterlein erschien und nach seinem Begehr fragte. Bescheiden sprach er: »O Mütterlein, glaubst du, dass ich die Prinzessin erlösen kann? Sieh, ich bin ein armer Knecht, so du meinst, ich sei zu geringe, will ich das schöne Schloss nur anschauen und wieder heimwandern.« Mütterlein aber nahm freundlich des Jünglings Hand, und strich ihm mit ihren kalten knöchernen Fingern die Locken von der Wange, und musterte seine schöne Gestalt und bescheidene Kleidung. »So du drei Proben bestehst«, sagte sie, »ist die Prinzessin und das reiche schöne Schloss dein, und du bist König über dieses holde Land. So du sie nicht bestehst, da du sie doch begehrt, wird es dich dein Leben kosten.«

Mit dem Mute eines reinen Herzens blickte Hans empor und sprach: »Wohlan, Mütterlein, sage was ich tun soll.« Und die Alte brachte das Fässlein voll Leinsamen, und streute ihn rings auf die grünende Wiese aus, und sprach: »Lese alle Körnlein wieder zusammen, auf dass nicht eines fehle, in einer Stunde komme ich wieder, mein Sohn, da muss diese Aufgabe gelöst sein.«

Wie unendlich fleißig las Hans die Körnlein von der Wiese; aber es schlug schon dreiviertel und er hatte das Fässlein nicht halb voll. Da verzagte er schier, doch erwartete er das gestrenge Urteil mit Ergebung. Aber siehe, plötzlich kroch eine Schar schwarzer Ameisen heran, die trugen alle Körnlein zusammen in das Fass, dass es in wenigen Minuten so voll war wie vorher. Das Mütterlein kam; o wie freudig trug ihr Hans das Fässlein entgegen! Darauf warf sie die zwölf Schlüssel in den nahen Teich und sprach: »Diese Schlüssel sollst du wieder herausholen, auf dass kein einziger fehle, in einer Stunde komme ich wieder, mein Sohn, da muss diese Aufgabe gelöst sein.« Nun gab sich Hans die größte Mühe, brachte aber keinen einzigen Schlüssel aus der Tiefe. Verzagend saß er am Ufer und sah schon das furchtbare Gericht über sich ergehen. Und siehe, da schwammen zwölf silberweiße Entchen heran, und ein jedes trug einen goldenen Schlüssel in seinem Schnäbelein, und warfen sie an das frischgrüne Ufer. – Glückselig trug Hans die goldenen Schlüssel dem Mütterchen entgegen und sandte still ein Dankgebet zum Himmel empor, dass ihm so wunderbare Hülfe widerfahren.

»Nun kommt die letzte Probe, mein Sohn, doch auch die schwerste«, sagte das Mütterlein und führte den Jüngling in das Zauberschloss, durch hohe herrliche Säle und Zimmer, bis sie in das Gemach der drei Schleierfrauen gelangten. »Nun wähle dir eine von diesen Frauen«, sprach das Mütterlein, »zwei davon sind böse, und eine ist gut; wählst du die gute, so bist du ewig glücklich, wählst du aber eine böse, so befiehl deine arme Seele. In einer Stunde komme ich wieder, mein Sohn, da muss diese Aufgabe gelöst sein.«

Wie zitternd und zagend blickte Hans die drei schweigsamen Zaubergestalten an! Eine wie die andere saß ruhig und geheimnisvoll. – Sein Auge verdunkelte sich, seine Seele schwebte zwischen Todesangst und glückseliger Hoffnung. Da sank er auf die Knie und betete. Ein leises Summen um sein Haupt – unterbrach die angstvolle Totenstille, es umflüsterte ihn eigentümlich, wie Geisterstimmen. Da blickte er empor und sah unzählige Bienen sein Haupt umkreisen, und es schwirrte ganz leise aus jeglichem Bienenmund: »Die Mitt'le, die Mitt'le, die Mitt'le.« Da trat Mütterlein herein, und Hans deutete auf die mittelste Zaubergestalt.

Rauschend fielen die Schleier der Frauen zu Boden. Zu beiden Seiten standen die hässlichen Furien, und mitten innen das holdselige Mägdlein. Ein Donnerschlag erschütterte die Luft, durchbebte die Erde; und die scheußlichen Furien stürzten heulend zum Fenster hinaus, in den furchtbaren Abgrund.

Aber die Prinzessin voll unaussprechlichem Liebreiz umfing den glücklichen Jüngling, und lispelte wonneselig: »Habe Dank, du Teurer! Siehe, dein reines, frommes Herz, hat mich befreiet, und nur ein reines, frommes Herz konnte mich befreien. Du bist nun mein und ich bin dein, mein süßer Bräutigam!«

Darauf hatte Hans in seiner Freude nichts Eiligeres zu tun, als einen goldnen Wagen mit sechs Pferden bespannt in seine Heimat zu senden, und seine Eltern holen zu lassen. Und alle lebten glücklich in dem Zauberschloss bis an ihr Ende.

Die Perlenkönigin

(Mündlich, in Franken)

Nicht weit von einem friedsamen Dörflein welches
am Seegestade lag und meist von Fischern bewohnt
war, ließ sich alle Jahre zu etlichen bestimmten Malen
eine überirdisch schöne Jungfrau am Ufer sehen; dieselbe
kam allemal in einem wunderschönen Schifflein, welches
gerade aussah wie von puren hell farbigen Perlen zusam-
mengefügt, daher gesegelt, und niemand wusste woher sie
kam, oder wohin sie wieder zurückkehrte, wenn sie verschwand. Die treuherzigen Fischersleute hatten sie aber
gar lieb, zumal die Kinder, denen sie jedes Mal schöne
Perlen die Menge ans Ufer streute und ihnen zuwinkte,
dieselben aufzulesen. Da waren die Kleinen dann geschäftig und lasen die Perlen auf, und erfreuten sich an deren
Farbenglanz. Und dann kamen die Fischer und Fischerin-
nen und trugen der guten schönen Perlenkönigin eine
Mahlzeit zusammen: Fische und Brot und guten Wein,
und die holde Jungfrau war gegen alle freundlich, und aß
einige Bissen, und trank ein wenig Wein.

Oft auch zur Zeit, da die schöne Unbekannte dort am
Ufer zu landen pflegte, kamen aus andern fremden Ländern Prinzen und viele Edle herbei, um die schöne Jungfrau zu sehen und vielleicht zu freien; denn es ging von ihr
weit und breit die Rede, dass sie ebenso reich an Erden-
schätzen, wie an Leibesschönheit sei. Aber alle mussten
auch wieder unbefriedigt von dannen ziehen. Die hohe
Jungfrau verlangte von jedem, der um sie warb, dass er zu-

vor drei Proben bestehe, die sie ihm aufgegeben. Und diese waren bisher für alle zu schwer und hoch. Keiner vermochte sie zu lösen, und so mussten die hohen Bewerber dann zurückstehen und ein wenig beschämt und verstimmt wieder abziehen. Das erste war, was die Jungfrau aufgab, zu erraten, was für Haare sie habe; denn sie trug stets das Haupt ganz dicht verschleiert; das hatte noch keiner erraten, wiewohl schon alle Farben – schwarz, rot, blond, braun, weiß, grün, grau, blau geraten worden war. Das zweite war, die Halskette der Jungfrau umzuhängen. Wurden dann die glänzend hellen Perlen davon trübe, so war's ein böses Zeichen, dann weinte die schöne Dame allemal, und ihre Tränen wurden eine ebenso helle Perle wie die an der Kette und fügten sich derselben an. Und so wie die Perlenschnur wieder am Halse der Jungfrau hing, glänzte sie auch wieder hell und wundersam. Das dritte war, zu erraten, was die Jungfrau auf der Brust trage. Und dies erriet keiner. Und so gewann auch keiner, und wäre er auch der reichste Fürst gewesen, die Gunst der Jungfrau, also dass sie ihm Hand und Herz schenke. Sie blieb geheimnisvoll. Alle List, um etwas Näheres über sie selbst und über ihre Heimat zu erfahren, blieb fruchtlos; denn allzu schnell war das Perlenschifflein allemal vor den Blicken der Menschen auf dem Gewässer verschwunden. Doch zur bestimmten Zeit kam sie wieder, so freundlich und liebreich wie zuvor, und streute Perlen aus am Ufer.

Und da war ein Knäblein, das hatte sie unter allen Kindern am liebsten, das nahm sie allemal in ihre Arme und drückte es herzlich, und der Knabe hatte die schöne gütige Dame auch gar sehr lieb; doch als er größer wurde, wurde er verschämt und schüchtern, und wagte zuletzt gar nicht mehr Perlen aufzulesen, musste auch meist mit seinem Vater auf die See fahren und fischen.

So war die Jungfrau schon mehrere Male dort ans Ufer gestiegen und hatte ihren lieben Fischerknaben nicht gesehen; da wurde sie betrübt, denn ach, ihr Herz hatte sich gerade diesen Jüngling auserwählt, und sie wünschte nichts mehr, als dass einst dieser schöne Fischer imstande sein möge, die drei Aufgaben zu lösen, und ihr dann auf immer nach der schönen Perlen-Insel, ihrer Heimat, zu folgen. Sie beschloss im Stillen, als sie wieder einmal, ohne den geliebten Fischerjüngling gesehen zu haben, mit ihrem Schifflein vom Ufer abstieß, am selbigen Abend wiederzukommen, um dem Teuren unsichtbar nahe zu treten. Und ja, als der goldne Mond aufgegangen war, und sich auf den Wassern spiegelte, fuhr das Perlenschifflein wieder durch die Wellen dem befreundeten Ufer zu, wo dort in der kleinen Fischerhütte der Geliebte längst entschlummert ruhte. Die holde Jungfrau trat ein in das kleine Gemach und beugte sich sanft zu dem Schläfer, dem nur Moos zum Lager diente. Und sie lösete ihre Perlenschnur vom Hals und hing sie dem Jüngling um, und die Perlen blieben so hell und klar wie zuvor, o welche Freude durchströmte da ihr liebendes Herz! Sie küsste den Teuren segnend, und schied, und kehrte alle Abende wieder und hing allemal die Perlen um des Jünglings Hals, und die Perlen blieben allemal hell und glänzend. Der Jüngling war aber in seinem Herzen ebenfalls in Liebe zur schönen Perlenkönigin entbrannt und war dabei fromm und gut, nur war er allzu schüchtern und verzagt, um ihr öffentlich zu nahen.

Als sie nun wieder einmal des Nachts an des Jünglings Lager weilte, erwachte derselbe, blieb aber ruhig, sodass sie wähnte, er schlafe. Da nahm sie wieder die Perlenschnur vom Hals und hing sie ihm um, und weinte warme Tränen auf seine Wangen, und warf den Schleier zurück und nahm ihre Haare und trocknete die Tränen damit ab. Da sah der Jüngling, dass ihre Haare *golden* waren. Dann schlug sie das Busentuch zurück, da glänzte ein heller Spiegel auf ihrer Brust, aus welchem des Jünglings Bild sanft und schön herausblickte. Doch wann sie schied, wurde sie allemal betrübt und traurig; denn sobald die helle Perlenschnur nur ein einziges Mal trüb werden mochte am Halse ihres geliebten Fischers, hätte sie nimmer wieder ihm nahen dürfen.

So kam die bestimmte Zeit, wo die schöne Perlenkönigin wieder nahe dem Fischerdörflein ans Ufer stieg und nach ihrer gewohnten Weise für die frohen Kinder Perlen ausstreute; und dieses Mal waren viele edle Fürsten und Herren gekommen, um die reiche schöne Prinzessin zu erwerben; auch der Fischerjüngling stand von ferne, und fasste Mut, der Angebeteten zu nahen. Doch es kam erst zuletzt an ihn, als alle andern wieder beschämt von ihr gewichen waren. Da trat er bescheiden hin und bat um die drei Aufgaben, und die Jungfrau glühte vor Freude und gab sie ihm, und sandte heimlich flehende Blicke gen Himmel, dass doch ihr geliebter Jüngling die Proben bestehen möge. Kein anderer konnte sie ja lösen. Der schöne Fischer beugte sich sittsam vor der Holden und sprach:

»Oh, deine Haare müssen golden sein.« Und im Augenblick fiel der Schleier herab und ihre goldnen Locken wallten hernieder. Dann hing die freudige Jungfrau die Perlenschnur um den Hals des Jünglings und sie blieb rein und glänzend. Und wieder sprach der Fischer: »Und deine Brust muss ein reiner schöner Spiegel sein, holde Jungfrau!« Und auch das Busentuch rauschte im Augenblick zur Erde, und der klare Spiegel auf der Brust der Jungfrau zeigte ein sanftes schönes Bild, das Bild des Jünglings. Da erscholl vom Perlenschifflein ein heller Jubel, und freudetönende Musik, und ein Kreis von schönen Frauen und blühenden Männern erhob sich freudevoll vom Schifflein und nahm das holde Paar auf, und der kleine schöne Perlennachen glitt auf der spiegelhellen Wasserfläche dahin, nach der wunderlieblichen Perleninsel, als der Heimat der lieben Braut des Fischerjünglings, um nimmer, nimmer wiederzukehren.

Siebenschön

Es waren einmal in einem Dorfe ein paar arme Leute, die hatten ein kleines Häuschen und nur eine einzige Tochter, die war wunderschön und gut über alle Maßen. Sie arbeitete, fegte, wusch, spann und nähte für sieben, und war so schön wie sieben zusammen, darum ward sie Siebenschön geheißen. Aber weil sie ob ihrer Schönheit immer von den Leuten angestaunt wurde, schämte sie sich, und nahm sonntags, wenn sie in die Kirche ging –

denn Siebenschön war auch frömmer wie sieben andre, und das war ihre größte Schönheit – einen Schleier vor ihr Gesicht. So sah sie einstens der Königssohn, und hatte seine Freude über ihre edle Gestalt, ihren herrlichen Wuchs, so schlank wie eine junge Tanne, aber es war ihm leid, dass er vor dem Schleier nicht auch ihr Gesicht sah, und fragte seiner Diener einen: »Wie kommt es, dass wir Siebenschöns Gesicht nicht sehen?« – »Das kommt daher« –, antwortete der Diener, »weil Siebenschön so sittsam ist.« Darauf sagte der Königssohn: »Ist Siebenschön so sittsam zu ihrer Schönheit, so will ich sie lieben mein Leben lang und will sie heiraten. Gehe du hin und bringe ihr diesen goldnen Ring von mir und sage ihr, ich habe mit ihr zu reden, sie solle abends zu der großen Eiche kommen.« Der Diener tat wie ihm befohlen war, und Siebenschön glaubte, der Königssohn wolle ein Stück Arbeit bei ihr bestellen, ging daher zur großen Eiche und da sagte ihr der Prinz, dass er sie lieb habe um ihrer großen Sittsamkeit und Tugend willen, und sie zur Frau nehmen wolle; Siebenschön aber sagte: »Ich bin ein armes Mädchen und du bist ein reicher Prinz, dein Vater würde sehr böse werden, wenn du mich wolltest zur Frau nehmen.« Der Prinz drang aber noch mehr in sie, und da sagte sie endlich, sie wolle sich's bedenken, er solle ihr ein paar Tage Bedenkzeit gönnen. Der Königssohn konnte aber unmöglich ein paar Tage warten, er schickte schon am folgenden Tage Siebenschön ein Paar silberne Schuhe und ließ sie bitten, noch einmal unter die große Eiche zu kommen. Da sie nun kam, so fragte er schon, ob sie sich besonnen habe? Sie aber sagte, sie habe noch keine Zeit gehabt sich zu besinnen, es gebe im Haushalt gar viel zu tun, und sie sei ja doch ein armes Mädchen und er ein reicher Prinz, und sein Vater werde sehr böse werden, wenn er, der Prinz, sie zur Frau nehmen wolle. Aber der Prinz bat von Neuem und immer mehr, bis Siebenschön versprach, sich gewiss zu bedenken und ihren Eltern zu sagen, was der Prinz im Willen habe. Als der folgende Tag kam, da schickte der Königssohn ihr ein Kleid, das war ganz von Goldstoff, und ließ sie abermals zu der Eiche bitten. Aber als nun Siebenschön dahin kam, und der Prinz wieder fragte, da musste sie wieder sagen und klagen, dass sie abermals gar zu viel und den ganzen Tag zu tun gehabt, und keine Zeit zum Bedenken, und dass sie mit ihren Eltern von dieser Sache auch noch nicht habe reden können, und wiederholte auch noch einmal, was sie dem Prinzen schon zweimal gesagt hatte, dass sie arm, er aber reich sei, und dass er seinen Vater nur erzürnen werde. Aber der Prinz sagte ihr, das alles habe nichts auf sich, sie solle nur seine Frau werden, so werde sie später auch Königin, und da sie sah, wie aufrichtig der Prinz es mit ihr meinte, so sagte sie endlich ja, und kam nun jeden Abend zu der Eiche und zu dem Königssohne – auch sollte der König noch nichts davon erfahren. Aber da war am Hofe eine alte hässliche Hofmeisterin, die lauerte dem Königssohn auf, kam hinter sein Geheimnis und sagte es dem Könige an. Der König ergrimmte, sandte Diener aus und ließ das Häuschen, worin Siebenschöns Eltern wohnten, in Brand stecken, damit sie darin anbrenne. Sie tat dies aber nicht, sie sprang als sie das Feuer merkte heraus und alsbald in einen leeren Brunnen hinein, ihre Eltern aber, die armen alten Leute verbrannten in dem Häuschen.

Da saß nun Siebenschön drunten im Brunnen und grämte sich und weinte sehr, konnt's aber zuletzt doch nicht auf die Länge drunten im Brunnen aushalten, krabbelte herauf, fand im Schutt des Häuschens noch etwas Brauchbares, machte es zu Geld und kaufte dafür Mannskleider, ging als ein frischer Bub an des Königs Hof und bot sich zu einem Bedienten an. Der König fragte den jungen Diener nach dem Namen, da erhielt er die Antwort: »Unglück!«, und dem König gefiel der junge Diener also wohl, dass er ihn gleich annahm, und auch bald vor allen andern Dienern gut leiden konnte.

Als der Königssohn erfuhr, dass Siebenschöns Häuschen verbrannt war, wurde er sehr traurig, glaubte nicht anders, als Siebenschön sei mit verbrannt, und der König glaubte das auch, und wollte haben, dass sein Sohn nun endlich eine Prinzessin heirate, und musste dieser nun eines benachbarten Königs Tochter freien. Da musste auch der ganze Hof und die ganze Dienerschaft mit zur Hochzeit ziehen, und für Unglück war das am traurigsten, es lag ihm wie ein Stein auf dem Herzen. Er ritt auch mit hintennach der Letzte im Zuge, und sang wehklagend mit klarer Stimme:

>*Siebenschön* war ich genannt,
>*Unglück* ist mir jetzt bekannt.«

Das hörte der Prinz von Weitem, und fiel ihm auf und hielt und fragte: »Ei wer singt doch da so schön?« – »Es wird wohl mein Bedienter, der Unglück sein«, antwortete der König, »den ich zum Diener angenommen habe.« Da hörten sie noch einmal den Gesang:

> »*Siebenschön* war ich genannt,
> *Unglück* ist mir jetzt bekannt.«

Da fragte der Prinz noch einmal, ob das wirklich niemand anders sei, als des Königs Diener? Und der König sagte er wisse es nicht anders.

Als nun der Zug ganz nahe an das Schloss der neuen Braut kam, erklang noch einmal die schöne klare Stimme:

> »*Siebenschön* war ich genannt,
> *Unglück* ist mir jetzt bekannt.«

Jetzt wartete der Prinz keinen Augenblick länger, er spornte sein Pferd und ritt wie ein Offizier längs des ganzen Zugs in gestrecktem Galopp hin, bis er an Unglück kam, und Siebenschön erkannte. Da nickte er ihr freund-

lich zu und jagte wieder an die Spitze des Zuges, und zog in das Schloss ein. Da nun alle Gäste und alles Gefolge im großen Saal versammelt war und die Verlobung vor sich gehen sollte, so sagte der Prinz zu seinem künftigen Schwiegervater: »Herr König, ehe ich mit Eurer Prinzessin Tochter mich feierlich verlobe, wollet mir erst ein kleines Rätsel lösen. Ich besitze einen schönen Schrank, dazu verlor ich vor einiger Zeit den Schlüssel, kaufte mir also einen neuen; bald darauf fand ich den alten wieder, jetzt saget mir Herr König, wessen Schlüssel ich mich bedienen soll?« – »Ei natürlich des alten wieder!«, antwortete der König, »das Alte soll man in Ehren halten, und es über Neuem nicht hintansetzen.« – »Ganz wohl Herr König«, antwortete nun der Prinz, »so zürnt mir nicht, wenn ich Eure Prinzessin Tochter nicht freien kann, sie ist der neue Schlüssel, und dort steht der alte.« Und nahm Siebenschön an der Hand und führte sie zu seinem Vater, indem er sagte: »Siehe Vater, das ist meine Braut.« Aber der alte König rief ganz erstaunt und erschrocken aus: »Ach lieber Sohn, das ist ja Unglück, mein Diener!« – Und viele Hofleute schrien: »Herr Gott, das ist ja ein Unglück!« – »Nein!«, sagte der Königssohn, »hier ist gar kein Unglück, sondern hier ist Siebenschön, meine liebe Braut.« Und nahm Urlaub von der Versammlung und führte Siebenschön als Herrin und Frau auf sein schönstes Schloss.

Das Märchen vom Schlaraffenland

Hört zu, ich will euch von einem guten Lande sagen, dahin würde mancher auswandern, wüsste er, wo selbes läge und eine gute Schiffsgelegenheit. Aber der Weg dahin ist weit für die Jungen und für die Alten, denen es im Winter zu heiß ist und zu kalt im Sommer. Diese schöne Gegend heißt Schlaraffenland, auf Welsch Cucagna, da sind die Häuser gedeckt mit Eierfladen, und Türen und Wände sind von Lebzelten, und die Balken von Schweinebraten. Was man bei uns für einen Dukaten kauft, kostet dort nur einen Pfennig. Um jedes Haus steht ein Zaun, der ist von Bratwürsten geflochten und von bayerischen Würsteln, die sind teils auf dem Rost gebraten, teils frisch gesotten, je nach dem sie einer so oder so gern isst. Alle Brunnen sind voll Malvasier und andre süße Weine, auch Champagner, die rinnen einem nur so in das Maul hinein, wenn er es an die Röhren hält.

Wer also gern solche Weine trinkt, der eile sich, dass er in das Schlaraffenland hineinkomme. Auf den Birken und Weiden da wachsen die Semmeln frischbacken, und unter den Bäumen fließen Milchbäche; in diese fallen die Semmeln hinein und weichen sich selbst ein für die, so sie gern einbrocken; das ist etwas für Weiber und für Kinder, für Knechte und Mägde! Holla Grethel, holla Steffel! Wollt ihr nicht auswandern? Macht euch herbei zum Semmelbach, und vergesst nicht, einen großen Milchlöffel mitzubringen.

Die Fische schwimmen in dem Schlaraffenlande obendrauf auf dem Wasser, sind auch schon gebacken oder gesotten, und schwimmen ganz nahe am Gestade; wenn aber einer gar zu faul ist und ein echter Schlaraff, der darf nur rufen bst! bst! – So kommen die Fische auch heraus aufs Land spaziert und hüpfen dem guten Schlaraffen in die Hand, dass er sich nicht zu bücken braucht.

Das könnt ihr glauben, dass die Vögel dort gebraten in der Luft herum fliegen, Gänse und Truthähne, Tauben und Kapaunen, Lerchen und Krammetsvögel, und wenn es zu viel Mühe macht, die Hand darnach auszustrecken, dem fliegen sie schnurstracks ins Maul hinein. Die Spanferkel geraten dort alle Jahr überaus trefflich; sie laufen gebraten umher und jedes trägt ein Transchiermesser im Rücken, damit, wer da will, sich ein frisches saftiges Stück abschneiden kann.

Die Käse wachsen in dem Schlaraffenlande wie die Steine, groß und klein; die Steine selbst sind lauter Taubenkröpfe mit Gefülltem, oder auch kleine Fleischpastetchen. Im Winter, wenn es regnet, so regnet es lauter Honig in süßen Tropfen, da kann einer lecken und schlecken, dass es eine Lust ist, und wenn es schneit, so schneit es klaren Zucker, und wenn es hagelt, so hagelt es Würfelzucker, untermischt mit Feigen, Rosinen und Mandeln.

Im Schlaraffenland legen die Rosse keine Rossäpfel, sondern Eier, große, ganze Körbe voll, und ganze Haufen, sodass man tausend um einen Pfennig kauft. Und das Geld kann man von den Bäumen schütteln, wie Kästen (gute Kastanien). Jeder mag sich das Beste herunterschütteln und das minder Werte liegen lassen.

In dem Lande hat es auch große Wälder, da wachsen im Buschwerk und auf Bäumen die schönsten Kleider: Röcke, Mäntel, Schauben, Hosen und Wämser von allen Farben, schwarz, grün, gelb, (für die Postillons) blau oder rot, und wer ein neues Gewand braucht, der geht in den Wald, und wirft es mit einem Stein herunter, oder schießt mit dem Bolzen hinauf. In der Heide wachsen schöne Damenkleider von Sammet, Atlas, Gros de Naples, Barège, Madras, Taft, Nanking und so weiter. Das Gras besteht aus Bändern von allen Farben, auch ombriert. Die Wachholderstöcke tragen Brochen und goldne Chemisett- und Mantelettnadeln und ihre Beeren sind nicht schwarz, sondern echte Perlen. An den Tannen hängen Damenuhren und Chatelaines sehr künstlich. Auf den Stauden wachsen

Stiefeln und Schuhe, auch Herren- und Damenhüte, Reisstrohhüte und Marabouts und allerlei Kopfputz mit Paradiesvögeln, Kolibris, Brillantkäfern, Perlen, Schmelz und Goldborten verziert.

Dieses edle Land hat auch zwei große Messen und Märkte mit schönen Freiheiten. Wer eine alte Frau hat und mag sie nicht mehr, weil sie ihm nicht mehr jung genug und hübsch ist, der kann sie dort gegen eine junge und schöne vertauschen und bekommt noch ein Draufgeld. Die alten und garstigen (denn ein Sprüchwort sagt: Wenn man alt wird, wird man garstig) kommen in ein Jungbad, damit das Land begnadigt ist, das ist von großen Kräften; darin baden die alten Weiber etwa drei Tage oder höchstens vier, da werden schmucke Dirnlein daraus von siebzehn oder achtzehn Jahren.

Auch viel und mancherlei Kurzweil gibt es in dem Schlaraffenlande. Wer hier zu Lande gar kein Glück hat, der hat es dort im Spiel und Lustschießen, wie im Gesellenstechen. Mancher schießt hier alle sein Lebtag nebenaus und weit vom Ziel, dort aber trifft er, und wenn er der allerweiteste davon wäre, doch das Beste. Auch für die Schlafsäcke und Schlafpelze, die hier von ihrer Faulheit arm werden, dass sie Bankrott machen und betteln gehen müssen, ist jenes Land vortrefflich. Jede Stunde Schlafens bringt dort einen Gulden ein, und jedes Mal Gähnen einen Doppeltaler. Wer im Spiel verliert, dem fällt sein Geld wieder in die Tasche. Die Trinker haben den besten Wein umsonst, und von jedem Trunk und Schlunk drei Batzen Lohn, sowohl Frauen als Männer. Wer die Leute am besten necken und aufziehen kann, bekommt jeweil einen Gulden. Keiner darf etwas umsonst tun, und wer die größte Lüge macht der hat allemal eine Krone dafür.

Hier zu Lande lügt so mancher drauf und drein, und hat nichts für diese seine Mühe; dort aber hält man Lügen für die beste Kunst, daher lügen sich wohl in das Land allerlei Prokura-, Dok- und andre -toren, Rosstäuscher und die ...r Handwerksleute, die ihren Kunden stets aufreden und nimmer Wort halten.

Wer dort ein gelehrter Mann sein will, muss auf einen Grobian studiert haben. Solcher Studenten gibt's auch bei uns zu Lande, haben aber keinen Dank davon und keine Ehren. Auch muss er dabei faul und gefräßig sein, das sind drei schöne Künste. Ich kenne einen, der kann alle Tage Professor werden.

Wer gern arbeitet, Gutes tut und Böses lässt, dem ist jedermann dort abhold, und er wird Schlaraffenlandes verwiesen. Aber wer tölpisch ist, gar nichts kann, und dabei doch voll dummen Dünkels, der ist dort als ein Edelmann angesehen. Wer nichts kann, als schlafen, essen, trinken, tanzen und spielen, der wird zum Grafen ernannt. Dem aber, welchen das allgemeine Stimmrecht als den faulsten und zu allem Guten untauglichsten erkannt, der wird König über das ganze Land, und hat ein großes Einkommen.

Nun wisst ihr des Schlaraffenlandes Art und Eigenschaft. Wer sich also auftun und dorthin eine Reise machen will, aber den Weg nicht weiß, der frage einen Blinden; aber auch ein Stummer ist gut dazu, denn der sagt ihm gewiss keinen falschen Weg. Um das ganze Land herum ist aber eine berghohe Mauer von Reisbrei. Wer hinein oder heraus will, muss sich da erst Überzwerg durchfressen.

Die drei Musikanten

Es zogen einmal drei junge Musikanten aus ihrer Heimat in die Fremde; sie hatten alle drei bei *einem* Meister die Musik gelernt, und wollten nun auch vereint bleiben und ihr Glück in fremden Landen versuchen. Von Ort zu Ort wanderten sie fröhlich dahin, spielten auf zu Kirmes- und Festtagtänzen, und gewannen durch ihre lustigen Musikstücklein gar manchen schweren Batzen, neben dem stillen und lauten Beifall. So kamen sie denn auch einmal in ein Städtchen, und belustigten am Abend die Gesellschaft mit schöner Musik. Endlich hörten sie auf aufzuspielen, sondern tranken eines, taten manchem Bescheid und gaben auch zum Gespräch der Gäste ihren Teil. Da ward mancherlei Verwunderliches durcheinander geplaudert

und erzählt. Zunächst ging die Rede von einem Zauberschloss, welches sich in der Nähe des Städtchens befände, und von welchem ebenso viel Wunderschönes als Wunderbares erzählt wurde. Bald hieß es: Ja, dort sind ungeheure Schätze, dort ist stets Überfluss an den köstlichsten Lebensmitteln, obgleich keine Menschenseele darinnen wohnt – bald hieß es wieder: Aber dort ist ein schrecklicher Gespensterspuk. Wer seinen Buckel weiß hineinträgt, bringt ihn braun und blau gefärbt wieder heraus, ohne die Schätze gehoben oder den Zauber gelöst zu haben. Dies und vieles andere wurde hin und her geredet über das verzauberte Schloss. Die drei Musikanten waren nicht sobald allein in ihrem Schlafkämmerlein, als sie sich lange unterredeten und zugleich den Gedanken erfassten, das rätselhafte Schloss sich näher zu besehen, ja, sogar sich hinein zu wagen, um möglicher Weise die dort verborgenen und verzauberten Schätze zu heben. Nun wurden sie einig unter sich, dass ein jeder einzeln, einer nach dem andern, sich hinein wagen sollte, je nach der Älte, und dass einem jeden ein ganzer Tag dazu vergönnt sein sollte, sein Abenteuer zu bestehen. Der erste Glücksversuch fiel dem Geiger zu. Der machte sich mutvoll und ohne Säumen auf das Schloss, und fand, als er dort anlangte, die Eingangspforten schon offen, als ob man seiner geharrt hätte; doch als er über die Schwelle geschritten war, schlug hinter ihm die schwere Türe zu, und es sprang ein riesiger Eisenriegel vor, obgleich kein lebendes Wesen zu erblicken war, doch als wenn ein strenger Pförtner hier sein Amt verrichte, und Wache halte – und dem Geiger kam ein Grausen an, sodass sein Haar sich auf dem Wirbel sträubte. Aber er konnte weder umkehren noch verweilen, und es kräftigte ihn wieder der Gedanke an das zu hoffende Glück, an Gold und Schätze. Treppe auf Treppe ab wanderte der Jüngling, durch herrliche Zimmer, kostbare Säle, trauliche Kabinettchen – alles prachtvoll ausgestattet, und in der schönsten Sauberkeit erhalten. Aber überall war eine Totenstille, auch nicht das kleinste Mückchen lebte und wohnte hier. Doch dem Jüngling wuchs der Mut aufs Neue, zumal als er den untern Räumen, Küche und Gewölben, sich zuwandte, wo in Fülle die seltensten und köstlichsten Speisevorräte vorhanden waren, in den Gewölben die Weinflaschen hoch aufgespeichert lagen, und alle Sorten süßer einge-machter Früchte in großen Gläsern nach der Reihe stan-den. In der schönen blanken Küche knisterte vertraulich ein helles Feuerlein, und darüber ward von unsichtbarer Hand ein Bratrost gesetzt, und ein ausgesuchtes Wildbret-fleisch tanzte aus dem Gewölbe herein in die Küche, und auf den Rost; und viele andre Speisen, feine Gemüse und Pasteten und köstliches Backwerk wurde ebenso schnell, als kostbar von unsichtbaren Händen zubereitet und dann in eins der schönsten Zimmer, wohin sich der Jüng-ling begeben hatte, ihm nachgetragen und auf einer ge-deckten Tafel vor ihm ausgesetzt. Der Jüngling ergriff zu-erst sein Instrument und ließ klangvoll seine schönen Melodien durch die stillen Räume schallen, worauf er sich dann ohne Zaudern zur einladenden Tafel setzte und zu schmausen anfing. Doch nicht lange, so öffnete sich die Türe und es trat ein Männlein herein, etwa drei Ellenbo-gen hoch, mit einem Scharlachröcklein angetan, mit verwelktem Gesichtlein und einem grauen Bart, der bis auf die großen silbernen Schuhschnallen reichte. Und das Männlein setzte sich schweigend neben den Geiger und schmausete mit. Als nun die Reihe an den schönen Wildbretbraten kam, nahm der Geiger die Schüssel, und nickte dem Männlein zu, doch zuerst zuzulangen, und dieses spießte lächelnd ein Stück Fleisch an die Gabel und nickte wieder und ließ dabei das Bratenstückchen unter den Tisch fallen. Gefällig bückte sich da gleich der gute Geiger, um es wieder aufzuheben; aber im Nu saß ihm schon das Bartmännlein auf dem Rücken und bläute so unbarmherzig auf ihn los, als ob es ihm das Lebenslicht ausblasen wolle. Und auch des Geigers Mund wurde zugehalten, bis unter unaufhörlichen Prügeln derselbe endlich zur großen Eingangspforte hinausgeschoben ward. Draußen schöpfte der halbtote Geiger frischen Odem, und schlich dann ächzend dem Gasthof zu, wo die Kameraden geblieben waren. Es war schon Nacht, als er ihn erreichte und jene beiden schliefen bereits. Am andern Morgen sahen sie ganz erstaunt den Geiger ebenfalls im Bette liegen, und bestürmten ihn bald mit vielen Fragen; doch er kraute sich Kopf und Rücken, gab sehr kurze Antworten und sprach: »Gehet hin und sehet selber zu! Es ist eine kitzliche Sache.«

Der zweite Musiker, ein *Trompeter*, trat nun den Gang nach dem Zauberschloss an, fand alles ebenso wie das gebläute Geigerlein, und wurde auch ebenso bewirtet mit Pasteten und Prügeln, sodass er am folgenden Morgen ebenfalls wie ein geprellter Fuchs auf seinem Lager lag, und klagte, es sei ihm absonderlich aufgespielt worden, aus grober Tonart. Dennoch hatte der dritte, ein *Flötenbläser*, noch Mut genug, um sein Heil im Zauberschloss zu versuchen. Er war der pfiffigste. Furchtlos durchwanderte er das ganze Schloss, es deuchte ihm recht angenehm, diese schönen Räume für immer zu besitzen; in Küche und Keller war ja Vorrat an Lebensmitteln die Hülle und Fülle. Bald ward auch für ihn eine kostbare Tafel gedeckt, und als er lange genug fröhlich singend und flöteblasend herum gewandert war, nahm er Platz und ließ es sich behagen. Da trat wieder das Bartmännlein herein und setzte sich neben den Gast. Und der unerschrockene Musikant ließ sich mit ihm in ein Gespräch ein, und tat gerade, als ob er ihn schon hundertmal hier getroffen, doch war das Männlein nicht sehr redselig. Endlich kam es wieder an den Braten, und das Männlein ließ wieder mit Absicht sein Stück fallen; gutmütig war eben der Flötenbläser im Begriff es aufzunehmen, als er gewahrte, dass das Zwerglein flugs auf seinem Rücken springen wollte. Da wandte er sich alsbald rasch um, riss es von sich, und packte und schüttelte das Männlein an seinem Bart so derb, bis er denselben zuletzt ganz herausriss und der kleine Alte ächzend niederstürzte. Aber so wie der Jüngling den Bart in seinen Händen hatte, überkam ihn eine außerordentliche Kraft, und er erschaute im Schloss noch viel wunderbarere Dinge wie vorher; dagegen hatte das Männlein fast alles Leben verloren; es winselte und flehte: »Gib, o gib mir meinen Bart wieder, so will ich dir allen Zauber, der dieses Schloss umfasst, kund tun, und dir dazu verhelfen, den Zauber zu lösen, sodass du dadurch reich und ewig glücklich werden

wirst.« Der kluge Flötenbläser aber sprach: »Deinen Bart
sollst du wieder haben, doch musst du mir *zuvor* alles dies
kund tun, sonst bist du ein Schalk. Und eher gebe ich den
Bart nicht aus meinen Händen.« Da musste der Alte sich
bequemen, erst sein Versprechen zu erfüllen, ob er es
gleich nicht willens gewesen war, sondern nur mit List
seinen Bart wieder an sich bringen wollte. Der Jüngling
musste ihm nun folgen, durch dunkle geheime Gänge,
unterirdische Gewölbe und grauliche Felsklüfte, bis sie
endlich auf ein freies Gefilde kamen, das gänzlich aussah
wie eine viel schönere Welt als die unsrige. Und an einen
Strom kamen sie, der brauste wild; doch das Männlein
zog einen kleinen Stab hervor und schlug ins Wasser, worauf alsobald die Flut auseinander trat und stille stand, bis
beide trockenen Fußes hinüber waren. Drüben war es eine
Pracht! – da ging es weiter durch grüne, herrliche Laubgänge, überall Blumen, Vöglein mit Silber- und Gold-
federn, die sangen wundersam, und glänzende Käfer und
Schmetterlinge gaukelten und tanzten herum, und andere
niedliche Tiere schäkerten in Büschen und Hecken; und
der Himmel über ihnen sah nicht blau, sondern wie pure
Goldstrahlen, und die Sterne waren viel größer und krei-
seten wie in verschlungenen Tänzen durcheinander.

Der Jüngling staunte; und staunte noch mehr, als er
von dem grauen Zwerglein in ein noch weit prachtvolle-
res Gebäude als das Wunderschloss, geführt wurde. Auch
hier herrschte neben aller Herrlichkeit die tiefste Stille in
den Gemächern, und als sie deren viele durchwandert,
kamen sie in eins, welches ganz mit Schleiern behangen
war, wo in der Mitte des Zimmers ein dicht verhülltes

Bette stand, darüber ein schöner Vogelbauer hing mit einem Vöglein, welches gar helle Lieder durch die einsame Stille schmetterte. Das graue Männlein hub die Schleier und Hüllen vom Bette und führte den Jüngling näher; dieser sah hier auf welchen seidenen Kissen, die reich mit Goldtroddeln behangen waren, ein gar liebliches Mädchen schlafend daliegen, das war so schön wie ein Engel, hatte ein weißes Kleidchen an und über ihre Brust und Schultern wallten die goldnen Locken herab, und auf dem Haupte blitzte eine demantne Krone; aber ein tiefer totenähnlicher Schlaf hielt die sanften Züge gefangen, und kein Geräusch vermochte die holde Schläferin zu erwecken. Da sprach das Männlein zu dem verwunderten Jüngling: »Siehe hier dieses schlafende Kind! Es ist eine hohe Prinzessin. Dieses schöne Schloss und dieses gesegnete Land ist ihr Erbgut, wann sie erlöset ist;

aber seit Jahrhunderten schläft sie den festen Zauber-
schlaf, und auch seit Jahrhunderten fand noch keine
menschliche Seele den Weg, der hierher führt, den nur
ich täglich zurücklegte, um dort im Schloss, welches
meine Wohnung ist, zu speisen, und etwa die goldbegie-
rigen Menschen, die sich einfanden, mit einem Gericht
Prügel zu bedienen. Ich bin der Wächter über diese Schläferin, und musste sorgfältig verhüten, dass kein Fremder
hier eindringe, und dazu ward mir mein Bart, in welchem
solche übermäßige Kräfte wohnen, dass auch ich ebenfalls seit Jahrhunderten diesen Zauber zu üben vermag.
Doch nun, wo mir der Bart entrissen, bin ich kraftlos, und
muss dieses überschwängliche Glück lassen, welches mit
der holden Prinzessin erwacht, dir entdecken und über-
lassen. Und so schicke dich rasch zur Ausführung des Er-
lösungswunders. Nimm diesen Vogel, der über der Prinzessin hängt, und der sie einst in den Zauberschlummer
gesungen hat, und seitdem jene Melodien auch immerfort
singen musste – nimm ihn, schlachte ihn, und schneide
ihm das kleine Herz aus, brenne es dann zu Pulver und
gib dieses der Prinzessin in den Mund, alsobald wird sie
davon erwachen und wird dich beglücken mit Hand und
Herz, mit Land und Schloss und allen ihren Schätzen.«
Das Männlein schwieg erschöpft, und der Jüngling
säumte nicht an das Werk der Erlösung zu gehen. Schnell
und gut wurde alles getreu nach der Angabe des kleinen
Alten ausgeführt, und das Pülverlein bereitet. Nach wenigen Minuten, als es der Prinzessin gegeben war, schlug sie
frisch und lächelnd die Augen auf, und hob sich vom Lager empor und sank dem glücklichen Jüngling an die

Brust, liebkosete und dankte ihm und nahm ihn zu ihrem Gemahl an. Und in demselben Moment zog ein Donnern und Krachen durch das Schloss, auf allen Treppen wurde es laut, und in allen Zimmern wurde es geräuschvoll. Und endlich kam eine Schar Diener und Dienerinnen mit freundlichen Gesichtern in das Zimmer getreten, in welchem das glückliche Paar weilte und alle freuten sich, und flogen dann flink und froh in die Küchen und Kellerräume, in Zimmer und Säle und Gänge an ihre Arbeit, und waren alle wie neugeboren.

Das graue Zwerglein aber heischte nun streng seinen Bart von dem Jüngling, und gedachte immer noch in seinem boshaften Herzen dem Glücklichen einen Possen zu spielen. Denn, wenn ihm der Bart erst wieder am Kinn saß, hatte er Macht, alle Sterbliche zu überwältigen. Allein der kluge Flötenbläser gebrauchte noch immer Vorsicht mit dem tückischen Männlein, er sprach: »Oh, deinen Bart sollst du wiederhaben, sei nicht bange, ich will ihn dir zum Abschied überreichen, aber erlaube, dass wir beide, meine holde Braut und ich, dich eine kleine Strecke begleiten dürfen.« Das konnte das Männlein nicht verweigern. Sie gingen nun weit durch schöne Laubgänge und Blumenbeete mit dem Zwerg, und kamen endlich an das ungeheuer tiefe, rauschende Wasser, welches viele, viele Meilen weit in der Runde um das Land der Prinzessin strömte und gleichsam die Grenzscheidung bildete. Keine Brücke und kein Nachen war rings vorhanden, worauf Menschen das jenseitige Ufer erreichen konnten; auch kein kühner Schwimmer hätte es errungen, denn die Wellenflut war zu tosend und wild. Da sprach der Jüngling zu dem Männlein: »Gib mir deinen Stab, auf dass ich dir diesmal noch zur Ehre das Wasser auseinander scheide.« Und das Männlein musste gehorchen, weil es seine Bartkräfte noch nicht wieder hatte, und dachte auch im Stillen noch in hämischer Freude: Wenn er mir drüben über dem Wasser, den Bart überreicht, so bekomme ich ihn doch in meine Gewalt, nehme ihm dann den Stab wieder ab, und beide können ihr wunderschönes Land nie betreten. Aber nicht also gingen des Zwerges boshafte Gedanken aus. Der kluge, glückliche Jüngling schlug mit dem Stab ins Wasser, es teilte sich behände und stand stille, und der Zwerg ging voran und ging hinüber, und schnell hinter ihm brausete die Flut zusammen; aber der Jüngling war mit seiner lieben Braut am andern Ufer zurückgeblieben, er behielt den Zauberstab und schleuderte nur den Bart übers Wasser hinüber, sodass ihn der Zwerg drüben auffing, und sich ihn wieder ansetzte; und so ward der Alte doch um seinen Zauberstab betrogen, und durfte hinfort nimmer wieder das herrliche Gebiet betreten. Und der glückliche Jüngling kehrte zurück ins Schloss mit seiner Holden, zu steter Freude und Glückseligkeit; und keine Sehnsucht kam ihn in sein Herz, je wieder zu seinen Kameraden zurückzukehren. Die saßen lange im Wirtshaus, und als jener nicht wiederkam, sprachen sie: »Der ist flöten gegangen« – und das ist hernach zum Sprichwort geworden, wenn einer oder eine Sache abhanden und nicht wieder kommt.

Der weiße Wolf

Ein König ritt jagen in einem großen Walde, darinnen er sich verirrte, und musste manchen Tag wandern und manche Nacht, fand immer nicht den rechten Weg und musste Hunger und Durst leiden. Endlich begegnete ihm ein kleines schwarzes Männlein, das fragte der König nach dem rechten Weg. »Ich will dich wohl führen und geleiten«, sagte das Männlein, »aber du musst mir auch etwas dafür geben, du musst mir das geben, was dir aus

deinem Hause zuerst entgegenkommt.« Der König war froh und sprach unterwegs: »Du bist recht brav, Männchen; wahrlich und wenn mein bester Hund mir entgegenlief, so wollt ich dir ihn doch gern zum Lohne geben.« Das Männlein aber erwiderte: »Deinen besten Hund, den mag ich nicht, mir ist was andres lieb.« Wie sie nun beim Schlosse ankamen, so sah des Königs jüngste Tochter durchs Fenster ihren Vater geritten kommen und sprang ihm fröhlich entgegen. Da sie ihn aber in ihre Arme schloss, sprach er: »Ei wollt ich doch, dass lieber mein bester Hund mir entgegengekommen wäre!« Über diese Rede erschrak die Königstochter gar sehr, und weinte und rief: »Wie das, mein Vater? Ist dir dein Hund lieber denn ich, und sollte er dich froher willkommen heißen?« Aber der König tröstete sie und sagte: »O liebe Tochter, so war es ja nicht gemeint!«, und erzählte ihr alles. Sie aber blieb ganz standhaft und sagte: »Es ist besser so, als dass mein lieber Vater umgekommen wäre im wilden Walde«, und das Männchen sagte: »Nach acht Tagen hole ich dich.«

Und nach acht Tagen richtig, da kam ein weißer Wolf in das Königsschloss, und die Königstochter musste sich auf seinen Rücken setzen, und heisa, da ging's durch dick und dünn, bergauf und ab, und die Königstochter konnte das Reiten auf dem Wolf nicht aushalten, und fragte: »Ist's noch weit?« – »Schweig! Weit weit ist's noch zum gläsernen Berge – schweigst du nicht, so werf ich dich herunter!« Nun ging es wieder so fort, bis die arme Königstochter wieder zagte und klagte und fragte, ob es noch weit sei? Und da sagte ihr der Wolf die nämlichen drohenden Worte, und rannte immer fort, immer weiter, bis sie zum dritten Male die Frage wagte, da warf er sie auf der Stelle von seinen Rücken herunter und rannte davon.

Nun war die arme Prinzessin ganz allein in dem finstern Walde, und ging und ging und dachte, endlich werde ich doch einmal zu Leuten kommen.

Und endlich kam sie an eine Hütte, da brannte ein Feuerchen und da saß ein altes Waldmütterchen, das hatte ein Töpfchen am Feuer. Und da fragte die Königstochter: »Mütterchen, hast du den weißen Wolf nicht gesehen?« – »Nein, da musst du den Wind fragen, der fragt überall herum, aber bleibe erst noch ein wenig hier, und iss mit mir. Ich koche hier ein Hühnersüppchen.« Das tat die Prinzessin, und als sie gegessen hatten, sagte die Alte: »Nimm die Hühnerknöchelchen mit dir, du wirst sie gut gebrauchen können.« Dann zeigte ihr die Alte den rechten Weg nach dem Winde.

Als die Königstochter bei dem Winde ankam, fand sie ihn auch am Feuer sitzen und sich eine Hühnersuppe kochen, aber auf ihre Frage nach dem weißen Wolf antwortete er ihr: »Liebes Kind, ich habe ihn nicht gesehen, ich bin heute einmal nicht gegangen, und wollte mich einmal hübsch ausruhen. Frage die Sonne, die geht alle Tage auf und unter, aber erst mache es wie ich, ruhe dich aus, und iss mit mir, kannst hernach auch alle die Hühnerknöchlein mit dir nehmen, wirst sie wohl gut brauchen können.«

Als dies geschehen war, ging die Kleine nach der Sonne zu, und es ging da gerade wieder wie beim Winde, die Sonne kochte sich gerade eine Hühnersuppe an sich selbst, daher es damit sehr geschwind ging, hatte auch den weißen Wolf nicht gesehen, und lud die Prinzessin zum Mitessen ein. »Du musst den Mond fragen, denn wahrscheinlich läuft der weiße Wolf nur des Nachts, und da sieht der Mond alles.« Als nun die Königstochter mit der Sonne gegessen und die Knöchlein aufgesammelt hatte, ging sie weiter und fragte den Mond. Auch er kochte Hühnersuppe und sagte: »Es ist fatal, ich habe letzt nicht geschienen, oder bin zu spät aufgegangen, ich weiß gar nichts von dem weißen Wolf.« Da weinte das Mädchen und rief: »O Himmel, wen soll ich nun fragen?« – »Nun nur Geduld mein Kind«, sagte der Mond. »Vor Essen wird

kein Tanz, setze dich und iss erst die Hühnersuppe mit mir und nimm auch die Knöchelchen mit, du wirst sie wohl brauchen. Etwas Neues weiß ich doch; im gläsernen Berge das schwarze Männchen – das hält heute Hochzeit, der Mann im Mond ist auch dazu eingeladen.« – »Ach der gläserne Berg, der gläserne Berg! Dahin wollte ich ja eben, dahin hat mich ja der weiße Wolf tragen sollen!«, rief die Königstochter. »Nun bis dorthin kann ich dir schon leuchten und den Weg zeigen«, sagte der Mond, »sonst könntest du dich leichtlich irren, denn ich zum Beispiel bestehe ganz und gar aus lauter gläsernen Bergen. Nimm immer deine Knöchlein hübsch alle mit.« Das tat die Prinzessin, aber in der Eile vergaß sie doch ein Knöchlein.

Bald stand sie an dem gläsernen Berge, aber der war ganz glatt und glitschig, da war nicht hinaufzukommen, aber da nahm die Königstochter alle Hühnerknöchlein von der alten Waldmutter, von dem Wind, von der Sonne und von dem Monde, und machte sich daraus eine Leiter, die wurde sehr lang, aber o weh, zuletzt fehlte noch eine einzige Sprosse, noch ein Glied. Da schnitt sich die Prinzessin das oberste Gelenk von ihrem kleinen Finger ab, und so tat es gut, und sie konnte nun rasch zum Gipfel des gläsernen Berges klimmen. Oben war eine große Öffnung, da führte eine schöne Treppe hinunter, und war alles voll Glanz und Pracht, und war ein Saal da voll Hochzeitgäste und viele Musikanten und reich besetzte Tafeln. Und da saß das schwarze Männlein und an seiner Seite saß eine Dame, die war seine Braut, das schwarze Männlein aber schien traurig. Und der Königstochter tat es auch so weh, so weh, dass sie nun zu spät kam, und dass das schwarze Männlein so traurig war, und dachte bei sich, ich will ein Lied vom weißen Wolf singen, vielleicht kennt er mich dann – denn er hatte sie noch gar nicht angesehen, folglich auch nicht wiedererkannt. Und da stand eine Harfe an der Wand, welche die Prinzessin gut spielte, die nahm sie nun und sang:

»Deinen besten Hund, den mag ich nicht,
Mir ist was andres lieb!
Die jüngste Königstochter.
Der weiße Wolf, der lief davon,
Sie weiß nicht, wo er blieb;
Die jüngste Königstochter«.

Da horchte das schwarze Männlein hoch auf, aber die Prinzessin fuhr fort zu spielen und zu singen.

»Sie ist dem Wolfe nachgereist,
Schnitt ab ihr Fingerglied,
Die jüngste Königstochter.
Nun ist sie da – du kennst sie nicht,
Traurig singt dir dies Lied
Die jüngste Königstochter.«

Da sprang das schwarze Männlein von seinem Sitze auf und war plötzlich ein ganz schöner junger Prinz und eilte auf sie zu, und schloss sie in seine Arme.

Alles war Zauber gewesen. Der Prinz war in das alte Männlein und in den weißen Wolf und in den gläsernen Berg hinein verzaubert so lange bis eine Prinzessin, um zu ihm zu gelangen, sich's ein Glied von ihrem kleinen Finger kosten lassen würde, wenn das aber bis zu einer gewissen Zeit nicht geschähe, so müsse er eine andre freien und ein schwarzes Männlein bleiben all sein Leben lang. Nun war der Zauber gelöst, die andre Braut verschwand, der entzauberte Prinz heiratete die Königstochter, reiste darauf mit ihr zu ihrem Vater, der sich herzlich freute, sie wiederzusehen, und lebten alle glücklich miteinander bis an ihr Ende. Sollte dieses aber nicht erfolgt sein, so ist es einigermaßen wahrscheinlich, dass sie noch heute leben.

Jacob und Wilhelm Grimm

Aschenputtel

Einem reichen Manne, dem wurde seine Frau krank, und als sie fühlte, dass ihr Ende herankam, rief sie ihr einziges Töchterlein zu sich ans Bett und sprach: »Liebes Kind, bleibe fromm und gut, so wird dir der liebe Gott immer beistehen, und ich will vom Himmel auf dich herabblicken, und will um dich sein«. Darauf tat sie die Augen zu und verschied. Das Mädchen ging jeden Tag hinaus zu dem Grabe der Mutter und weinte, und blieb fromm und gut. Als der Winter kam, deckte der Schnee ein weißes Tüchlein auf das Grab, und als die Sonne im Frühjahr es wieder herabgezogen hatte, nahm sich der Mann eine andere Frau.

Die Frau hatte zwei Töchter mit ins Haus gebracht, die schön und weiß von Angesicht waren, aber garstig und schwarz von Herzen. Da ging eine schlimme Zeit für das arme Stiefkind an. »Soll die dumme Gans bei uns in der Stube sitzen!«, sprachen sie, »wer Brot essen will, muss es verdienen: hinaus mit der Küchenmagd«. Sie nahmen ihm seine schönen Kleider weg, zogen ihm einen grauen alten Kittel an, und gaben ihm hölzerne Schuhe. »Seht einmal die stolze Prinzessin, wie sie geputzt ist!«, riefen sie, lachten und führten es in die Küche. Da musste es von Morgen bis Abend schwere Arbeit tun, früh vor Tag aufstehn, Wasser tragen, Feuer anmachen, kochen und waschen. Obendrein taten ihm die Schwestern alles ersinnliche Herzeleid an, verspotteten es und schütteten ihm die Erbsen und Linsen in die Asche, sodass es sitzen und sie wieder auslesen musste. Abends, wenn es sich müde gearbeitet hatte, kam es in kein Bett, sondern musste sich neben den Herd in die Asche legen. Und weil es darum immer staubig und schmutzig aussah, nannten sie es Aschenputtel.

Es trug sich zu, dass der Vater einmal in die Messe ziehen wollte, da fragte er die beiden Stieftöchter, was er ihnen mitbringen sollte. »Schöne Kleider«, sagte die eine, »Perlen und Edelsteine«, die zweite. »Aber du, Aschenputtel«, sprach er, »was willst du haben?« »Vater, das erste Reis, das euch auf eurem Heimweg an den Hut stößt, das brecht für mich ab.« Er kaufte nun für die beiden Stiefschwestern schöne Kleider, Perlen und Edelsteine, und auf dem Rückweg, als er durch einen grünen Busch ritt, streifte ihn ein Haselreis und stieß ihm den Hut ab. Da brach er das Reis ab und nahm es mit. Als er nach Haus kam, gab er den Stieftöchtern, was sie sich gewünscht hatten, und dem Aschenputtel gab er das Reis von dem Haselbusch. Aschenputtel dankte ihm, ging zu seiner Mutter Grab und pflanzte das Reis darauf, und weinte so sehr, dass die Tränen darauf niederfielen und es begossen. Es wuchs aber, und ward ein schöner Baum. Aschenputtel ging alle Tage dreimal darunter, weinte und betete, und allemal kam ein weißes Vöglein auf den Baum, und wenn es einen Wunsch aussprach, so warf ihm das Vöglein herab, was es sich gewünscht hatte.

Es begab sich aber, dass der König ein Fest anstellte, das drei Tage dauern sollte, und wozu alle schönen Jungfrauen im Lande eingeladen wurden, damit sich sein Sohn eine Braut aussuchen möchte. Die zwei Stiefschwestern, als sie hörten, dass sie auch dabei erscheinen sollten, waren guter Dinge, riefen Aschenputtel und sprachen: »Kämm uns die Haare, bürste uns die Schuhe und mache uns die Schnallen fest, wir gehen zur Hochzeit auf des Königs Schloss«. Aschenputtel gehorchte, weinte aber, weil es auch gern zum Tanz mitgegangen wäre, und bat die Stiefmutter, sie möchte es ihm erlauben. »Du Aschenputtel«, sprach sie, »bist voll Staub und Schmutz, und willst zur Hochzeit? Du hast keine Kleider und Schuhe, und willst tanzen!« Als es aber mit Bitten anhielt, sprach sie endlich: »Da habe ich dir eine Schüssel Linsen in die Asche geschüttet, wenn du die Linsen in zwei Stunden wieder ausgelesen hast, so sollst du mitgehen«. Das Mädchen ging durch die Hintertür nach dem Garten und rief: »Ihr zahmen Täubchen, ihr Turteltäubchen, all ihr Vöglein unter dem Himmel, kommt und helft mir lesen,

die guten ins Töpfchen,
die schlechten ins Kröpfchen«.

Da kamen zum Küchenfenster zwei weiße Täubchen herein, und danach die Turteltäubchen, und endlich schwirrten und schwärmten alle Vöglein unter dem Himmel herein und ließen sich um die Asche nieder. Und die Täubchen nickten mit den Köpfchen und fingen an pick, pick, pick, pick, und da fingen die übrigen auch an pick, pick, pick, pick, und lasen alle guten Körnlein in die Schüssel. Kaum war eine Stunde herum, so waren sie schon fertig und flogen alle wieder hinaus. Da brachte das Mädchen die Schüssel der Stiefmutter, freute sich und glaubte, es dürfte nun mit auf die Hochzeit gehen. Aber sie sprach: »Nein, Aschenputtel, du hast keine Kleider, und kannst nicht tanzen: Du wirst nur ausgelacht«. Als es nun weinte, sprach sie: »Wenn du mir zwei Schüsseln voll Linsen in einer Stunde aus der Asche rein lesen kannst, so sollst du mitgehen«, und dachte, »das kann es ja nimmermehr«. Als sie die zwei Schüsseln Linsen in die Asche geschüttet hatte, ging das Mädchen durch die Hintertür nach dem Garten und rief: »Ihr zahmen Täubchen, ihr Turteltäubchen, all ihr Vöglein unter dem Himmel, kommt und helft mir lesen,

die guten ins Töpfchen,
die schlechten ins Kröpfchen«.

Da kamen zum Küchenfenster zwei weiße Täubchen herein und danach die Turteltäubchen, und endlich schwirrten und schwärmten alle Vögel unter dem Himmel herein und ließen sich um die Asche nieder. Und die Täubchen nickten mit ihren Köpfchen und fingen an pick, pick, pick, pick, und da fingen die übrigen auch an pick, pick, pick, pick, und lasen alle guten Körner in die Schüsseln. Und ehe eine halbe Stunde herum war, waren sie schon fertig, und flogen alle wieder hinaus. Da trug das Mädchen die Schüsseln zu der Stiefmutter, freute sich und glaubte, nun dürfte es mit auf die Hochzeit gehen. Aber sie sprach: »Es hilft dir alles nichts: Du kommst nicht mit, denn du hast keine Kleider und kannst nicht tanzen; wir müssten uns deiner schämen«. Darauf kehrte sie ihm den Rücken zu und eilte mit ihren zwei stolzen Töchtern fort.

Als nun niemand mehr daheim war, ging Aschenputtel zu seiner Mutter Grab unter den Haselbaum und rief:

> »Bäumchen, rüttel dich und schüttel dich,
> wirf Gold und Silber über mich.«

Da warf ihm der Vogel ein golden und silbern Kleid herunter und mit Seide und Silber ausgestickte Pantoffeln. In aller Eile zog es das Kleid an und ging zur Hochzeit. Seine Schwestern aber und die Stiefmutter kannten es nicht und meinten, es müsse eine fremde Königstochter sein, so schön sah es in dem goldenen Kleide aus. An Aschenputtel dachten sie gar nicht und dachten, es säße daheim im Schmutz und suchte die Linsen aus der Asche. Der Königssohn kam ihm entgegen, nahm es bei der Hand und tanzte mit ihm. Er wollte auch sonst mit niemand tanzen, also dass er ihm die Hand nicht losließ, und wenn ein anderer kam, es aufzufordern, sprach er: »Das ist meine Tänzerin«.

Es tanzte, bis es Abend war, da wollte es nach Haus gehen. Der Königssohn aber sprach: »Ich gehe mit und begleite dich«, denn er wollte sehen, wem das schöne Mädchen angehörte. Sie entwischte ihm aber und sprang in das Taubenhaus. Nun wartete der Königssohn, bis der Vater kam, und sagte ihm, das fremde Mädchen wär in das Taubenhaus gesprungen. Der Alte dachte: »Sollte es Aschenputtel sein?«, und sie mussten ihm Axt und Hacken bringen, damit er das Taubenhaus entzweischlagen konnte: Aber es war niemand darin. Und als sie ins Haus kamen, lag Aschenputtel in seinen schmutzigen Kleidern in der Asche, und ein trübes Öllämpchen brannte im Schornstein; denn Aschenputtel war geschwind aus dem Taubenhaus hinten herabgesprungen, und war zu dem Haselbäumchen gelaufen: Da hatte es die schönen Kleider abgezogen und aufs Grab gelegt, und der Vogel hatte sie wieder weggenommen, und dann hatte es sich in seinem grauen Kittelchen in die Küche zur Asche gesetzt.

Am andern Tag, als das Fest von Neuem anhub, und die Eltern und Stiefschwestern wieder fort waren, ging Aschenputtel zu dem Haselbaum und sprach:

> »Bäumchen, rüttel dich und schüttel dich,
> wirf Gold und Silber über mich.«

Da warf der Vogel ein noch viel stolzeres Kleid herab als am vorigen Tag. Und als es mit diesem Kleide auf der

Hochzeit erschien, erstaunte jedermann über seine Schönheit. Der Königssohn aber hatte gewartet, bis es kam, nahm es gleich bei der Hand und tanzte nur allein mit ihm. Wenn die andern kamen und es aufforderten, sprach er: »Das ist meine Tänzerin«. Als es nun Abend war, wollte es fort, und der Königssohn ging ihm nach und wollte sehen, in welches Haus es ging: Aber es sprang ihm fort und in den Garten hinter dem Haus. Darin stand ein schöner großer Baum, an dem die herrlichsten Birnen hingen, es kletterte so behänd wie ein Eichhörnchen zwischen die Äste, und der Königssohn wusste nicht, wo es hingekommen war. Er wartete aber, bis der Vater kam, und sprach zu ihm: »Das fremde Mädchen ist mir entwischt, und ich glaube, es ist auf den Birnbaum gesprungen«. Der Vater dachte: »Sollte es Aschenputtel sein?«, ließ sich die Axt holen und hieb den Baum um, aber es war niemand darauf. Und als sie in die Küche kamen, lag Aschenputtel da in der Asche, wie sonst auch, denn es war auf der andern Seite vom Baum herabgesprungen, hatte dem Vogel auf dem Haselbäumchen die schönen Kleider wiedergebracht und sein graues Kittelchen angezogen.

Am dritten Tag, als die Eltern und Schwestern fort waren, ging Aschenputtel wieder zu seiner Mutter Grab und sprach zu dem Bäumchen:

> »Bäumchen, rüttel dich und schüttel dich,
> wirf Gold und Silber über mich«.

Nun warf ihm der Vogel ein Kleid herab, das war so prächtig und glänzend, wie es noch keins gehabt hatte, und die Pantoffeln waren ganz golden. Als es in dem Kleid zur Hochzeit kam, wussten sie alle nicht, was sie vor Verwunderung sagen sollten. Der Königssohn tanzte ganz allein mit ihm, und wenn es einer aufforderte, sprach er: »Das ist meine Tänzerin«.

Als es nun Abend war, wollte Aschenputtel fort, und der Königssohn wollte es begleiten, aber es entsprang ihm so geschwind, dass er nicht folgen konnte. Der Königssohn hatte aber eine List gebraucht, und hatte die ganze Treppe mit Pech bestreichen lassen: Da war, als es hinabsprang, der linke Pantoffel des Mädchens hängen geblieben. Der Königssohn hob ihn auf, und er war klein und zierlich und ganz golden. Am nächsten Morgen ging er damit zu dem Mann und sagte zu ihm: »Keine andere soll meine Gemahlin werden als die, an deren Fuß dieser goldene Schuh passt«. Da freuten sich die beiden Schwestern, denn sie hatten schöne Füße. Die älteste ging mit dem Schuh in die Kammer und wollte ihn anprobieren, und die Mutter stand dabei. Aber sie konnte mit der großen Zehe nicht hineinkommen, und der Schuh war ihr zu klein, da reichte ihr die Mutter ein Messer und sprach: »Hau die Zehe ab: Wann du Königin bist, so brauchst du nicht mehr zu Fuß zu gehen«. Das Mädchen hieb die Zehe ab, zwängte den Fuß in den Schuh, verbiss den Schmerz und ging heraus zum Königssohn. Da nahm er sie als seine Braut aufs Pferd und ritt mit ihr fort. Sie mussten aber an dem Grabe vorbei, da saßen die zwei Täubchen auf dem Haselbäumchen und riefen:

> »Rucke di guck, rucke di guck,
> Blut ist im Schuck (Schuh):

> Der Schuck ist zu klein,
> die rechte Braut sitzt noch daheim«.

Da blickte er auf ihren Fuß und sah, wie das Blut heraus-
quoll. Er wendete sein Pferd um, brachte die falsche Braut
wieder nach Hause und sagte, das wäre nicht die rechte,
die andere Schwester solle den Schuh anziehen. Da ging
diese in die Kammer und kam mit den Zehen glücklich in
den Schuh, aber die Ferse war zu groß. Da reichte ihr die
Mutter ein Messer und sprach: »Hau ein Stück von der
Ferse ab: Wann du Königin bist, brauchst du nicht mehr
zu Fuß zu gehen«. Das Mädchen hieb ein Stück von der
Ferse ab, zwängte den Fuß in den Schuh, verbiss den
Schmerz und ging heraus zum Königssohn. Da nahm er
sie als seine Braut aufs Pferd und ritt mit ihr fort. Als sie
an dem Haselbäumchen vorbeikamen, saßen die zwei
Täubchen darauf und riefen:

> »Rucke di guck, rucke di guck,
> Blut ist im Schuck (Schuh):
> Der Schuck ist zu klein,
> die rechte Braut sitzt noch daheim«.

Er blickte nieder auf ihren Fuß und sah, wie das Blut aus
dem Schuh quoll und an den weißen Strümpfen ganz rot
heraufgestiegen war. Da wendete er sein Pferd und
brachte die falsche Braut wieder nach Haus. »Das ist auch
nicht die rechte«, sprach er, »habt ihr keine andere Tochter?« »Nein«, sagte der Mann, »nur von meiner verstorbe-
nen Frau ist noch ein kleines verbuttetes Aschenputtel da:

Das kann unmöglich die Braut sein.« Der Königssohn sprach, er sollte es heraufschicken, die Mutter aber antwortete: »Ach nein, das ist viel zu schmutzig, das darf sich nicht sehen lassen«. Er wollte es aber durchaus haben, und Aschenputtel musste gerufen werden. Da wusch es sich erst Hände und Angesicht rein, ging dann hin und neigte sich vor dem Königssohn, der ihm den goldenen Schuh reichte. Dann setzte es sich auf einen Schemel, zog den Fuß aus dem schweren Holzschuh und steckte ihn in den Pantoffel, der war wie angegossen. Und als es sich in die Höhe richtete und der König ihm ins Gesicht sah, so erkannte er das schöne Mädchen, das mit ihm getanzt hatte, und rief: »Das ist die rechte Braut«. Die Stiefmutter und die beiden Schwestern erschraken und wurden bleich vor Ärger: Er aber nahm Aschenputtel aufs Pferd und ritt mit ihm fort. Als sie an dem Haselbäumchen vorbeikamen, riefen die zwei weißen Täubchen:

>»Rucke di guck, rucke di guck,
>kein Blut im Schuck:
>Der Schuck ist nicht zu klein,
>die rechte Braut, die führt er heim«.

Und als sie das gerufen hatten, kamen sie beide herabgeflogen und setzten sich dem Aschenputtel auf die Schultern, eine rechts, die andere links, und blieben da sitzen.

Als die Hochzeit mit dem Königssohn sollte gehalten werden, kamen die falschen Schwestern, wollten sich einschmeicheln und teil an seinem Glück nehmen. Als die Brautleute nun zur Kirche gingen, war die älteste zur rechten, die jüngste zur linken Seite: Da pickten die Tauben einer jeden das eine Auge aus. Hernach, als sie herausgingen, war die älteste zur linken und die jüngste zur rechten: Da pickten die Tauben einer jeden das andere Auge aus. Und waren sie also für ihre Bosheit und Falschheit mit Blindheit auf ihr Lebtag gestraft.

Brüderchen und Schwesterchen

Brüderchen nahm sein Schwesterchen an der Hand und sprach: »Seit die Mutter tot ist, haben wir keine gute Stunde mehr; die Stiefmutter schlägt uns alle Tage, und wenn wir zu ihr kommen, stößt sie uns mit den Füßen fort. Die harten Brotkrusten, die übrig bleiben, sind unsere Speise, und dem Hündlein unter dem Tisch gehts besser: Dem wirft sie doch manchmal einen guten Bissen zu. Dass Gott erbarm, wenn das unsere Mutter wüsste!

Komm, wir wollen miteinander in die weite Welt gehen«.
Sie gingen den ganzen Tag über Wiesen, Felder und Steine,
und wenn es regnete, sprach das Schwesterchen: »Gott
und unsere Herzen, die weinen zusammen!« Abends
kamen sie in einen großen Wald und waren so müde von
Jammer, Hunger und dem langen Weg, dass sie sich in
einen hohlen Baum setzten und einschliefen.

Am andern Morgen, als sie aufwachten, stand die
Sonne schon hoch am Himmel und schien heiß in den
Baum hinein. Da sprach das Brüderchen: »Schwesterchen, mich dürstet, wenn ich ein Brünnlein wüsste, ich
ging und tränk einmal; ich mein, ich hört eins rauschen«.
Brüderchen stand auf, nahm Schwesterchen an der Hand,
und sie wollten das Brünnlein suchen. Die böse Stiefmutter aber war eine Hexe und hatte wohl gesehen, wie die
beiden Kinder fortgegangen waren, war ihnen nachge-
schlichen, heimlich, wie die Hexen schleichen, und hatte
alle Brunnen im Walde verwünscht. Als sie nun ein
Brünnlein fanden, das so glitzerig über die Steine sprang,
wollte das Brüderchen daraus trinken: Aber das Schwesterchen hörte, wie es im Rauschen sprach: »Wer aus mir
trinkt, wird ein Tiger, wer aus mir trinkt, wird ein Tiger«.
Da rief das Schwesterchen: »Ich bitte dich, Brüderchen,
trink nicht, sonst wirst du ein wildes Tier und zerreißest
mich«. Das Brüderchen trank nicht, ob es gleich so großen Durst hatte, und sprach: »Ich will warten bis zur
nächsten Quelle«. Als sie zum zweiten Brünnlein kamen,
hörte das Schwesterchen, wie auch dieses sprach: »Wer
aus mir trinkt, wird ein Wolf, wer aus mir trinkt, wird ein
Wolf!« Da rief das Schwesterchen: »Brüderchen, ich bitte

dich, trink nicht, sonst wirst du ein Wolf und frissest mich«. Das Brüderchen trank nicht, und sprach: »Ich will warten, bis wir zur nächsten Quelle kommen, aber dann muss ich trinken, du magst sagen, was du willst: Mein Durst ist gar zu groß«. Und als sie zum dritten Brünnlein kamen, hörte das Schwesterlein, wie es im Rauschen sprach: »Wer aus mir trinkt, wird ein Reh, wer aus mir trinkt, wird ein Reh«. Das Schwesterchen sprach: »Ach Brüderchen, ich bitte dich, trink nicht, sonst wirst du ein Reh und läufst mir fort«. Aber das Brüderchen hatte sich gleich beim Brünnlein niedergekniet, hinabgebeugt und von dem Wasser getrunken, und wie die ersten Tropfen auf seine Lippen gekommen waren, lag es da als ein Reh-kälbchen.

Nun weinte das Schwesterchen über das arme verwünschte Brüderchen, und das Rehchen weinte auch und saß so traurig neben ihm. Da sprach das Mädchen endlich: »Sei still, liebes Rehchen, ich will dich ja nimmermehr verlassen«. Dann band es sein goldenes Strumpfband ab und tat es dem Rehchen um den Hals, und rupfte Binsen und flocht ein weiches Seil daraus. Daran band er das Tierchen und führte es weiter, und ging immer tiefer in den Wald hinein. Und als sie lange, lange gegangen waren, kamen sie endlich an ein kleines Haus, und das Mädchen schaute hinein, und weil es leer war, dachte es: »Hier können wir bleiben und wohnen«. Da suchte es dem Rehchen Laub und Moos zu einem weichen Lager, und jeden Morgen ging es aus und sammelte sich Wurzeln, Beeren und Nüsse, und für das Rehchen brachte es zartes Gras mit, das fraß es ihm aus der Hand, war vergnügt und spielte vor ihm herum. Abends, wenn Schwesterchen müde war und sein Gebet gesagt hatte, legte es seinen Kopf auf den Rücken des Rehkälbchens, das war sein Kissen, darauf es sanft einschlief. Und hätte das Brüderchen nur seine menschliche Gestalt gehabt, es wäre ein herrliches Leben gewesen.

Das dauerte eine Zeit lang, dass sie so allein in der Wildnis waren. Es trug sich aber zu, dass der König des Landes eine große Jagd in dem Wald hielt. Da schallte das Hörnerblasen, Hundegebell und das lustige Geschrei der Jäger durch die Bäume, und das Rehlein hörte es und wäre gar zu gerne dabei gewesen. »Ach«, sprach es zum Schwesterlein, »lass mich hinaus in die Jagd, ich kanns nicht länger mehr aushalten«, und bat so lange, bis es einwilligte. »Aber«, sprach es zu ihm, »komm mir ja abends wieder, vor den wilden Jägern schließ ich mein Türlein; und damit ich dich kenne, so klopf und sprich: Mein Schwesterlein, lass mich herein; und wenn du nicht so sprichst, so schließ ich mein Türlein nicht auf.« Nun sprang das Rehchen hinaus, und war ihm so wohl und war so lustig in freier Luft. Der König und seine Jäger sahen das schöne Tier und setzten ihm nach, aber sie konnten es nicht einholen, und wenn sie meinten, sie hätten es gewiss, da sprang es über das Gebüsch weg und war verschwunden. Als es dunkel ward, lief es zu dem Häuschen, klopfte und sprach: »Mein Schwesterlein, lass mich herein«. Da ward ihm die kleine Tür aufgetan, es sprang hinein und ruhete sich die ganze Nacht auf seinem weichen Lager aus. Am andern Morgen ging die Jagd von Neuem an, und als das Rehlein wieder das Hifthorn hörte und das ho, ho! der Jäger, da hatte es keine Ruhe und sprach: »Schwesterchen, mach mir auf, ich muss hinaus«. Das Schwesterchen öffnete ihm die Türe und sprach: »Aber zu Abend musst du wieder da sein und dein Sprüchlein sagen«. Als der König und seine Jäger das Rehlein mit dem goldenen Halsband wiedersahen, jagten sie ihm alle nach, aber es war ihnen zu schnell und behänd. Das warte den ganzen Tag, endlich aber hatten es die Jäger abends umzingelt, und einer verwundete es ein wenig am Fuß, sodass es hinken musste und langsam fortlief. Da schlich ihm ein Jäger nach bis zu dem Häuschen und hörte, wie es rief: »Mein Schwesterlein, lass mich herein«, und sah, dass die Tür ihm aufgetan und alsbald wieder zugeschlossen ward. Der Jäger behielt das alles wohl im Sinn, ging zum König und erzählte ihm, was er gesehen und gehört hatte. Da sprach der König: »Morgen soll noch einmal gejagt werden«.

Das Schwesterchen aber erschrak gewaltig, als es sah, dass sein Rehkälbchen verwundet war. Es wusch ihm das

Blut ab, legte Kräuter auf und sprach: »Geh auf dein Lager, lieb Rehchen, dass du wieder heil wirst«. Die Wunde aber war so gering, dass das Rehchen am Morgen nichts mehr davon spürte. Und als es die Jagdlust wieder draußen hörte, sprach es: »Ich kanns nicht aushalten, ich muss dabei sein; so bald soll mich keiner kriegen«. Das Schwesterchen weinte und sprach: »Nun werden sie dich töten, und ich bin hier allein im Wald und bin verlassen von aller Welt: Ich lass dich nicht hinaus«. »So sterb ich dir hier vor Betrübnis«, antwortete das Rehchen, »wenn ich das Hifthorn höre, so mein ich, ich müsst aus den Schuhen springen!« Da konnte das Schwesterchen nicht anders und schloss ihm mit schwerem Herzen die Tür auf, und das Rehchen sprang gesund und fröhlich in den Wald. Als es der König erblickte, sprach er zu seinen Jägern: »Nun jagt ihm nach den ganzen Tag bis in die Nacht, aber dass ihm keiner etwas zuleide tut«. Sobald die Sonne untergegangen war, sprach der König zum Jäger: »Nun komm und zeige mir das Waldhäuschen«. Und als er vor dem Türlein war, klopfte er an und rief: »Lieb Schwesterlein, lass mich herein«. Da ging die Tür auf, und der König trat herein, und da stand ein Mädchen, das war so schön, wie er noch keins gesehen hatte. Das Mädchen erschrak, als es sah, dass nicht das Rehlein, sondern ein Mann hereinkam, der eine goldene Krone auf dem Haupt hatte. Aber der König sah es freundlich an, reichte ihm die Hand und sprach: »Willst du mit mir gehen auf mein Schloss und meine liebe Frau sein?« »Ach ja«, antwortete das Mädchen, »aber das Rehchen muss auch mit, das verlass ich nicht.« Sprach der König: »Es soll bei dir bleiben,

solange du lebst, und soll ihm an nichts fehlen«. Indem
kam es hereingesprungen, da band es das Schwesterchen
wieder an das Binsenseil, nahm es selbst in die Hand und
ging mit ihm aus dem Waldhäuschen fort. Der König
nahm das schöne Mädchen auf sein Pferd und führte es in
sein Schloss, wo die Hochzeit mit großer Pracht gefeiert
wurde, und war es nun die Frau Königin, und lebten sie
lange Zeit vergnügt zusammen; das Rehlein ward gehegt
und gepflegt und sprang in dem Schlossgarten herum.
Die böse Stiefmutter aber, um derentwillen die Kinder in
die Welt hineingegangen waren, die meinte nicht anders,
als Schwesterchen wäre von den wilden Tieren im Walde
zerrissen worden und Brüderchen als ein Rehkalb von
den Jägern totgeschossen. Als sie nun hörte, dass sie so
glücklich waren und es ihnen so wohl ging, da wurden
Neid und Missgunst in ihrem Herzen rege und ließen ihr
keine Ruhe, und sie hatte keinen andern Gedanken, als
wie sie die beiden doch noch ins Unglück bringen könnte.
Ihre rechte Tochter, die hässlich war wie die Nacht und
nur ein Auge hatte, die machte ihr Vorwürfe und sprach:
»Eine Königin zu werden, das Glück hätte mir gebührt«.
»Sei nur still«, sagte die Alte und sprach sie zufrieden,
»wenn's Zeit ist, will ich schon bei der Hand sein.« Als
nun die Zeit herangerückt war, und die Königin ein schönes Knäblein zur Welt gebracht hatte, und der König gerade auf der Jagd war, nahm die alte Hexe die Gestalt der
Kammerfrau an, trat in die Stube, wo die Königin lag, und
sprach zu der Kranken: »Kommt, das Bad ist fertig, das
wird Euch wohltun und frische Kräfte geben: geschwind,
eh es kalt wird«. Ihre Tochter war auch bei der Hand, sie

trugen die schwache Königin in die Badstube und legten sie in die Wanne: Dann schlossen sie die Tür ab und liefen davon. In der Badstube aber hatten sie ein rechtes Höllenfeuer angemacht, dass die schöne junge Königin bald ersticken musste.

Als das vollbracht war, nahm die Alte ihre Tochter, setzte ihr eine Haube auf, und legte sie ins Bett an der Königin Stelle. Sie gab ihr auch die Gestalt und das Ansehen der Königin, nur das verlorene Auge konnte sie ihr nicht wiedergeben. Damit es aber der König nicht merkte, musste sie sich auf die Seite legen, wo sie kein Auge hatte. Am Abend, als er heimkam und hörte, dass ihm ein Söhnlein geboren war, freute er sich herzlich, und wollte ans Bett seiner lieben Frau gehen und sehen, was sie machte. Da rief die Alte geschwind: »Beileibe, lasst die Vorhänge zu, die Königin darf noch nicht ins Licht sehen und muss Ruhe haben«. Der König ging zurück und wusste nicht, dass eine falsche Königin im Bette lag.

Als es aber Mitternacht war und alles schlief, da sah die Kinderfrau, die in der Kinderstube neben der Wiege saß und allein noch wachte, wie die Türe aufging, und die rechte Königin hereintrat. Sie nahm das Kind aus der Wiege, legte es in ihren Arm und gab ihm zu trinken. Dann schüttelte sie ihm sein Kisschen, legte es wieder hinein und deckte es mit dem Deckbettchen zu. Sie vergaß aber auch das Rehchen nicht, ging in die Ecke, wo es lag, und streichelte ihm über den Rücken. Darauf ging sie ganz stillschweigend wieder zur Türe hinaus, und die Kinderfrau fragte am anderen Morgen die Wächter, ob jemand während der Nacht ins Schloss gegangen wäre, aber

sie antworteten: »Nein, wir haben niemand gesehen«. So kam sie viele Nächte und sprach niemals ein Wort dabei; die Kinderfrau sah sie immer, aber sie getraute sich nicht, jemand etwas davon zu sagen. Als nun so eine Zeit verflossen war, da hub die Königin in der Nacht an zu reden und sprach:

»Was macht mein Kind? Was macht mein Reh?
Nun komm ich noch zweimal und dann nimmermehr«.

Die Kinderfrau antwortete ihr nicht, aber als sie wieder verschwunden war, ging sie zum König und erzählte ihm alles. Sprach der König: »Ach Gott, was ist das! Ich will in der nächsten Nacht bei dem Kinde wachen«. Abends ging er in die Kinderstube, aber um Mitternacht erschien die Königin wieder und sprach:

»Was macht mein Kind? Was macht mein Reh?
Nun komm ich noch einmal und dann nimmermehr«.

Und pflegte dann des Kindes, wie sie gewöhnlich tat, ehe sie verschwand. Der König getraute sich nicht, sie anzureden, aber er wachte auch in der folgenden Nacht. Sie sprach abermals:

»Was macht mein Kind? Was macht mein Reh?
Nun komm ich noch diesmal und dann nimmermehr«.

Da konnte sich der König nicht zurückhalten, sprang zu ihr und sprach: »Du kannst niemand anders sein als meine liebe Frau«. Da antwortete sie: »Ja, ich bin deine liebe Frau«, und hatte in dem Augenblick durch Gottes Gnade das Leben wiedererhalten, war frisch, rot und gesund. Darauf erzählte sie dem König den Frevel, den die böse Hexe und ihre Tochter an ihr verübt hatten. Der König ließ beide vor Gericht führen, und es ward ihnen das Urteil gesprochen. Die Tochter ward in den Wald geführt, wo sie die wilden Tiere zerrissen, die Hexe aber ward ins Feuer gelegt und musste jammervoll verbrennen. Und wie sie zu Asche verbrannt war, verwandelte sich das Rehkälbchen und erhielt seine menschliche Gestalt wieder; Schwesterchen und Brüderchen aber lebten glücklich zusammen bis an ihr Ende.

Die Bremer Stadtmusikanten

Es hatte ein Mann einen Esel, der schon lange Jahre die Säcke unverdrossen zur Mühle getragen hatte, dessen Kräfte aber nun zu Ende gingen, sodass er zur Arbeit immer untauglicher ward. Da dachte der Herr daran, ihn aus dem Futter zu schaffen, aber der Esel merkte, dass kein guter Wind wehte, lief fort und machte sich auf den Weg nach Bremen: Dort, meinte er, könnte er ja Stadtmusikant werden. Als er ein Weilchen fortgegangen war, fand er einen Jagdhund auf dem Wege liegen, der jappte wie einer, der sich müde gelaufen hat. »Nun, was jappst du so, Packan?«, fragte der Esel. »Ach«, sagte der Hund, »weil ich alt bin und jeden Tag schwächer werde, auch auf der Jagd nicht mehr fort kann, hat mich mein Herr wollen totschlagen, da hab ich Reißaus genommen; aber womit soll ich nun mein Brot verdienen?« »Weißt du was«, sprach der Esel, »ich gehe nach Bremen und werde dort Stadtmusikant, geh mit und lass dich auch bei der Musik annehmen. Ich spiele Laute, und du schlägst die Pauken.« Der Hund war's zufrieden, und sie gingen weiter. Es dauerte nicht lange, so saß da eine Katze an dem Weg und machte ein Gesicht wie drei Tage Regenwetter. »Nun, was ist dir in die Quere gekommen, alter Bartputzer?«, sprach der Esel. »Wer kann da lustig sein, wenn's einem an den Kragen geht«, antwortete die Katze, »weil ich nun zu Jahren komme, meine Zähne stumpf werden, und ich lieber hinter dem Ofen sitze und spinne, als nach Mäusen herumjage, hat mich meine Frau ersäufen wollen; ich habe mich zwar noch fortgemacht, aber nun ist guter Rat teuer:

Wo soll ich hin?« »Geh mit uns nach Bremen, du verstehst dich doch auf die Nachtmusik, da kannst du ein Stadtmusikant werden.« Die Katze hielt das für gut und ging mit. Darauf kamen die drei Landesflüchtigen an einem Hof vorbei, da saß auf dem Tor der Haushahn und schrie aus Leibeskräften. »Du schreist einem durch Mark und Bein«, sprach der Esel, »was hast du vor?« »Da hab ich gut Wetter prophezeit«, sprach der Hahn, »weil unserer lieben Frauen Tag ist, wo sie dem Christkindlein die Hemdchen gewaschen hat und sie trocknen will; aber weil morgen zum Sonntag Gäste kommen, so hat die Hausfrau doch kein Erbarmen, und hat der Köchin gesagt, sie wollte mich morgen in der Suppe essen, und da soll ich mir heute Abend den Kopf abschneiden lassen. Nun schrei ich aus vollem Hals, solang ich noch kann.« »Ei was, du Rotkopf«, sagte der Esel, »zieh lieber mit uns fort, wir gehen nach Bremen, etwas Besseres als den Tod findest du überall; du hast eine gute Stimme, und wenn wir zusammen musizieren, so muss es eine Art haben.« Der Hahn ließ sich den Vorschlag gefallen, und sie gingen alle viere zusammen fort.

Sie konnten aber die Stadt Bremen in einem Tag nicht erreichen und kamen abends in einen Wald, wo sie übernachten wollten. Der Esel und der Hund legten sich unter einen großen Baum, die Katze und der Hahn machten sich in die Äste, der Hahn aber flog bis in die Spitze, wo es am sichersten für ihn war. Ehe er einschlief, sah er sich noch einmal nach allen vier Winden um, da deuchte ihn, er sähe in der Ferne ein Fünkchen brennen, und rief seinen Gesellen zu, es müsste nicht gar weit ein Haus sein, denn es scheine ein Licht. Sprach der Esel: »So müssen wir uns aufmachen und noch hingehen, denn hier ist die Herberge schlecht«. Der Hund meinte, ein paar Knochen und etwas Fleisch dran täten ihm auch gut. Also machten sie sich auf den Weg nach der Gegend, wo das Licht war, und sahen es bald heller schimmern, und es ward immer größer, bis sie vor ein hell erleuchtetes Räuberhaus kamen. Der Esel, als der größte, näherte sich dem Fenster und schaute hinein. »Was siehst du, Grauschimmel?«, fragte der Hahn. »Was ich sehe?«, antwortete der Esel, »einen gedeckten Tisch mit schönem Essen und Trinken, und Räuber sitzen daran und lassens sich wohl sein.« »Das wäre was für uns«, sprach der Hahn. »Ja, ja, ach, wären wir da!«, sagte der Esel. Da rat-

schlagten die Tiere, wie sie es anfangen müssten, um die Räuber hinauszujagen, und fanden endlich ein Mittel. Der Esel musste sich mit den Vorderfüßen auf das Fenster stellen, der Hund auf des Esels Rücken springen, die Katze auf den Hund klettern, und endlich flog der Hahn hinauf, und setzte sich der Katze auf den Kopf. Wie das geschehen war, fingen sie auf ein Zeichen insgesamt an, ihre Musik zu machen: Der Esel schrie, der Hund bellte, die Katze miaute, und der Hahn krähte; dann stürzten sie durch das Fenster in die Stube hinein, dass die Scheiben klirrten. Die Räuber fuhren bei dem entsetzlichen Geschrei in die Höhe, meinten nicht anders, als ein Gespenst käme herein, und flohen in größter Furcht in den Wald hinaus. Nun setzten sich die vier Gesellen an den Tisch, nahmen mit dem vorlieb, was übrig geblieben war, und aßen, als wenn sie vier Wochen hungern sollten.

Wie die vier Spielleute fertig waren, löschten sie das Licht aus und suchten sich eine Schlafstätte, jeder nach seiner Natur und Bequemlichkeit. Der Esel legte sich auf den Mist, der Hund hinter die Türe, die Katze auf den Herd bei der warmen Asche, und der Hahn setzte sich auf den Hahnenbalken: Und weil sie müde waren von ihrem langen Weg, schliefen sie auch bald ein. Als Mitternacht vorbei war und die Räuber von Weitem sahen, dass kein Licht mehr im Haus brannte, auch alles ruhig schien, sprach der Hauptmann: »Wir hätten uns doch nicht sollen ins Bockshorn jagen lassen«, und hieß einen hingehen und das Haus untersuchen. Der Abgeschickte fand alles still, ging in die Küche, ein Licht anzuzünden, und weil er die glühenden, feurigen Augen der Katze für lebendige

Kohlen ansah, hielt er ein Schwefelhölzchen daran, dass es Feuer fangen sollte. Aber die Katze verstand keinen Spaß, sprang ihm ins Gesicht, spie und kratzte. Da erschrak er gewaltig, lief und wollte zur Hintertüre hinaus, aber der Hund, der da lag, sprang auf und biss ihn ins Bein: und als er über den Hof an dem Miste vorbeirannte, gab ihm der Esel noch einen tüchtigen Schlag mit dem Hinterfuß; der Hahn aber, der vom Lärmen aus dem Schlaf geweckt und munter geworden war, rief vom Balken herab: »kikeriki!« Da lief der Räuber, was er konnte, zu seinem Hauptmann zurück und sprach: »Ach, in dem Haus sitzt eine gräuliche Hexe, die hat mich angehaucht und mit ihren langen Fingern mir das Gesicht zerkratzt; und vor der Türe steht ein Mann mit einem Messer, der hat mich ins Bein gestochen; und auf dem Hof liegt ein schwarzes Ungetüm, das hat mit einer Holzkeule auf mich losgeschlagen; und oben auf dem Dache, da sitzt der Richter, der rief: ›Bringt mir den Schelm her‹. Da machte ich, dass ich fortkam«. Von nun an getrauten sich die Räuber nicht weiter in das Haus, den vier Bremer Musikanten gefiels aber so wohl darin, dass sie nicht wieder heraus wollten. Und der das zuletzt erzählt hat, dem ist der Mund noch warm.

Frau Holle

Eine Witwe hatte zwei Töchter, davon war die eine schön und fleißig, die andere hässlich und faul. Sie hatte aber die hässliche und faule, weil sie ihre rechte Tochter war, viel lieber, und die andere musste alle Arbeit tun und der Aschenputtel im Hause sein. Das arme Mädchen musste sich täglich auf die große Straße bei einem Brunnen setzen, und musste so viel spinnen, dass ihm das Blut aus den Fingern sprang. Nun trug es sich zu, dass die Spule einmal ganz blutig war, da bückte es sich damit in den Brunnen und wollte sie abwaschen: Sie sprang ihm aber aus der Hand und fiel hinab. Es weinte, lief zur Stiefmutter und erzählte ihr das Unglück. Sie schalt es aber so heftig und war so unbarmherzig, dass sie sprach: »Hast du die Spule hinunterfallen lassen, so hol sie auch wieder herauf«. Da ging das Mädchen zu dem Brunnen zurück und wusste nicht, was es anfangen sollte: Und in seiner Herzensangst sprang es in den Brunnen hinein, um die Spule zu holen. Es verlor die Besinnung, und als es erwachte und wieder zu sich selber kam, war es auf einer schönen Wiese, wo die Sonne schien und viel tausend Blumen standen. Auf dieser Wiese ging es fort und kam zu einem Backofen, der war voller Brot; das Brot aber rief: »Ach, zieh mich raus, zieh mich raus, sonst verbrenn ich: Ich bin schon längst ausgebacken«. Da trat es herzu, und holte mit dem Brotschieber alles nacheinander heraus. Danach ging es weiter und kam zu einem Baum, der hing voll Äpfel und rief ihm zu: »Ach schüttel mich, schüttel mich, wir Äpfel sind alle miteinander reif«. Da schüttelte es den

Baum, dass die Äpfel fielen, als regneten sie, und schüttelte, bis keiner mehr oben war; und als es alle in einen
Haufen zusammengelegt hatte, ging es wieder weiter.
Endlich kam es zu einem kleinen Haus, daraus guckte
eine alte Frau, weil sie aber so große Zähne hatte, ward
ihm angst, und es wollte fortlaufen. Die alte Frau aber rief
ihm nach: »Was fürchtest du dich, liebes Kind? Bleib bei
mir, wenn du alle Arbeit im Hause ordentlich tun willst,
so soll dir's gut gehn. Du musst nur achtgeben, dass du
mein Bett gut machst und es fleißig aufschüttelst, dass die
Federn fliegen, dann schneit es in der Welt*; ich bin die
Frau Holle«. Weil die Alte ihm so gut zusprach, so fasste

---

* Darum sagt man in Hessen, wenn es schneit, die Frau Holle macht ihr Bett.

sich das Mädchen ein Herz, willigte ein und begab sich in ihren Dienst. Es besorgte auch alles nach ihrer Zufriedenheit, und schüttelte ihr das Bett immer gewaltig auf, dass die Federn wie Schneeflocken umherflogen; dafür hatte es auch ein gut Leben bei ihr, kein böses Wort, und alle Tage Gesottenes und Gebratenes. Nun war es eine Zeit lang bei der Frau Holle, da ward es traurig und wusste anfangs selbst nicht, was ihm fehlte, endlich merkte es, dass es Heimweh war; ob es ihm hier gleich viel tausendmal besser ging als zu Hause, so hatte es doch ein Verlangen dahin. Endlich sagte es zu ihr: »Ich habe den Jammer nach Haus kriegt, und wenn es mir auch noch so gut hier unten geht, so kann ich doch nicht länger bleiben, ich muss wieder hinauf zu den Meinigen«. Die Frau Holle sagte: »Es gefällt mir, dass du wieder nach Hause verlangst, und weil du mir so treu gedient hast, so will dich selbst wieder hinaufbringen«. Sie nahm es darauf bei der Hand und führte es vor ein großes Tor. Das Tor ward aufgetan, und wie das Mädchen gerade darunter stand, fiel ein gewaltiger Goldregen, und alles Gold blieb an ihm hängen, sodass es über und über davon bedeckt war. »Das sollst du haben, weil du so fleißig gewesen bist«, sprach die Frau Holle und gab ihm auch die Spule wieder, die ihm in den Brunnen gefallen war. Darauf ward das Tor verschlossen, und das Mädchen befand sich oben auf der Welt, nicht weit von seiner Mutter Haus: Und als es in den Hof kam, saß der Hahn auf dem Brunnen und rief:

»Kikeriki,
unsere goldene Jungfrau ist wieder hie.«

Da ging es hinein zu seiner Mutter, und weil es so mit Gold bedeckt ankam, ward es von ihr und der Schwester gut aufgenommen.

Das Mädchen erzählte alles, was ihm begegnet war, und als die Mutter hörte, wie es zu dem großen Reichtum gekommen war, wollte sie der andern hässlichen und faulen Tochter gerne dasselbe Glück verschaffen. Sie musste sich an den Brunnen setzen und spinnen; und damit ihre Spule blutig ward, stach sie sich in die Finger und stieß sich die Hand in die Dornhecke. Dann warf sie die Spule in den Brunnen und sprang selber hinein. Sie kam, wie die andere, auf die schöne Wiese und ging auf demselben Pfade weiter. Als sie zu dem Backofen gelangte, schrie das Brot wieder: »Ach zieh mich raus, zieh mich raus, sonst verbrenn ich, ich bin schon längst ausgebacken«. Die Faule aber antwortete: »Da hätt ich Lust, mich schmutzig zu machen«, und ging fort. Bald kam sie zu dem Apfelbaum, der rief: »Ach schüttel mich, schüttel mich, wir Äpfel sind alle miteinander reif«. Sie antwortete aber: »Du kommst mir recht, es könnte mir einer auf den Kopf fallen«, und ging damit weiter. Als sie vor der Frau Holle Haus kam, fürchtete sie sich nicht, weil sie von ihren großen Zähnen schon gehört hatte, und verdingte sich gleich zu ihr. Am ersten Tag tat sie sich Gewalt an, war fleißig und folgte der Frau Holle, wenn sie ihr etwas sagte, denn sie dachte an das viele Gold, das sie ihr schenken würde; am zweiten Tag aber fing sie schon an zu faulenzen, am dritten noch mehr, da wollte sie morgens gar nicht aufstehen. Sie machte auch der Frau Holle das Bett nicht, wie sich's gebührte, und schüttelte es nicht, dass die Federn aufflogen. Das ward die Frau Holle bald müde und sagte ihr den Dienst auf. Die Faule war das wohl zufrieden und meinte, nun würde der Goldregen kommen; die Frau Holle führte sie auch zu dem Tor, als sie aber darunter stand, ward statt des Goldes ein großer Kessel voll Pech ausgeschüttet. »Das ist zur Belohnung deiner Dienste«, sagte die Frau Holle und schloss das Tor zu. Da kam die Faule heim, aber sie war ganz mit Pech bedeckt, und der Hahn auf dem Brunnen, als er sie sah, rief:

> »Kikeriki,
> unsere schmutzige Jungfrau ist wieder hie«.

Das Pech aber blieb fest an ihr hängen und wollte, solange sie lebte, nicht abgehen.

Rotkäppchen

Es war einmal eine kleine süße Dirne, die hatte jedermann lieb, der sie nur ansah, am allerliebsten aber ihre Großmutter, die wusste gar nicht, was sie alles dem Kinde geben sollte. Einmal schenkte sie ihm ein Käppchen von rotem Sammet, und weil ihm das so wohl stand und es nichts anders mehr tragen wollte, hieß es nur das Rotkäppchen. Eines Tages sprach seine Mutter zu ihm: »Komm, Rotkäppchen, da hast du ein Stück Kuchen und eine Flasche Wein, bring das der Großmutter hinaus; sie ist krank und schwach und wird sich daran laben. Mach dich auf, bevor es heiß wird, und wenn du hinauskommst, so geh hübsch sittsam und lauf nicht vom Weg ab, sonst fällst du und zerbrichst das Glas, und die Großmutter hat nichts. Und wenn du in ihre Stube kommst, so vergiss nicht, guten Morgen zu sagen, und guck nicht erst in alle Ecken herum«.

»Ich will schon alles gut machen«, sagte Rotkäppchen zur Mutter, und gab ihr die Hand darauf. Die Großmutter aber wohnte draußen im Wald, eine halbe Stunde vom Dorf. Wie nun Rotkäppchen in den Wald kam, begegnete ihm der Wolf. Rotkäppchen aber wusste nicht, was das für ein böses Tier war, und fürchtete sich nicht vor ihm. »Guten Tag, Rotkäppchen«, sprach er. »Schönen Dank, Wolf.« »Wo hinaus so früh, Rotkäppchen?« »Zur Großmutter.« »Was trägst du unter der Schürze?« »Kuchen und Wein: Gestern haben wir gebacken, da soll sich die kranke und schwache Großmutter etwas zugut tun und sich damit stärken.« »Rotkäppchen, wo wohnt deine Großmutter?« »Noch eine gute Viertelstunde weiter im Wald, unter den drei großen Eichbäumen, da steht ihr Haus, unten sind die Nusshecken, das wirst du ja wissen«, sagte Rotkäppchen. Der Wolf dachte bei sich »das junge zarte Ding, das ist ein fetter Bissen, der wird noch besser schmecken als die Alte: Du musst es listig anfangen, damit du beide erschnappst«. Da ging er ein Weilchen neben Rotkäppchen her, dann sprach er: »Rotkäppchen, sieh einmal die schönen Blumen, die ringsumher stehen, warum guckst du dich nicht um? Ich glaube, du hörst gar nicht, wie die Vöglein so lieblich singen? Du gehst ja für dich hin, als wenn du zur Schule gingst, und ist so lustig haußen in dem Wald«.

Rotkäppchen schlug die Augen auf, und als es sah, wie die Sonnenstrahlen durch die Bäume hin- und hertanzten und alles voll schöner Blumen stand, dachte es: »Wenn ich der Großmutter einen frischen Strauß mitbringe, der wird ihr auch Freude machen; es ist so früh am Tag, dass ich doch zu rechter Zeit ankomme«, lief vom Wege ab in den Wald hinein und suchte Blumen. Und wenn es eine gebrochen hatte, meinte es, weiter hinaus stände eine schönere, und lief darnach, und geriet immer tiefer in den Wald hinein. Der Wolf aber ging geradewegs nach dem Haus der Großmutter, und klopfte an die Türe. »Wer ist draußen?« »Rotkäppchen, das bringt Kuchen und Wein, mach auf.« »Drück nur auf die Klinke«, rief die Großmutter, »ich bin zu schwach und kann nicht aufstehen.« Der Wolf drückte auf die Klinke, die Türe sprang auf und er ging, ohne ein Wort zu sprechen, gerade zum Bett der Großmutter und verschluckte sie. Dann tat er ihre Kleider an, setzte ihre Haube auf, legte sich in ihr Bett und zog die Vorhänge vor.

Rotkäppchen aber war nach den Blumen herumgelaufen, und als es so viel zusammen hatte, dass es keine mehr tragen konnte, fiel ihm die Großmutter wieder ein, und es machte sich auf den Weg zu ihr. Es wunderte sich, dass die Türe aufstand, und wie es in die Stube trat, so kam es ihm so seltsam darin vor, dass es dachte: »Ei, du mein Gott, wie ängstlich wird mir's heute zumut, und ich bin sonst so gerne bei der Großmutter!« Es rief: »Guten Morgen«, bekam aber keine Antwort. Darauf ging es zum Bett und zog die Vorhänge zurück: Da lag die Großmutter und hatte die Haube tief ins Gesicht gesetzt und sah so wunder-

lich aus. »Ei, Großmutter, was hast du für große Ohren!«
»Dass ich dich besser hören kann.« »Ei, Großmutter, was
hast du für große Augen!« »Dass ich dich besser sehen
kann.« »Ei, Großmutter, was hast du für große Hände!«
»Dass ich dich besser packen kann.« »Aber, Großmutter,
was hast du für ein entsetzlich großes Maul!« »Dass ich
dich besser fressen kann.« Kaum hatte der Wolf das gesagt, so tat er einen Satz aus dem Bette und verschlang das
arme Rotkäppchen.

Wie der Wolf sein Gelüsten gestillt hatte, legte er sich
wieder ins Bett, schlief ein und fing an überlaut zu schnar-
chen. Der Jäger ging eben an dem Haus vorbei und
dachte: »Wie die alte Frau schnarcht, du musst doch sehen, ob ihr etwas fehlt«. Da trat er in die Stube, und wie
er vor das Bette kam, so sah er, dass der Wolf darin lag.
»Finde ich dich hier, du alter Sünder«, sagte er, »ich habe

dich lange gesucht.« Nun wollte er seine Büchse anlegen, da fiel ihm ein, der Wolf könnte die Großmutter gefressen haben, und sie wäre noch zu retten: Schoss nicht, sondern nahm eine Schere und fing an, dem schlafenden Wolf den Bauch aufzuschneiden. Wie er ein paar Schnitte getan hatte, da sah er das rote Käppchen leuchten, und noch ein paar Schnitte, da sprang das Mädchen heraus und rief: »Ach wie war ich erschrocken, wie war's so dunkel in dem Wolf seinem Leib!« Und dann kam die alte Großmutter auch noch lebendig heraus und konnte kaum atmen. Rotkäppchen aber holte geschwind große Steine, damit füllten sie dem Wolf den Leib, und wie er aufwachte, wollte er fortspringen, aber die Steine waren so schwer, dass er gleich niedersank und sich totfiel.

Da waren alle drei vergnügt; der Jäger zog dem Wolf den Pelz ab und ging damit heim, die Großmutter aß den Kuchen und trank den Wein, den Rotkäppchen gebracht hatte, und erholte sich wieder, Rotkäppchen aber dachte: »Du willst dein Lebtag nicht wieder allein vom Wege ab in den Wald laufen, wenn dir's die Mutter verboten hat«.

Es wird auch erzählt, dass einmal, als Rotkäppchen der alten Großmutter wieder Gebackenes brachte, ein anderer Wolf ihm zugesprochen und es vom Wege habe ableiten wollen. Rotkäppchen aber hütete sich und ging gerade fort seines Wegs und sagte der Großmutter, dass es dem Wolf begegnet wäre, der ihm guten Tag gewünscht, aber so bös aus den Augen geguckt hätte: »Wenn's nicht auf offner Straße gewesen wäre, er hätte mich gefressen.« »Komm«, sagte die Großmutter, »wir wollen die Türe verschließen, dass er nicht herein kann.« Bald darnach klopfte der Wolf an und rief: »Mach auf, Großmutter, ich bin das Rotkäppchen, ich bring dir Gebackenes«. Sie schwiegen aber still und machten die Türe nicht auf: Da schlich der Graukopf etlichemal um das Haus, sprang endlich aufs Dach und wollte warten, bis Rotkäppchen abends nach Hause ginge, dann wollte er ihm nachschleichen und wollt's in der Dunkelheit fressen. Aber die Großmutter merkte, was er im Sinn hatte. Nun stand vor dem Haus ein großer Steintrog, da sprach sie zu dem Kind: »Nimm den Eimer, Rotkäppchen, gestern hab ich Würste gekocht, da trag das Wasser, worin sie gekocht sind, in den Trog«. Rotkäppchen trug so lange, bis der große, große Trog ganz voll war. Da stieg der Geruch von den Würsten dem Wolf in die Nase, er schnupperte und guckte hinab, endlich machte er den Hals so lang, dass er sich nicht mehr halten konnte und anfing, zu rutschen: So rutschte er vom Dach herab, gerade in den großen Trog hinein, und ertrank. Rotkäppchen aber ging fröhlich nach Haus, und tat ihm niemand etwas zuleid.

Rapunzel

E s war einmal ein Mann und eine Frau, die wünschten sich schon lange vergeblich ein Kind, endlich machte sich die Frau Hoffnung, der liebe Gott werde ihren Wunsch erfüllen. Die Leute hatten in ihrem Hinterhaus ein kleines Fenster, daraus konnte man in einen prächtigen Garten sehen, der voll der schönsten Blumen und Kräuter stand; er war aber von einer hohen Mauer umgeben, und niemand wagte hineinzugehen, weil er einer Zauberin gehörte, die große Macht hatte und von aller Welt gefürchtet ward. Eines Tages stand die Frau an diesem Fenster und sah in den Garten hinab, da erblickte sie ein Beet, das mit den schönsten Rapunzeln bepflanzt war: Und sie sahen so frisch und grün aus, dass sie lüstern ward und das größte Verlangen empfand, von den Rapunzeln zu essen. Das Verlangen nahm jeden Tag zu, und da sie wusste, dass sie keine davon bekommen konnte, so fiel sie ganz ab, sah blass und elend aus. Da erschrak der Mann und fragte: »Was fehlt dir, liebe Frau?« »Ach«, antwortete sie, »wenn ich keine Rapunzeln aus dem Garten hinter unserem Hause zu essen kriege, so sterbe ich.« Der Mann, der sie lieb hatte, dachte »eh du deine Frau sterben lassest, holst du ihr von den Rapunzeln, es mag kosten, was es will«. In der Abenddämmerung stieg er also über die Mauer in den Garten der Zauberin, stach in aller Eile eine Handvoll Rapunzeln und brachte sie seiner Frau. Sie machte sich sogleich Salat daraus und aß sie in voller Begierde auf. Sie hatten ihr aber so gut, so gut geschmeckt, dass sie den andern Tag noch dreimal so viel Lust bekam. Sollte sie Ruhe haben, so musste der Mann noch einmal in den Garten steigen. Er machte sich also in der Abenddämmerung wieder hinab, als er aber die Mauer herabgeklettert war, erschrak er gewaltig, denn er sah die Zauberin vor sich stehen. »Wie kannst du es wagen«, sprach sie mit zornigem Blick, »in meinen Garten zu steigen und wie ein Dieb mir meine Rapunzeln zu stehlen? Das soll dir schlecht bekommen.« »Ach«, antwortete er, »lasst Gnade für Recht ergehen, ich habe mich nur aus Not dazu entschlossen: Meine Frau hat eure Rapunzeln aus dem Fenster erblickt, und empfindet ein so großes Gelüsten, dass sie sterben würde, wenn sie nicht davon zu essen bekäme.« Da ließ die Zauberin in ihrem Zorne nach und sprach zu ihm: »Verhält es sich so, wie du sagst, so will ich dir gestatten, Rapunzeln mitzunehmen, so viel du willst, allein ich mache eine Bedingung: Du musst mir das Kind geben, das deine Frau zur Welt bringen wird. Es soll ihm gut gehen, und ich will für es sorgen wie eine Mutter«. Der Mann sagte in der Angst alles zu, und als die Frau in Wochen kam, so erschien sogleich die Zauberin, gab dem Kinde den Namen *Rapunzel* und nahm es mit sich fort.

Rapunzel ward das schönste Kind unter der Sonne. Als es zwölf Jahre alt war, schloss es die Zauberin in einen Turm, der in einem Walde lag, und weder Treppe noch

Türe hatte, nur ganz oben war ein kleines Fensterchen. Wenn die Zauberin hinein wollte, so stellte sie sich unten hin und rief:

>>Rapunzel, Rapunzel,
lass mir dein Haar herunter<<.

Rapunzel hatte lange prächtige Haare, fein wie gesponnen Gold. Wenn sie nun die Stimme der Zauberin vernahm, so band sie ihre Zöpfe los, wickelte sie oben um einen Fensterhaken, und dann fielen die Haare zwanzig Ellen tief herunter, und die Zauberin stieg daran hinauf.

Nach ein paar Jahren trug es sich zu, dass der Sohn des Königs durch den Wald ritt und an dem Turm vorüberkam. Da hörte er einen Gesang, der war so lieblich, dass er still hielt und horchte. Das war Rapunzel, die in ihrer Einsamkeit sich die Zeit damit vertrieb, ihre süße Stimme erschallen zu lassen. Der Königssohn wollte zu ihr hinaufsteigen und suchte nach einer Türe des Turms, aber es war keine zu finden. Er ritt heim, doch der Gesang hatte ihm so sehr das Herz gerührt, dass er jeden Tag hinaus in den Wald ging und zuhörte. Als er einmal so hinter einem Baum stand, sah er, dass eine Zauberin herankam und hörte, wie sie hinaufrief:

>»Rapunzel, Rapunzel,
>lass dein Haar herunter«.

Da ließ Rapunzel die Haarflechten herab, und die Zauberin stieg zu ihr hinauf. »Ist das die Leiter, auf welcher man hinaufkommt, so will ich auch einmal mein Glück versuchen.« Und den folgenden Tag, als es anfing dunkel zu werden, ging er zu dem Turme und rief:

>»Rapunzel, Rapunzel,
>lass dein Haar herunter«.

Alsbald fielen die Haare herab, und der Königssohn stieg hinauf.

Anfangs erschrak Rapunzel gewaltig, als ein Mann zu ihr hereinkam, wie ihre Augen noch nie einen erblickt hatten, doch der Königssohn fing an ganz freundlich mit ihr zu reden und erzählte ihr, dass von ihrem Gesang sein Herz so sehr sei bewegt worden, dass es ihm keine Ruhe gelassen und er sie selbst habe sehen müssen. Da verlor Rapunzel ihre Angst, und als er sie fragte, ob sie ihn zum Manne nehmen wollte, und sie sah, dass er jung und schön war, so dachte sie: »Der wird mich lieber haben als die alte Frau Gotel«, und sagte ja, und legte ihre Hand in seine Hand. Sie sprach: »Ich will gerne mit dir gehen, aber ich weiß nicht, wie ich herabkommen kann. Wenn du kommst, so bringe jedes Mal einen Strang Seide mit, daraus will ich eine Leiter flechten, und wenn die fertig ist, so steige ich herunter und du nimmst mich auf dein Pferd«. Sie verabredeten, dass er bis dahin alle Abend zu ihr kommen sollte, denn bei Tag kam die Alte. Die Zauberin merkte auch nichts davon, bis einmal Rapunzel anfing und zu ihr sagte: »Sag sie mir doch, Frau Gotel, wie kommt es nur, sie wird mir viel schwerer heraufzuziehen als der junge Königssohn, der ist in einem Augenblick bei mir«. »Ach du gottloses Kind«, rief die Zauberin, »was muss ich von dir hören, ich dachte, ich hätte dich von aller Welt geschieden, und du hast mich doch betrogen!« In ihrem Zorne packte sie die schönen Haare der Rapunzel, schlug sie ein paarmal um ihre linke Hand, griff eine Schere mit der rechten, und ritsch, ratsch waren sie abgeschnitten, und die schönen Flechten lagen auf der Erde. Und sie war so unbarmherzig, dass sie die arme Rapunzel in eine Wüstenei brachte, wo sie in großem Jammer und Elend leben musste.

Denselben Tag aber, wo sie Rapunzel verstoßen hatte, machte abends die Zauberin die abgeschnittenen Flechten oben am Fensterhaken fest, und als der Königssohn kam und rief:

»Rapunzel, Rapunzel,
lass dein Haar herunter«,

so ließ sie die Haare hinab. Der Königssohn stieg hinauf, aber er fand oben nicht seine liebste Rapunzel, sondern die Zauberin, die ihn mit bösen und giftigen Blicken ansah. »Aha«, rief sie höhnisch, »du willst die Frau Liebste holen, aber der schöne Vogel sitzt nicht mehr im Nest und singt nicht mehr, die Katze hat ihn geholt und wird dir auch noch die Augen auskratzen. Für dich ist Rapunzel verloren, du wirst sie nie wieder erblicken.« Der Königssohn geriet außer sich vor Schmerzen, und in der Verzweiflung sprang er den Turm herab: Das Leben brachte er davon, aber die Dornen, in die er fiel, zerstachen ihm die Augen. Da irrte er blind im Walde umher, aß nichts als Wurzeln und Beeren, und tat nichts als jammern und weinen über den Verlust seiner liebsten Frau. So wanderte er einige Jahre im Elend umher und geriet endlich in die Wüstenei, wo Rapunzel mit den Zwillingen, die sie geboren hatte, einem Knaben und Mädchen, kümmerlich lebte. Er vernahm eine Stimme, und sie deuchte ihn so bekannt: Da ging er darauf zu, und wie er herankam, erkannte ihn Rapunzel und fiel ihm um den Hals und weinte. Zwei von ihren Tränen aber benetzten seine Augen, da wurden sie wieder klar, und er konnte damit sehen wie sonst. Er führte sie in sein Reich, wo er mit Freude empfangen ward, und sie lebten noch lange glücklich und vergnügt.

Hans im Glück

Hans hatte sieben Jahre bei seinem Herrn gedient, da sprach er zu ihm: »Herr, meine Zeit ist herum, nun wollte ich gerne wieder heim zu meiner Mutter, gebt mir meinen Lohn«. Der Herr antwortete: »Du hast mir treu und ehrlich gedient, wie der Dienst war, so soll der Lohn sein«, und gab ihm ein Stück Gold, das so groß als Hansens Kopf war. Hans zog ein Tüchlein aus der Tasche, wickelte den Klumpen hinein, setzte ihn auf die Schulter und machte sich auf den Weg nach Haus.

Wie er so dahinging und immer ein Bein vor das andere setzte, kam ihm ein Reiter in die Augen, der frisch und fröhlich auf einem muntern Pferd vorbeitrabte. »Ach«, sprach Hans ganz laut, »was ist das Reiten ein schönes Ding! Da sitzt einer wie auf einem Stuhl, stößt sich an keinen Stein, spart die Schuh, und kommt fort, er weiß nicht wie.« Der Reiter, der das gehört hatte, hielt an und rief: »Ei, Hans, warum laufst du auch zu Fuß?« »Ich muss ja wohl«, antwortete er, »da habe ich einen Klumpen heimzutragen: Es ist zwar Gold, aber ich kann den Kopf dabei nicht gerad halten, auch drückt mir's auf die Schulter.« »Weißt du was«, sagte der Reiter, »wir wollen tauschen: Ich gebe dir mein Pferd, und du gibst mir deinen Klumpen.« »Von Herzen gern«, sprach Hans, »aber ich sage euch, ihr müsst euch damit schleppen.« Der Reiter stieg ab, nahm das Gold und half dem Hans hinauf, gab ihm die Zügel fest in die Hände und sprach: »Wenn's nun recht geschwind soll gehen, so musst du mit der Zunge schnalzen und hopp hopp rufen«.

Hans war seelenfroh, als er auf dem Pferde saß und so frank und frei dahinritt. Über ein Weilchen fiels ihm ein, es sollte noch schneller gehen, und fing an mit der Zunge zu schnalzen und hopp hopp zu rufen. Das Pferd setzte sich in starken Trab, und ehe sich's Hans versah, war er abgeworfen und lag in einem Graben, der die Äcker von der Landstraße trennte. Das Pferd wäre auch durchgegangen, wenn es nicht ein Bauer aufgehalten hätte, der des Weges kam und eine Kuh vor sich hertrieb. Hans suchte seine Glieder zusammen und machte sich wieder auf die Beine. Er war aber verdrießlich und sprach zu dem Bauer: »Es ist ein schlechter Spaß, das Reiten, zumal, wenn man auf so eine Mähre gerät, wie diese, die stößt und einen herabwirft, dass man den Hals brechen kann; ich setze mich nun und nimmermehr wieder auf. Da lob ich mir eure Kuh, da kann einer mit Gemächlichkeit hinterhergehen, und hat obendrein seine Milch, Butter und Käse jeden Tag gewiss. Was gäb ich darum, wenn ich so eine Kuh hätte!« »Nun«, sprach der Bauer, »geschieht euch so ein großer Gefallen, so will ich euch wohl die Kuh für das Pferd vertauschen.« Hans willigte mit tausend Freuden ein: Der Bauer schwang sich aufs Pferd und ritt eilig davon.

Hans trieb seine Kuh ruhig vor sich her und bedachte den glücklichen Handel. »Hab ich nur ein Stück Brot, und daran wird mir's noch nicht fehlen, so kann ich, sooft mir's beliebt, Butter und Käse dazu essen; hab ich Durst, so melk ich meine Kuh und trinke Milch. Herz, was verlangst du mehr?« Als er zu einem Wirtshaus kam, machte er halt, aß in der großen Freude alles, was er bei sich hatte, sein Mittags- und Abendbrot, rein auf, und ließ sich für seine letzten paar Heller eine halbes Glas Bier einschenken. Dann trieb er seine Kuh weiter, immer nach dem Dorfe seiner Mutter zu. Die Hitze ward immer drückender, je näher der Mittag kam, und Hans befand sich in einer Heide, die wohl noch eine Stunde dauerte. Da ward es ihm ganz heiß, sodass ihm vor Durst die Zunge am Gaumen klebte. »Dem Ding ist zu helfen«, dachte Hans, »jetzt will ich meine Kuh melken und mich an der Milch laben.« Er band sie an einen dürren Baum, und da er keinen Eimer hatte, so stellte er seine Ledermütze unter, aber wie er sich auch bemühte, es kam kein Tropfen Milch zum Vorschein. Und weil er sich ungeschickt dabei anstellte, so gab ihm das ungeduldige Tier endlich mit einem der Hinterfüße einen solchen Schlag auf den Kopf, dass er zu Boden taumelte und eine Zeit lang sich gar nicht besinnen konnte, wo er war. Glücklicherweise kam gerade ein Metzger des Weges, der auf einem Schubkarren ein junges Schwein liegen hatte. »Was sind das für Streiche!«, rief er und half dem guten Hans auf. Hans erzählte, was vorgefallen war. Der Metzger reichte ihm seine Flasche und sprach: »Da trinkt einmal und erholt euch. Die Kuh will wohl keine Milch geben, das ist ein altes Tier, das höchstens noch zum Ziehen taugt oder zum Schlachten«. »Ei, ei«, sprach Hans und strich sich die Haare über den Kopf, »wer hätte das gedacht! Es ist freilich gut, wenn man so ein Tier ins Haus abschlachten kann, was gibts für Fleisch! Aber ich mache mir aus dem Kuhfleisch nicht viel, es ist mir nicht saftig genug. Ja, wer so ein junges Schwein hätte! Das schmeckt anders, dabei noch die Würste.«

»Hört, Hans«, sprach da der Metzger, »euch zuliebe will ich tauschen und will euch das Schwein für die Kuh lassen.« »Gott lohn euch eure Freundschaft«, sprach Hans, übergab ihm die Kuh, ließ sich das Schweinchen vom Karren losmachen und den Strick, woran es gebunden war, in die Hand geben.

Hans zog weiter und überdachte, wie ihm doch alles nach Wunsch ginge, begegnete ihm ja eine Verdrießlichkeit, so würde sie doch gleich wiedergutgemacht. Es gesellte sich danach ein Bursch zu ihm, der trug eine schöne weiße Gans unter dem Arm. Sie boten einander die Zeit, und Hans fing an, von seinem Glück zu erzählen, und wie er immer so vorteilhaft getauscht hätte. Der Bursch erzählte ihm, dass er die Gans zu einem Kindtaufschmaus brächte. »Hebt einmal«, fuhr er fort und packte sie bei den Flügeln, »wie schwer sie ist, die ist aber auch acht Wochen lang genudelt worden. Wer in den Braten beißt, muss sich das Fett von beiden Seiten abwischen.« »Ja«, sprach Hans, und wog sie in der Hand, »die hat ihr Gewicht, aber mein Schwein ist auch keine Sau.« Indessen sah sich der Bursch nach allen Seiten ganz bedenklich um, schüttelte

auch wohl mit dem Kopf. »Hört«, fing er darauf an, »mit eurem Schweine mags nicht ganz richtig sein. In dem Dorfe, durch das ich gekommen bin, ist eben dem Schulzen eins aus dem Stall gestohlen worden. Ich fürchte, ich fürchte, ihr habt's da in der Hand. Sie haben Leute ausgeschickt, und es wäre ein schlimmer Handel, wenn sie euch mit dem Schwein erwischten: Das Geringste ist, dass ihr ins finstere Loch gesteckt werdet.« Dem guten Hans ward bang, »ach Gott«, sprach er, »helft mir aus der Not, ihr wisst hier herum bessern Bescheid, nehmt mein Schwein da und lasst mir eure Gans.« »Ich muss schon etwas aufs Spiel setzen«, antwortete der Bursche, »aber ich will doch nicht schuld sein, dass ihr ins Unglück geratet.« Er nahm also das Seil in die Hand und trieb das Schwein schnell auf einen Seitenweg fort: Der gute Hans aber ging, seiner Sorgen entledigt, mit der Gans unter dem Arme der Heimat zu.

»Wenn ich's recht überlege«, sprach er mit sich selbst, »habe ich noch Vorteil bei dem Tausch: Erstlich den guten Braten, hernach die Menge von Fett, die herausträufeln wird, das gibt Gänsefettbrot auf ein Vierteljahr, und endlich die schönen weißen Federn, die lass ich mir in mein Kopfkissen stopfen, und darauf will ich wohl ungewiegt einschlafen. Was wird meine Mutter eine Freude haben!« Als er durch das letzte Dorf gekommen war, stand da ein Scherenschleifer mit seinem Karren, sein Rad schnurrte emsig, und er sang dazu:

»Ich schleife die Schere und drehe geschwind,
und hänge mein Mäntelchen nach dem Wind«.

Hans blieb stehen und sah ihm zu; endlich redete er ihn an und sprach: »Euch gehts wohl, weil ihr so lustig bei eurem Schleifen seid«. »Ja«, antwortete der Scherenschleifer, »das Handwerk hat einen güldenen Boden. Ein rechter Schleifer ist ein Mann, der, sooft er in die Tasche greift, auch Geld darin findet. Aber wo habt ihr die schöne Gans gekauft?« »Die hab ich nicht gekauft, sondern für mein Schwein eingetauscht.« »Und das Schwein?« »Das hab ich für eine Kuh gekriegt.« »Und die Kuh?« »Die hab ich für ein Pferd bekommen.« »Und das Pferd?« »Dafür hab ich einen Klumpen Gold, so groß als mein Kopf, gegeben.« »Und das Gold?« »Ei, das war mein Lohn für sieben Jahre Dienst.« »Ihr habt euch jederzeit zu helfen gewusst«, sprach der Schleifer, »könnt ihr's nun dahin bringen, dass ihr das Geld in der Tasche springen hört, wenn ihr aufsteht, so habt ihr euer Glück gemacht.« »Wie soll ich das anfangen?«, sprach Hans. »Ihr müsst ein Schleifer werden wie ich; dazu gehört eigentlich nichts als ein Wetzstein, das andere findet sich schon von selbst. Da hab ich einen, der ist zwar ein wenig schadhaft, dafür sollt ihr mir aber auch weiter nichts als eure Gans geben; wollt ihr das?« »Wie könnt ihr noch fragen«, antwortete Hans, »ich werde ja zum glücklichsten Menschen auf Erden; habe ich Geld, sooft ich in die Tasche greife, was brauche ich da länger zu sorgen?«, reichte ihm die Gans hin, und nahm den Wetzstein in Empfang. »Nun«, sprach der Schleifer und hob einen gewöhnlichen schweren Feldstein, der neben ihm lag, auf, »da habt ihr noch einen tüchtigen Stein dazu, auf dem sich's gut schlagen lässt und ihr eure alten Nägel gerade klopfen könnt. Nehmt ihn und hebt ihn ordentlich auf.«

Hans lud den Stein auf und ging mit vergnügtem Herzen weiter; seine Augen leuchteten vor Freude, »ich muss in einer Glückshaut geboren sein«, rief er aus »alles, was ich wünsche, trifft mir ein, wie einem Sonntagskind«. Indessen, weil er seit Tagesanbruch auf den Beinen gewesen war, begann er müde zu werden; auch plagte ihn der Hunger, da er allen Vorrat auf einmal in der Freude über die erhandelte Kuh aufgezehrt hatte. Er konnte endlich nur mit Mühe weitergehen und musste jeden Augenblick halt machen; dabei drückten ihn die Steine ganz erbärmlich. Da konnte er sich des Gedankens nicht erwehren, wie gut es wäre, wenn er sie gerade jetzt nicht zu tragen brauchte. Wie eine Schnecke kam er zu einem Feldbrunnen geschlichen, wollte da ruhen und sich mit einem frischen Trunk laben: Damit er aber die Steine im Niedersitzen nicht beschädigte, legte er sie bedächtig neben sich auf den Rand des Brunnens. Darauf setzte er sich nieder und wollte sich

zum Trinken bücken, da versah er's, stieß ein klein wenig an, und beide Steine plumpsten hinab. Hans, als er sie mit seinen Augen in die Tiefe hatte versinken sehen, sprang vor Freude auf, kniete dann nieder und dankte Gott mit Tränen in den Augen, dass er ihm auch diese Gnade noch erwiesen und ihn auf eine so gute Art, und ohne dass er sich einen Vorwurf zu machen brauchte, von den schweren Steinen befreit hätte, die ihm allein noch hinderlich gewesen wären. »So glücklich wie ich«, rief er aus, »gibt es keinen Menschen unter der Sonne.« Mit leichtem Herzen und frei von aller Last sprang er nun fort, bis er daheim bei seiner Mutter war.

Rumpelstilzchen

Es war einmal ein Müller, der war arm, aber er hatte eine schöne Tochter. Nun traf es sich, dass er mit dem König zu sprechen kam, und um sich ein Ansehen zu geben, sagte er zu ihm: »Ich habe eine Tochter, die kann Stroh zu Gold spinnen«. Der König sprach zum Müller: »Das ist eine Kunst, die mir wohlgefällt, wenn deine Tochter so geschickt ist, wie du sagst, so bring sie morgen in mein Schloss, da will ich sie auf die Probe stellen«. Als nun das Mädchen zu ihm gebracht ward, führte er es in eine Kammer, die ganz voll Stroh lag, gab ihr Rad und Haspel und sprach: »Jetzt mache dich an die Arbeit, und wenn du diese Nacht durch bis morgen früh dieses Stroh nicht zu Gold gesponnen hast, so musst du sterben«. Darauf schloss er die Kammer selbst zu, und sie blieb allein darin.

Da saß nun die arme Müllerstochter und wusste um ihr Leben keinen Rat: sie verstand gar nichts davon, wie man Stroh zu Gold spinnen konnte, und ihre Angst ward immer größer, dass sie endlich zu weinen anfing. Da ging auf einmal die Türe auf, und trat ein kleines Männchen herein und sprach: »Guten Abend, Jungfer Müllerin, warum weint sie so sehr?« »Ach«, antwortete das Mädchen, »ich soll Stroh zu Gold spinnen und verstehe das nicht.« Sprach das Männchen: »Was gibst du mir, wenn ich dir's spinne?« »Mein Halsband«, sagte das Mädchen. Das Männchen nahm das Halsband, setzte sich vor das Rädchen, und schnurr, schnurr, schnurr, dreimal gezogen, war die Spule voll. Dann steckte es eine andere auf, und schnurr, schnurr, schnurr, dreimal gezogen, war auch die zweite voll: Und so gings fort bis zum Morgen, da war alles Stroh versponnen, und alle Spulen waren voll Gold. Bei Sonnenaufgang kam schon der König, und als er das Gold erblickte, erstaunte er und freute sich, aber sein Herz ward nur noch goldgieriger. Er ließ die Müllerstochter in eine andere Kammer voll Stroh bringen, die noch viel größer war, und befahl ihr, das auch in einer Nacht zu spinnen, wenn ihr das Leben lieb wäre. Das Mädchen wusste sich nicht zu helfen und weinte, da ging abermals die Türe auf, und das kleine Männchen erschien und sprach: »Was gibst du mir, wenn ich dir das Stroh zu Gold spinne?« »Meinen Ring von dem Finger«, antwortete das Mädchen. Das Männchen nahm den Ring, fing wieder an zu schnurren mit dem Rade und hatte bis zum Morgen alles Stroh zu glänzendem Gold gesponnen. Der König freute sich über die Maßen bei dem Anblick, war aber noch immer nicht des Goldes satt, sondern ließ die Müllerstochter in eine noch größere Kammer voll Stroh bringen und sprach: »Die musst du noch in dieser Nacht verspinnen: gelingt dir's aber, so sollst du meine Gemahlin werden«. »Wenn's auch eine Müllerstochter ist«, dachte er, »eine reichere Frau finde ich in der ganzen Welt nicht.« Als das Mädchen allein war, kam das Männlein zum dritten Mal wieder und sprach: »Was gibst du mir, wenn ich dir noch diesmal das Stroh spinne?« »Ich habe nichts mehr, das ich geben könnte«, antwortete das Mädchen. »So versprich mir, wenn du Königin wirst, dein erstes Kind.« »Wer weiß, wie das noch geht«, dachte die Müllerstochter und wusste sich auch in der Not nicht anders zu helfen; sie versprach also dem Männchen, was es verlangte, und das Männchen spann dafür noch einmal das Stroh zu Gold. Und als am Morgen der König kam und alles fand, wie er gewünscht hatte, so hielt er Hochzeit mit ihr, und die schöne Müllerstochter ward eine Königin.

Über ein Jahr brachte sie ein schönes Kind zur Welt und dachte gar nicht mehr an das Männchen: Da trat es plötzlich in ihre Kammer und sprach: »Nun gib mir, was du versprochen hast«. Die Königin erschrak und bot dem Männchen alle Reichtümer des Königreichs an, wenn es ihr das Kind lassen wollte: Aber das Männchen sprach: »Nein, etwas Lebendes ist mir lieber als alle Schätze der Welt«. Da fing die Königin so an zu jammern und zu weinen, dass das Männchen Mitleiden mit ihr hatte: »Drei Tage will ich dir Zeit lassen«, sprach er,

»wenn du bis dahin meinen Namen weißt, so sollst du dein Kind behalten.«

Nun besann sich die Königin die ganze Nacht über auf alle Namen, die sie jemals gehört hatte, und schickte einen Boten über Land, der sollte sich erkundigen weit und breit, was es sonst noch für Namen gäbe. Als am andern Tag das Männchen kam, fing sie an mit Kaspar, Melchior, Balzer, und sagte alle Namen, die sie wusste, nach der Reihe her, aber bei jedem sprach das Männlein: »So heiß ich nicht«. Den zweiten Tag ließ sie in der Nachbarschaft herumfragen, wie die Leute da genannt würden, und sagte dem Männlein die ungewöhnlichsten und seltsamsten Namen vor: »Heißt du vielleicht Rippenbiest oder Hammelswade oder Schnürbein?« Aber es antwortete immer: »So heiß ich nicht«. Den dritten Tag kam der Bote wieder zurück und erzählte: »Neue Namen habe ich keinen einzigen finden können, aber wie ich an einen hohen Berg um die Waldecke kam, wo Fuchs und Has sich gute Nacht sagen, so sah ich da ein kleines Haus, und vor dem Haus brannte ein Feuer, und um das Feuer sprang ein gar zu lächerliches Männchen, hüpfte auf einem Bein und schrie:

»Heute back ich, morgen brau ich,
übermorgen hol ich der Königin ihr Kind;
ach, wie gut ist, dass niemand weiß,
dass ich Rumpelstilzchen heiß!«

Da könnt ihr denken, wie die Königin froh war, als sie den Namen hörte, und als bald hernach das Männlein herein trat und fragte: »Nun, Frau Königin, wie heiß ich?«, fragte sie erst: »Heißest du Kunz?« »Nein.« »Heißest du Heinz?« »Nein.«

»Heißt du etwa Rumpelstilzchen?«

»Das hat dir der Teufel gesagt, das hat dir der Teufel gesagt«, schrie das Männlein und stieß mit dem rechten Fuß vor Zorn so tief in die Erde, dass es bis an den Leib hineinfuhr, dann packte es in seiner Wut den linken Fuß mit beiden Händen und riss sich selbst mitten entzwei.

Dornröschen

Vor Zeiten war ein König und eine Königin, die sprachen jeden Tag: »Ach, wenn wir doch ein Kind hätten!«, und kriegen immer keins. Da trug sich zu, als die Königin einmal in Bade saß, dass ein Frosch aus dem Wasser ans Land kroch und zu ihr sprach: »Dein Wunsch wird erfüllt werden, ehe ein Jahr vergeht, wirst du eine Tochter zur Welt bringen«. Was der Frosch gesagt hatte, das geschah, und die Königin gebar ein Mädchen, das war so schön, dass der König vor Freude sich nicht zu lassen wusste und ein großes Fest anstellte. Er ladete nicht bloß seine Verwandte, Freunde und Bekannte, sondern auch die weisen Frauen dazu ein, damit sie dem Kind hold und gewogen wären. Es waren ihrer dreizehn in seinem Reiche, weil er aber nur zwölf goldene Teller hatte, von welchen sie essen sollten, so musste eine von ihnen daheim bleiben. Das Fest ward mit aller Pracht gefeiert, und als es zu Ende war, beschenkten die weisen Frauen das Kind mit ihren Wundergaben: die eine mit Tugend, die andere mit

Schönheit, die dritte mit Reichtum und so mit allem, was auf der Welt zu wünschen ist. Als elfe ihre Sprüche eben getan hatten, trat plötzlich die dreizehnte herein. Sie wollte sich dafür rächen, dass sie nicht eingeladen war, und ohne jemand zu grüßen oder nur anzusehen, rief sie mit lauter Stimme: »Die Königstochter soll sich in ihrem fünfzehnten Jahr an einer Spindel stechen und tot hinfallen«. Und ohne ein Wort weiter zu sprechen, kehrte sie sich um und verließ den Saal. Alle waren erschrocken, da trat die zwölfte hervor, die ihren Wunsch noch übrig hatte, und weil sie den bösen Spruch nicht aufheben, sondern nur ihn mildern konnte, so sagte sie: »Es soll aber kein Tod sein, sondern ein hundertjähriger tiefer Schlaf, in welchen die Königstochter fällt«.

Der König, der sein liebes Kind vor dem Unglück gern bewahren wollte, ließ den Befehl ausgehen, dass alle Spindeln im ganzen Königreiche sollten verbrannt werden. An dem Mädchen aber wurden die Gaben der weisen Frauen sämtlich erfüllt, denn es war so schön, sittsam, freundlich und verständig, dass es jedermann, der es ansah, lieb haben musste. Es geschah, dass an dem Tage, wo es gerade fünfzehn Jahr alt ward, der König und die Königin nicht zu Hause waren, und das Mädchen ganz allein im Schloss zurückblieb. Da ging es allerorten herum, besah Stuben und Kammern, wie es Lust hatte, und kam endlich auch an einen alten Turm. Es stieg die enge Wendeltreppe hinauf, und gelangte zu einer kleinen Türe. In dem Schloss steckte ein verrosteter Schlüssel, und als es umdrehte, sprang die Türe auf, und saß da in einem kleinen Stübchen eine alte Frau mit einer Spindel und spann emsig ihren Flachs. »Guten Tag, du altes Mütterchen«, sprach die Königstochter, »was machst du da?« »Ich spinne«, sagte die Alte und nickte mit dem Kopf. »Was ist das für ein Ding, das so lustig herumspringt?«, sprach das Mädchen, nahm die Spindel und wollte auch spinnen. Kaum hatte sie aber die Spindel angerührt, so ging der Zauberspruch in Erfüllung, und sie stach sich damit in den Finger.

In dem Augenblick aber, wo sie den Stich empfand, fiel sie auf das Bett nieder, das da stand, und lag in einem tiefen Schlaf. Und dieser Schlaf verbreitete sich über das ganze Schloss. Der König und die Königin, die eben heimgekommen waren und in den Saal getreten waren, fingen an einzuschlafen, und der ganze Hofstaat mit ihnen. Da schliefen auch die Pferde im Stall, die Hunde im Hofe, die Tauben auf dem Dache, die Fliegen an der Wand, ja, das Feuer, das auf dem Herde flackerte, ward still und schlief ein, und der Braten hörte auf zu brutzeln, und der Koch, der den Küchenjungen, weil er etwas versehen hatte, an den Haaren ziehen wollte, ließ ihn los und schlief. Und der Wind legte sich, und auf den Bäumen vor dem Schloss regte sich kein Blättchen mehr.

Rings um das Schloss aber begann eine Dornenhecke zu wachsen, die jedes Jahr höher ward, und endlich das ganze Schloss umzog und darüber hinauswuchs, dass gar nichts mehr davon zu sehen war, selbst nicht die Fahne auf dem Dach. Es ging aber die Sage in dem Land von dem schönen schlafenden Dornröschen, denn so ward die Königstochter genannt, also dass von Zeit zu Zeit Königssöhne kamen und durch die Hecke in das Schloss dringen wollten. Es war ihnen aber nicht möglich, denn die Dornen, als hätten sie Hände, hielten fest zusammen, und die Jünglinge blieben darin hängen, konnten sich nicht wieder losmachen und starben alle eines jämmerlichen Todes.

Nach langen Jahren kam wieder einmal ein Königssohn in das Land, und hörte, wie ein alter Mann von der Dornhecke erzählte, es sollte ein Schloss dahinter stehen, in welchem eine wunderschöne Königstochter, Dornröschen genannt, schon seit hundert Jahren schliefe, und mit ihr schliefe der König und die Königin und der ganze Hofstaat. Er wusste auch von seinem Großvater, dass schon viele Königssöhne gekommen wären und versucht hätten, durch die Dornenhecke zu dringen, aber sie wären darin hängen geblieben und eines traurigen Todes gestorben. Da sprach der Jüngling: »Ich fürchte mich nicht, ich will hinaus und das schöne Dornröschen sehen«. Der gute Alte mochte ihm abraten, wie er wollte, er hörte nicht auf seine Worte.

Nun waren aber gerade die hundert Jahre verflossen, und der Tag war gekommen, wo Dornröschen wieder erwachen sollte. Als der Königssohn sich der Dornenhecke näherte, waren es lauter große schöne Blumen, die taten sich von selbst auseinander und ließen ihn unbeschädigt hindurch, und hinter ihm taten sie sich wieder als eine Hecke zusammen. Im Schlosshof sah er die Pferde und scheckigen Jagdhunde liegen und schlafen, auf dem Dache saßen die Tauben und hatten das Köpfchen unter den Flügel gesteckt. Und als er ins Haus kam, schliefen die Fliegen an der Wand, der Koch hielt noch die Hand, als

wollte er den Jungen anpacken, und die Magd saß vor
dem schwarzen Huhn, das sollte gerupft werden. Da ging
er weiter und sah im Saale den ganzen Hofstaat liegen
und schlafen, und oben bei dem Throne lag der König
und die Königin. Da ging er noch weiter, und alles war so
still, dass einer seinen Atem hören konnte, und endlich
kam er zu dem Turm und öffnete die Türe zu der kleinen
Stube, in welcher Dornröschen schlief. Da lag es und war
so schön, dass er die Augen nicht abwenden konnte, und
er bückte sich und gab ihm einen Kuss. Wie er es mit dem

Kuss berührt hatte, schlug Dornröschen die Augen auf,
erwachte, und blickte ihn ganz freundlich an. Da gingen
sie zusammen herab, und der König erwachte und die Königin und der ganze Hofstaat, und sahen einander mit
großen Augen an. Und die Pferde im Hof standen auf und

rüttelten sich: Die Jagdhunde sprangen und wedelten: Die Tauben auf dem Dache zogen das Köpfchen unterm Flügel hervor, sahen umher und flogen ins Feld: die Fliegen an den Wänden krochen weiter: Das Feuer in der Küche erhob sich, flackerte und kochte das Essen: Der Braten fing wieder an zu brutzeln: und der Koch gab dem Jungen eine Ohrfeige, dass er schrie: Und die Magd rupfte das Huhn fertig. Und da wurde die Hochzeit des Königssohns mit dem Dornröschen in aller Pracht gefeiert, und sie lebten vergnügt bis an ihr Ende.

Der Wolf und die sieben jungen Geißlein

Es war einmal eine alte Geiß, die hatte sieben junge Geißlein, und hatte sie lieb, wie eine Mutter ihre Kinder lieb hat. Eines Tages wollte sie in den Wald gehen und Futter holen, da rief sie alle sieben herbei und sprach: »Liebe Kinder, ich will hinaus in den Wald, seid auf eurer Hut vor dem Wolf, wenn er hereinkommt, so frisst er euch alle mit Haut und Haar. Der Bösewicht verstellt sich oft, aber an seiner rauen Stimme und an seinen schwarzen Füßen werdet ihr ihn gleich erkennen«. Die Geißlein sagten: »Liebe Mutter, wir wollen uns schon in Acht nehmen, ihr könnt ohne Sorge fortgehen«. Da meckerte die Alte und machte sich getrost auf den Weg.

Es dauerte nicht lange, so klopfte jemand an die Haustür und rief: »Macht auf, ihr lieben Kinder, eure Mutter ist da und hat jedem von euch etwas mitgebracht«. Aber die

Geisserchen hörten an der rauen Stimme, dass es der Wolf war, »wir machen nicht auf«, riefen sie, »du bist unsere Mutter nicht, die hat eine feine und liebliche Stimme, aber deine Stimme ist rau; du bist der Wolf«. Da ging der Wolf fort zu einem Krämer und kaufte sich ein großes Stück Kreide: Die aß er und machte damit seine Stimme fein. Dann kam er zurück, klopfte an die Haustür und rief: »Macht auf, ihr lieben Kinder, eure Mutter ist da und hat jedem von euch etwas mitgebracht«. Aber der Wolf hatte seine schwarze Pfote in das Fenster gelegt, das sahen die Kinder und riefen: »Wir machen nicht auf, unsere Mutter hat keinen schwarzen Fuß wie du: Du bist der Wolf«. Da lief der Wolf zu einem Bäcker und sprach: »Ich habe mich an den Fuß gestoßen, streich mir Teig darüber«. Und als ihm der Bäcker die Pfote bestrichen hatte, so lief er zum Müller und sprach: »Streu mir weißes Mehl auf meine Pfote«.

Der Müller dachte, »der Wolf will einen betrügen«, und weigerte sich, aber der Wolf sprach: »Wenn du es nicht tust, so fresse ich dich«. Da fürchtete sich der Müller und machte ihm die Pfote weiß. Ja, so sind die Menschen.

Nun ging der Bösewicht zum dritten Mal zu der Haustüre, klopfte an und sprach: »Macht mir auf, Kinder, euer liebes Mütterchen ist heimgekommen und hat jedem von euch etwas aus dem Walde mitgebracht«. Die Geisserchen riefen: »Zeig uns erst deine Pfote, damit wir wissen, dass du unser liebes Mütterchen bist«. Da legte er die Pfote ins Fenster, und als sie sahen, dass sie weiß war, so glaubten sie, es wäre alles wahr, was er sagte, und machten die Türe auf. Wer aber hereinkam, das war der Wolf. Sie erschraken und wollten sich verstecken. Das eine sprang unter den Tisch, das zweite ins Bett, das dritte in den Ofen, das vierte in die Küche, das fünfte in den Schrank, das sechste unter die Waschschüssel, das siebente in den Kasten der Wanduhr. Aber der Wolf fand sie alle und machte nicht langes Federlesen: Eins nach dem andern schluckte er in seinen Rachen; nur das jüngste in dem Uhrkasten, das fand er nicht. Als der Wolf seine Lust gebüßt hatte, trollte er sich fort, legte sich draußen auf der grünen Wiese unter einen Baum und fing an zu schlafen.

Nicht lange danach kam die alte Geiß aus dem Walde wieder heim. Ach, was musste sie da erblicken! Die Haustüre stand sperrweit auf: Tisch, Stühle und Bänke waren umgeworfen, die Waschschüssel lag in Scherben, Decke und Kissen waren aus dem Bett gezogen. Sie suchte ihre Kinder, aber nirgends waren sie zu finden. Sie rief sie nacheinander bei Namen, aber niemand antwortete. Endlich, als sie an das jüngste kam, da rief eine feine Stimme: »Liebe Mutter, ich stecke im Uhrkasten«. Sie holte es heraus, und es erzählte ihr, dass der Wolf gekommen wäre und die andern alle gefressen hätte. Da könnt ihr denken, wie sie über ihre armen Kinder geweint hat.

Endlich ging sie in ihrem Jammer hinaus, und das jüngste Geißlein lief mit. Als sie auf die Wiese kam, so lag da der Wolf an dem Baum und schnarchte, dass die Äste zitterten. Sie betrachtete ihn von allen Seiten und sah, dass in seinem angefüllten Bauch sich etwas regte und zappelte. »Ach Gott«, dachte sie, »sollten meine armen Kinder, die er zum Abendbrot hinuntergewürgt hat, noch am Leben sein?« Da musste das Geißlein nach Haus lau-

fen und Schere, Nadel und Zwirn holen. Dann schnitt sie
dem Ungetüm den Wanst auf, und kaum hatte sie einen
Schnitt getan, so streckte schon ein Geißlein den Kopf heraus, und als sie weiter schnitt, so sprangen nacheinander
alle sechse heraus, und waren noch alle am Leben, und
hatten nicht einmal Schaden gelitten, denn das Ungetüm
hatte sie in der Gier ganz hinuntergeschluckt. Das war

eine Freude! Da herzten sie ihre liebe Mutter und hüpften
wie ein Schneider, der Hochzeit hält. Die Alte aber sagte:
»Jetzt geht und sucht Wackersteine, damit wollen wir dem
gottlosen Tier den Bauch füllen, solange es noch im
Schlafe liegt«. Da schleppten die sieben Geisserchen in aller Eile die Steine herbei und steckten sie ihm in den
Bauch, so viel sie hineinbringen konnten. Dann nähte ihn
die Alte in aller Geschwindigkeit wieder zu, dass er nichts
merkte und sich nicht einmal regte.

Als der Wolf endlich ausgeschlafen hatte, machte er
sich auf die Beine, und weil ihm die Steine im Magen so
großen Durst erregten, so wollte er zu einem Brunnen ge-

hen und trinken. Als er aber anfing zu gehen und sich hin und her zu bewegen, so stießen die Steine in seinem Bauch aneinander und rappelten. Da rief er:

>>Was rumpelt und pumpelt
in meinem Bauch herum?
ich meinte, es wären sechs Geißlein,
so sind's lauter Wackerstein<<.

Und als er an den Brunnen kam und sich über das Wasser bückte und trinken wollte, da zogen ihn die schweren Steine hinein und er musste jämmerlich ersaufen. Als die sieben Geißlein das sahen, da kamen sie herbeigelaufen, riefen laut: >>Der Wolf ist tot! Der Wolf ist tot!<<, und tanzten mit ihrer Mutter vor Freude um den Brunnen herum.

Hänsel und Gretel

Vor einem großen Walde wohnte ein armer Holzhacker mit seiner Frau und seinen zwei Kindern; das Bübchen hieß Hänsel und das Mädchen Gretel. Er hatte wenig zu beißen und zu brechen, und einmal, als große Teuerung ins Land kam, konnte er auch das tägliche Brot nicht mehr schaffen. Wie er sich nun abends im Bette Gedanken machte und sich vor Sorgen herumwälzte, seufzte er und sprach zu seiner Frau: >>Was soll aus uns werden? Wie können wir unsere armen Kinder ernähren, da wir für uns selbst nichts mehr haben?<< >>Weißt du was, Mann«, antwortete die Frau, »wir wollen morgen in aller Frühe die Kinder hinaus in den Wald führen, wo er am dicksten ist: Da machen wir ihnen ein Feuer an und geben jedem noch ein Stückchen Brot, dann gehen wir an unsere Arbeit und lassen sie allein. Sie finden den Weg nicht wieder nach Haus und wir sind sie los.« »Nein, Frau«, sagte der Mann, »das tue ich nicht; wie sollt ich's übers Herz bringen, meine Kinder im Walde allein zu lassen, die wilden Tiere würden bald kommen und sie zerreißen.« »O du Narr«, sagte sie, »dann müssen wir alle viere Hungers sterben, du kannst nur die Bretter für die Särge hobeln«, und ließ ihm keine Ruhe, bis er einwilligte. »Aber die armen Kinder dauern mich doch«, sagte der Mann.

Die zwei Kinder hatten vor Hunger auch nicht einschlafen können und hatten gehört, was die Stiefmutter zum Vater gesagt hatte. Gretel weinte bittere Tränen und sprach zu Hänsel: »Nun ist's um uns geschehen«. »Still, Gretel«, sprach Hänsel, »gräme dich nicht, ich will uns schon helfen.« Und als die Alten eingeschlafen waren, stand er auf, zog sein Röcklein an, machte die Untertüre auf und schlich sich hinaus. Da schien der Mond ganz helle, und die weißen Kieselsteine, die vor dem Haus lagen, glänzten wie lauter Batzen. Hänsel bückte sich und steckte so viel in sein Rocktäschlein, als nur hinein wollten. Dann ging er wieder zurück, sprach zu Gretel: »Sei getrost, liebes Schwesterchen, und schlaf nur ruhig ein, Gott wird uns nicht verlassen«, und legte sich wieder in sein Bett.

Als der Tag anbrach, noch ehe die Sonne aufgegangen war, kam schon die Frau und weckte die beiden Kinder.

»Steht auf, ihr Faulenzer, wir wollen in den Wald gehen und Holz holen«. Dann gab sie jedem ein Stückchen Brot und sprach: »Da habt ihr etwas für den Mittag, aber esst's nicht vorher auf, weiter kriegt ihr nichts«. Gretel nahm das Brot unter die Schürze, weil Hänsel die Steine in der Tasche hatte. Danach machten sie sich alle zusammen auf den Weg nach dem Wald. Als sie ein Weilchen gegangen waren, stand Hänsel still und guckte nach dem Haus zurück und tat das wieder und immer wieder. Der Vater sprach: »Hänsel, was guckst du da und bleibst zurück, hab acht und vergiss deine Beine nicht«. »Ach, Vater«, sagte Hänsel, »ich sehe nach meinem weißen Kätzchen, das sitzt oben auf dem Dach und will mir Ade sagen.« Die Frau sprach: »Narr, das ist dein Kätzchen nicht, das ist die Morgensonne, die auf den Schornstein scheint«. Hänsel aber hatte nicht nach dem Kätzchen gesehen, sondern immer einen von den blanken Kieselsteinen aus seiner Tasche auf den Weg geworfen.

Als sie mitten in den Wald gekommen waren, sprach der Vater: »Nun sammelt Holz, ihr Kinder, ich will ein Feuer anmachen, damit ihr nicht friert«. Hänsel und Gretel trugen Reisig zusammen, einen kleinen Berg hoch. Das Reisig ward angezündet, und als die Flamme recht hoch brannte, sagte die Frau: »Nun legt euch ans Feuer, ihr Kinder, und ruht euch aus,wir gehen in den Wald und hauen Holz. Wenn wir fertig sind, kommen wir wieder und holen euch ab«.

Hänsel und Gretel saßen am Feuer, und als der Mittag kam, aß jedes sein Stücklein Brot. Und weil sie die Schläge der Holzaxt hörten, so glaubten sie, ihr Vater wäre in der

Nähe. Es war aber nicht die Holzaxt, es war ein Ast, den er an einen dürren Baum gebunden hatte, und den der Wind hin- und herschlug. Und als sie so lange gesessen hatten, fielen ihnen die Augen vor Müdigkeit zu, und sie schliefen fest ein. Als sie endlich erwachten, war es schon finstere Nacht. Gretel fing an zu weinen und sprach: »Wie sollen wir nun aus dem Wald kommen!« Hänsel aber tröstete sie, »wart nur ein Weilchen, bis der Mond aufgegangen ist, dann wollen wir den Weg schon finden«. Und als der volle Mond aufgestiegen war, so nahm Hänsel sein Schwesterchen an der Hand und ging den Kieselsteinen nach, die schimmerten wie neu geschlagene Batzen und zeigten ihnen den Weg. Sie gingen die ganze Nacht hindurch und kamen bei anbrechendem Tag wieder zu ihres Vaters Haus. Sie klopften an die Tür, und als die Frau aufmachte und sah, dass es Hänsel und Gretel war, sprach sie: »Ihr bösen Kinder, was habt ihr so lange im Walde geschlafen, wir haben geglaubt, ihr wolltet gar nicht wiederkommen«. Der Vater aber freute sich, denn es war ihm zu Herzen gegangen, dass er sie so allein zurückgelassen hatte.

Nicht lange danach war wieder Not in allen Ecken, und die Kinder hörten, wie die Mutter nachts im Bette zu dem Vater sprach »alles ist wieder aufgezehrt, wir haben noch einen halben Laib Brot, hernach hat das Lied ein Ende. Die Kinder müssen fort, wir wollen sie tiefer in den Wald hineinführen, damit sie den Weg nicht wieder herausfinden; es ist sonst keine Rettung für uns«. Dem Mann fiel's schwer aufs Herz und er dachte »es wäre besser, dass du den letzten Bissen mit deinen Kindern teiltest«. Aber die Frau hörte auf nichts, was er sagte, schalt ihn und machte ihm Vorwürfe. Wer A sagt, muss auch B sagen, und weil er das erste Mal nachgegeben hatte, so musste er es auch zum zweiten Mal.

Die Kinder waren aber noch wach gewesen und hatten das Gespräch mit angehört. Als die Alten schliefen, stand Hänsel wieder auf, wollte hinaus und Kieselsteine auflesen wie das vorige Mal, aber die Frau hatte die Tür verschlossen, und Hänsel konnte nicht heraus. Aber er tröstete sein Schwesterchen und sprach »weine nicht, Gretel, und schlaf nur ruhig, der liebe Gott wird uns schon helfen«.

Am frühen Morgen kam die Frau und holte die Kinder aus dem Bette. Sie erhielten ihr Stückchen Brot, das war aber noch kleiner als das vorige Mal. Auf dem Wege nach dem Wald bröckelte es Hänsel in der Tasche, stand oft still und warf ein Bröcklein auf die Erde. »Hänsel, was stehst du und guckst dich um«, sagte der Vater, »geh deiner Wege.« »Ich sehe nach meinem Täubchen, das sitzt auf dem Dache und will mir Ade sagen«, antwortete Hänsel. »Narr«, sagte die Frau, »das ist dein Täubchen nicht, das ist die Morgensonne, die auf den Schornstein oben scheint.« Hänsel aber warf nach und nach alle Bröcklein auf den Weg.

Die Frau führte die Kinder noch tiefer in den Wald, wo sie ihr Lebtag noch nicht gewesen waren. Da ward wieder ein großes Feuer angemacht, und die Mutter sagte: »Bleibt nur da sitzen, ihr Kinder, und wenn ihr müde seid, könnt ihr ein wenig schlafen: wir gehen in den Wald und hauen Holz, und abends, wenn wir fertig sind, kommen wir und holen euch ab«. Als es Mittag war, teilte Gretel ihr Brot mit Hänsel, der sein Stück auf den Weg gestreut hatte. Dann schliefen sie ein, und der Abend verging, aber niemand kam zu den armen Kindern. Sie erwachten erst in der finsteren Nacht, und Hänsel tröstete sein Schwesterchen und sagte: »Wart nur, Gretel, bis der Mond aufgeht, dann werden wir die Brotbröcklein sehen, die ich ausgestreut habe, die zeigen uns den Weg nach Haus«. Als der Mond kam, machten sie sich auf, aber sie fanden kein Bröcklein mehr, denn die viel tausend Vögel, die im Walde und im Felde umherfliegen, die hatten sie weggepickt. Hänsel sagte zu Gretel »Wir werden den Weg schon finden«, aber sie fanden ihn nicht. Sie gingen die ganze Nacht und noch einen Tag von Morgen bis Abend, aber sie kamen aus dem Wald nicht heraus, und waren so hungrig, denn sie hatten nichts als die paar Beeren, die auf der Erde standen. Und weil sie so müde waren, dass die Beine sie nicht mehr tragen wollten, so legten sie sich unter einen Baum und schliefen ein.

Nun war's schon der dritte Morgen, dass sie ihres Vaters Haus verlassen hatten. Sie fingen wieder an zu gehen, aber sie gerieten immer tiefer in den Wald, und wenn nicht bald Hilfe kam, so mussten sie verschmachten. Als es Mittag war, sahen sie ein schönes schneeweißes Vöglein auf einem Ast sitzen, das sang so schön, dass sie stehen blieben und ihm zuhörten. Und als es fertig war, schwang es seine Flügel und flog vor ihnen her, und sie gingen ihm nach, bis sie zu einem Häuschen gelangten, auf dessen Dach es sich setzte, und als sie ganz nah herankamen, so sahen sie, dass das Häuslein aus Brot gebaut war und mit Kuchen gedeckt; aber die Fenster waren von hellem Zucker.

»Da wollen wir uns dran machen«, sprach Hänsel, »und eine gesegnete Mahlzeit halten. Ich will ein Stück vom Dach essen, Gretel, du kannst vom Fenster essen, das schmeckt süß.« Hänsel reichte in die Höhe und brach sich ein wenig vom Dach ab, um zu versuchen, wie es schmeckte, und Gretel stellte sich an die Scheiben und knuperte daran. Da rief eine feine Stimme aus der Stube heraus:

>>Knuper, knuper, kneischen,
wer knupert an meinem Häuschen?<<

Die Kinder antworteten:

>>Der Wind, der Wind,
das himmlische Kind<<,

und aßen weiter, ohne sich irre machen zu lassen. Hänsel, dem das Dach sehr gut schmeckte, riss sich ein großes Stück davon herunter, und Gretel stieß eine ganze runde Fensterscheibe heraus, setzte sich nieder und tat sich wohl damit. Da ging auf einmal die Türe auf, und eine steinalte Frau, die sich auf eine Krücke stützte, kam herausgeschlichen. Hänsel und Gretel erschraken so gewaltig, dass sie fallen ließen, was sie in den Händen hielten. Die Alte aber wackelte mit dem Kopfe und sprach: >>Ei, ihr lieben Kinder, wer hat euch hierher gebracht? Kommt nur herein und bleibt bei mir, es geschieht euch kein Leid<<. Sie fasste beide an der Hand und führte sie in ihr Häuschen. Da ward gutes Essen aufgetragen, Milch und Pfannekuchen mit Zucker, Äpfel und Nüsse. Hernach wurden zwei schöne Bettlein weiß gedeckt, und Hänsel und Gretel legten sich hinein und meinten, sie wären im Himmel.

Die Alte hatte sich nur so freundlich angestellt, sie war aber eine böse Hexe, die den Kindern auflauerte, und hatte das Brothäuslein bloß gebaut, um sie herbeizulocken. Wenn eins in ihre Gewalt kam, so machte sie es tot, kochte es und aß es, und das war ihr ein Festtag. Die Hexen haben rote Augen und können nicht weit sehen, aber sie haben eine feine Witterung, wie die Tiere, und merken's, wenn Menschen herankommen. Als Hänsel und Gretel in ihre Nähe kamen, da lachte sie boshaft und sprach höhnisch: »Die habe ich, die sollen mir nicht wieder entwischen«. Frühmorgens, ehe die Kinder erwacht waren, stand sie schon auf, und als sie beide so lieblich ruhen sah, mit den vollen roten Backen, so murmelte sie vor sich hin: »Das wird ein guter Bissen werden«. Da packte sie Hänsel mit ihrer dürren Hand und trug ihn in einen kleinen Stall und sperrte ihn mit einer Gittertüre ein: Er mochte schreien, wie er wollte, es half ihm nichts. Dann ging sie zur Gretel, rüttelte sie wach und rief: »Steh auf, Faulenzerin, trag Wasser und koch deinem Bruder etwas Gutes, der sitzt draußen im Stall und soll fett werden. Wenn er fett ist, so will ich ihn essen«. Gretel fing an bitterlich zu weinen, aber es war alles vergeblich, sie musste tun, was die böse Hexe verlangte.

Nun ward dem armen Hänsel das beste Essen gekocht, aber Gretel bekam nichts als Krebsschalen. Jeden Morgen schlich die Alte zu dem Ställchen und rief: »Hänsel, streck deine Finger heraus, damit ich fühle, ob du bald fett bist«. Hänsel streckte ihr aber ein Knöchlein heraus, und die Alte, die trübe Augen hatte, konnte es nicht sehen, und meinte, es wären Hänsels Finger, und verwunderte sich, dass er gar nicht fett werden wollte. Als vier Wochen herum waren und Hänsel immer mager blieb, da übernahm sie die Ungeduld, und sie wollte nicht länger warten. »Heda, Gretel«, rief sie dem Mädchen zu, »sei flink und trag Wasser: Hänsel mag fett oder mager sein, morgen will ich ihn schlachten und kochen.« Ach, wie jammerte das arme Schwesterlein, als es das Wasser tragen musste, und wie flossen ihm die Tränen über die Backen herunter! »Lieber Gott, hilf uns doch«, rief sie aus, »hätten uns nur die wilden Tiere im Wald gefressen, so wären wir doch zusammen gestorben.« »Spar nur dein Geblärre«, sagte die Alte, »es hilft dir alles nichts.«

Frühmorgens musste Gretel heraus, den Kessel mit Wasser aufhängen und Feuer anzünden. »Erst wollen wir backen«, sagte die Alte, »ich habe den Backofen schon eingeheizt und den Teig geknetet!« Sie stieß das arme Gretel hinaus zu dem Backofen, aus dem die Feuerflammen schon herausschlugen. »Kriech hinein«, sagte die Hexe, »und sieh zu, ob recht eingeheizt ist, damit wir das Brot hineinschießen können.« Und wenn Gretel darin war, wollte sie den Ofen zumachen, und Gretel sollte darin braten, und dann wollte sie's auch aufessen. Aber Gretel merkte, was sie im Sinn hatte, und sprach: »Ich weiß nicht, wie ich's machen soll; wie komme ich da hinein?« »Dumme Gans«, sagte die Alte, »die Öffnung ist groß genug, siehst du wohl, ich könnte selbst hinein«, krabbelte heran und steckte den Kopf in den Backofen. Da gab ihr Gretel einen Stoß, dass sie weit hineinfuhr, machte die eiserne Tür zu und schob den Riegel vor. Hu! Da fing sie an zu heulen, ganz grauselig;

aber Gretel lief fort, und die gottlose Hexe musste elendiglich verbrennen.

Gretel aber lief schnurstracks zum Hänsel, öffnete sein Ställchen und rief:»Hänsel, wir sind erlöst, die alte Hexe ist tot!« Da sprang Hänsel heraus, wie ein Vogel aus dem Käfig, wenn ihm die Türe aufgemacht wird. Wie haben sie sich gefreut, sind sich um den Hals gefallen, sind herumgesprungen und haben sich geküsst! Und weil sie sich nicht mehr zu fürchten brauchten, so gingen sie in das Haus der Hexe hinein, da standen in allen Ecken Kasten mit Perlen und Edelsteinen.»Die sind noch besser als Kieselsteine«, sagte Hänsel und steckte in seine Taschen, was hinein wollte, und Gretel sagte:»Ich will auch etwas mit nach Haus bringen«, und füllte sich sein Schürzchen voll.»Aber jetzt wollen wir fort«, sagte Hänsel,»damit wir aus dem Hexenwald herauskommen.« Als sie aber ein paar Stunden gegangen waren, gelangten sie an ein großes Wasser.»Wir können nicht hinüber«, sprach Hänsel,»ich seh keinen Steg und keine Brücke.«»Hier fährt auch kein Schiffchen«, antwortete Gretel,»aber da schwimmt eine weiße Ente, wenn ich die bitte, so hilft sie uns hinüber.« Da rief sie:

»Entchen, Entchen,
da steht Gretel und Hänsel.
Kein Steg und keine Brücke,
nimm uns auf deinen weißen Rücken«.

Das Entchen kam auch heran, und Hänsel setzte sich auf und bat sein Schwesterchen, sich zu ihm zu setzen.

»Nein«, antwortete Gretel, »es wird dem Entchen zu schwer, es soll uns nacheinander hinüberbringen.« Das tat das gute Tierchen, und als sie glücklich drüben waren und ein Weilchen fortgingen, da kam ihnen der Wald immer bekannter und immer bekannter vor, und endlich erblickten sie von Weitem ihres Vaters Haus. Da fingen sie an zu laufen, stürzten in die Stube hinein und fielen ihrem Vater um den Hals. Der Mann hatte keine frohe Stunde gehabt, seitdem er die Kinder im Walde gelassen hatte, die Frau aber war gestorben. Gretel schüttete sein Schürzchen aus, dass die Perlen und Edelsteine in der Stube herumsprangen, und Hänsel warf eine Handvoll nach der anderen aus seiner Tasche dazu. Da hatten alle Sorgen ein Ende, und sie lebten in lauter Freude zusammen. Mein Märchen ist aus, dort lauft eine Maus, wer sie fängt, darf sich eine große, große Pelzkappe daraus machen.

Der Froschkönig oder der eiserne Heinrich

In den alten Zeiten, wo das Wünschen noch geholfen hat, lebte ein König, dessen Töchter waren alle schön, aber die jüngste war so schön, dass die Sonne selber, die doch so vieles gesehen hat, sich verwunderte, sooft sie ihr ins Gesicht schien. Nahe bei dem Schlosse des Königs lag ein großer dunkler Wald, und in dein Walde unter einer alten Linde war ein Brunnen: wenn nun der Tag sehr heiß war, so ging das Königskind hinaus in den Wald und setzte sich an den Rand des kühlen Brunnens: Und wenn sie Langeweile hatte, so nahm sie eine goldene Kugel, warf sie in die Höhe und fing sie wieder; und das war ihr liebstes Spielwerk.

Nun trug es sich einmal zu, dass die goldene Kugel der Königstochter nicht in ihr Händchen fiel, das sie in die Höhe gehalten hatte, sondern vorbei auf die Erde schlug und geradezu ins Wasser hineinrollte. Die Königstochter folgte ihr mit den Augen nach, aber die Kugel verschwand, und der Brunnen war tief, so tief, dass man keinen Grund sah. Da fing sie an zu weinen und weinte immer lauter und konnte sich gar nicht trösten. Und wie sie so klagte, rief ihr jemand zu: »Was hast du vor, Königstochter, du schreist ja dass sich ein Stein erbarmen möchte«. Sie sah sich um, woher die Stimme käme, da erblickte sie einen Frosch, der seinen dicken hässlichen Kopf aus dem Wasser streckte. »Ach, du bist's, alter Wasserpatscher«, sagte sie, »ich weine über meine goldene Kugel, die mir in den Brunnen hinabgefallen ist.« »Sei still und weine nicht, antwortete der Frosch,

»ich kann wohl Rat schaffen, aber was gibst du mir, wenn ich dein Spielwerk wieder heraufhole?« »Was du haben willst, lieber Frosch«, sagte sie, »meine Kleider, meine Perlen und Edelsteine, auch noch die goldene Krone, die ich trage.« Der Frosch antwortete: »Deine Kleider, deine Perlen und Edelsteine und deine goldene Krone, die mag ich nicht: Aber wenn du mich lieb haben willst, und ich soll dein Geselle und Spielkamerad sein, an deinem Tischlein neben dir sitzen, von deinem goldenen Teller- lein essen, aus deinem Becherlein trinken, in deinem Bettlein schlafen: wenn du mir das versprichst, so will ich hinuntersteigen und dir die goldene Kugel wieder herauf- holen«. »Ach ja«, sagte sie, »ich verspreche dir alles, was du willst, wenn du mir nur die Kugel wiederbringst.« Sie dachte aber: »Was der einfältige Frosch schwätzt, der sitzt im Wasser bei seinesgleichen und quakt, und kann keines Menschen Geselle sein«.

Der Frosch, als er die Zusage erhalten hatte, tauchte seinen Kopf unter, sank hinab, und über ein Weilchen kam er wieder heraufgerudert; hatte die Kugel im Maul und warf sie ins Gras. Die Königstochter war voll Freude, als sie ihr schönes Spielwerk wieder erblickte, hob es auf und sprang damit fort. »Warte, warte«, rief der Frosch, »nimm mich mit, ich kann nicht so laufen wie du.« Aber was half ihm, dass er ihr sein quak, quak so laut nach- schrie, als er konnte! Sie hörte nicht darauf, eilte nach Haus und hatte bald den armen Frosch vergessen, der wieder in seinen Brunnen hinabsteigen musste.

Am andern Tage, als sie mit dem König und allen Hof- leuten sich zur Tafel gesetzt hatte und von ihrem goldenen

Tellerlein aß, da kam, plitsch platsch, plitsch platsch, etwas die Marmortreppe heraufgekrochen, und als es oben angelangt war, klopfte es an der Tür und rief: »Königstochter, jüngste, mach mir auf«. Sie lief und wollte sehen, wer draußen wäre, als sie aber aufmachte, so saß der Frosch davor. Da warf sie die Tür hastig zu, setzte sich wieder an den Tisch, und war ihr ganz angst. Der König sah wohl, dass ihr das Herz gewaltig klopfte, und sprach: »Mein Kind, was fürchtest du dich, steht etwa ein Riese vor der Tür und will dich holen?« »Ach nein«, antwortete sie, »es ist kein Riese, sondern ein garstiger Frosch.« »Was will der Frosch von dir?« »Ach lieber Vater, als ich gestern im Wald bei dem Brunnen saß und spielte, da fiel meine goldene Kugel ins Wasser. Und weil ich so weinte, hat sie der Frosch wieder heraufgeholt, und weil er es durchaus verlangte, so versprach ich ihm, er sollte mein Geselle werden, ich dachte aber nimmermehr, dass er aus seinem Wasser heraus könnte. Nun ist er draußen und will zu mir herein.« Indem klopfte es zum zweiten mal und rief:

> »Königstochter, jüngste,
> mach mir auf,
> weißt du nicht, was gestern
> du zu mir gesagt
> bei dem kühlen Brunnenwasser?
> Königstochter, jüngste,
> mach mir auf.«

Da sagte der König: »Was du versprochen hast, das musst du auch halten; geh nur und mach ihm auf«. Sie ging und öffnete die Türe, da hüpfte der Frosch herein, ihr immer auf dem Fuße nach, bis zu ihrem Stuhl. Da saß er und rief: »Heb mich herauf zu dir«. Sie zauderte, bis es endlich der König befahl. Als der Frosch erst auf dem Stuhl war, wollte er auf den Tisch, und als er da saß, sprach er: »Nun schieb mir dein goldenes Tellerlein näher, damit wir zusammen essen«. Das tat sie zwar, aber man sah wohl, dass sie's nicht gerne tat. Der Frosch ließ sich's gut schmecken, aber ihr blieb fast jedes Bisslein im Halse. Endlich sprach er: »Ich habe mich satt gegessen und bin müde, nun trag mich in dein Kämmerlein und mach dein seiden Bettlein zurecht, da wollen wir uns schlafen legen«. Die Königstochter fing an zu weinen und fürchtete sich vor dem kalten Frosch, den sie nicht anzurühren getraute, und der nun in ihrem schönen reinen Bettlein schlafen sollte. Der König aber ward zornig und sprach: »Wer dir geholfen hat, als du in der Not warst, den sollst du hernach nicht verachten«. Da packte sie ihn mit zwei Fingern, trug ihn hinauf und setzte ihn in eine Ecke. Als sie aber im Bette lag, kam er gekrochen und sprach: »Ich bin müde, ich will schlafen so gut wie du: Heb mich herauf, oder ich sag's deinem Vater«. Da ward sie erst bitterböse, holte ihn herauf und warf ihn aus allen Kräften wider die Wand, »nun wirst du Ruhe haben, du garstiger Frosch«.

Als er aber herabfiel, war er kein Frosch, sondern ein Königssohn mit schönen freundlichen Augen. Der war nun nach ihres Vaters Willen ihr lieber Geselle und Gemahl. Da erzählte er ihr, er wäre von einer bösen Hexe verwünscht worden, und niemand hätte ihn aus dem Brunnen erlösen können als sie allein, und morgen wollten sie zusammen in sein Reich gehen. Dann schliefen sie ein, und am andern Morgen, als die Sonne sie aufweckte, kam ein Wagen herangefahren mit acht weißen Pferden bespannt, die hatten weiße Straußfedern auf dem Kopf und gingen in goldenen Ketten, und hinten stand ein Diener des jungen Königs, das war der treue Heinrich. Der treue Heinrich hatte sich so betrübt, als sein Herr war in einen Frosch verwandelt worden, dass er drei eiserne Bande hatte um sein Herz legen lassen, damit es ihm nicht vor Weh und Traurigkeit zerspränge. Der Wagen aber sollte den jungen König in sein Reich abholen; der treue Heinrich hob beide hinein, stellte sich wieder hinten auf und war voller Freude über die Erlösung. Und als sie ein Stück Wegs gefahren waren, hörte der Königssohn, dass es hinter ihm krachte, als wäre etwas zerbrochen. Da drehte er sich um und rief:

»Heinrich, der Wagen bricht.«
»Nein, Herr, der Wagen nicht,
es ist ein Band von meinem Herzen,
das da lag in großen Schmerzen,
als ihr in dem Brunnen saßt,
als ihr eine Fretsche (Frosch) wast (wart).«

Noch einmal und noch einmal krachte es auf dem Weg, und der Königssohn meinte immer, der Wagen bräche, und es waren doch nur die Bande, die vom Herzen des treuen Heinrich absprangen, weil sein Herr erlöst und glücklich war.

Sneewittchen

Es war einmal mitten im Winter, und die Schneeflocken fielen wie Federn vom Himmel herab, da
saß eine Königin an einem Fenster, das einen Rahmen
von schwarzem Ebenholz hatte, und nähte. Und wie sie
so nähte und nach dem Schnee aufblickte, stach sie sich
mit der Nadel in den Finger, und es fielen drei Tropfen
Blut in den Schnee. Und weil das Rote im weißen
Schnee so schön aussah, dachte sie bei sich: »Hätt ich
ein Kind so weiß wie Schnee, so rot wie Blut, und so
schwarz wie das Holz an dem Rahmen«. Bald darauf
bekam sie ein Töchterlein, das war so weiß wie Schnee,
so rot wie Blut, und so schwarzhaarig wie Ebenholz,
und ward darum das Sneewittchen (Schneeweißchen)
genannt. Und wie das Kind geboren war, starb die Königin.

Über ein Jahr nahm sich der König eine andere Gemahlin. Es war eine schöne Frau, aber sie war stolz und
übermütig, und konnte nicht leiden, dass sie an Schönheit
von jemand sollte übertroffen werden. Sie hatte einen
wunderbaren Spiegel, wenn sie vor den trat und sich darin beschaute, sprach sie:

>»Spieglein, Spieglein an der Wand,
>   wer ist die Schönste im ganzen Land?«

so antwortete der Spiegel:

>»Frau Königin, ihr seid die Schönste im Land«.

Da war sie zufrieden, denn sie wusste, dass der Spiegel die Wahrheit sagte.

Sneewittchen aber wuchs heran und wurde immer schöner, und als es sieben Jahre alt war, war es so schön wie der klare Tag, und schöner als die Königin selbst. Als diese einmal ihren Spiegel fragte:

>>Spieglein, Spieglein an der Wand,
wer ist die Schönste im ganzen Land?<<

so antwortete er:

>>Frau Königin, ihr seid die Schönste hier,
aber Sneewittchen ist tausendmal schöner als ihr<<.

Da erschrak die Königin und ward gelb und grün vor Neid. Von Stund an, wenn sie Sneewittchen erblickte, kehrte sich ihr das Herz im Leibe herum, so hasste sie das Mädchen. Und der Neid und Hochmut wuchsen wie ein Unkraut in ihrem Herzen immer höher, dass sie Tag und Nacht keine Ruhe mehr hatte. Da rief sie einen Jäger und sprach: »Bring das Kind hinaus in den Wald, ich will's nicht mehr vor meinen Augen sehen. Du sollst es töten und mir Lunge und Leber zum Wahrzeichen mitbringen«. Der Jäger gehorchte und führte es hinaus, und als er den Hirschfänger gezogen hatte und Sneewittchens unschuldiges Herz durchbohren wollte, fing es an zu weinen und sprach: »Ach, lieber Jäger, lass mir mein Leben; ich will in den wilden Wald laufen und nimmermehr wieder heimkommen«. Und weil es so schön war, hatte der Jäger Mitleid und sprach: »So lauf hin, du armes Kind«. ›Die wilden Tiere werden dich bald gefressen haben‹, dachte er, und doch war's ihm, als wär ein Stein von seinem Herzen gewälzt, weil er es nicht zu töten brauchte. Und als gerade ein junger Frischling dahergesprungen kam, stach er ihn ab, nahm Lunge und Leber heraus, und brachte sie als Wahrzeichen der Königin mit. Der Koch musste sie in Salz kochen, und das boshafte Weib aß sie auf und meinte, sie hätte Sneewittchens Lunge und Leber gegessen.

Nun war das arme Kind in dem großen Wald mutterseelig allein, und ward ihm so angst, dass es alle Blätter an den Bäumen ansah und nicht wusste, wie es sich helfen sollte. Da fing es an zu laufen und lief über die spitzen Steine und durch die Dornen, und die wilden Tiere sprangen an ihm vorbei, aber sie taten ihm nichts. Es lief, so lange nur die Füße noch fort konnten, bis es bald Abend werden wollte, da sah es ein kleines Häuschen und ging hinein, sich zu ruhen. In dem Häuschen war alles klein, aber so zierlich und reinlich, dass es nicht zu sagen ist. Da stand ein weißgedecktes Tischlein mit sieben kleinen Tellern, jedes Tellerlein mit seinem Löffelein, ferner sieben Messerlein und Gäblein, und sieben Becherlein. An der Wand waren sieben Bettlein nebeneinander aufgestellt und schneeweiße Laken darüber gedeckt. Sneewittchen, weil es so hungrig und durstig war, aß von jedem Tellerlein ein wenig Gemüs und Brot, und trank aus jedem Becherlein einen Tropfen Wein; denn es wollte nicht einem allein alles wegnehmen. Hernach, weil es so müde war, legte es sich in ein Bettchen, aber keins passte; das eine war zu lang, das andere zu kurz, bis endlich das siebente recht war: Und darin blieb es liegen, befahl sich Gott und schlief ein.

Als es ganz dunkel geworden war, kamen die Herren von dem Häuslein, das waren die sieben Zwerge, die in den Bergen nach Erz hackten und gruben. Sie zündeten ihre sieben Lichtlein an, und wie es nun hell im Häuslein ward, sahen sie, dass jemand darin gewesen war, denn es stand nicht alles so in der Ordnung, wie sie es verlassen hatten. Der erste sprach: »Wer hat auf meinem Stühlchen gesessen?« Der zweite: »Wer hat von meinem Tellerchen gegessen?« Der dritte: »Wer hat von meinem Brötchen genommen?« Der vierte: »Wer hat von meinem Gemüschen gegessen?« Der fünfte: »Wer hat mit meinem Gäbelchen gestochen?« Der sechste: »Wer hat mit meinem Messerchen geschnitten?« Der siebte: »Wer hat aus meinem Becherlein getrunken?« Dann sah sich der erste um und sah, dass auf seinem Bett eine kleine Delle war, da sprach er: »Wer hat in mein Bettchen getreten?« Die andern kamen gelaufen und riefen: »In meinem hat auch jemand gelegen«. Der siebte aber, als er in sein Bett sah, erblickte Sneewittchen, das lag darin und schlief. Nun rief er die andern, die kamen herbeigelaufen, und schrien vor Verwunderung, holten ihre sieben Lichtlein und beleuchteten Sneewittchen. »Ei, du mein Gott! Ei, du mein Gott!«, riefen sie, »was ist das Kind so schön!«, und hatten so große Freude, dass sie es nicht aufweckten, sondern im Bettlein fortschlafen ließen. Der siebte Zwerg aber schlief bei seinen Gesellen, bei jedem eine Stunde, da war die Nacht herum.

Als es Morgen war, erwachte Sneewittchen, und wie es die sieben Zwerge sah, erschrak es. Sie waren aber freundlich und fragten: »Wie heißt du?« »Ich heiße Sneewittchen«, antwortete es. »Wie bist du in unser Haus gekommen?«, sprachen weiter die Zwerge. Da erzählte es ihnen, dass seine Stiefmutter es hätte wollen umbringen lassen, der Jäger hätte ihm aber das Leben geschenkt, und da wär es gelaufen den ganzen Tag, bis es endlich ihr Häuslein gefunden hätte. Die Zwerge sprachen: »Willst du unsern Haushalt versehen, kochen, betten, waschen, nähen und stricken, und willst du alles ordentlich und reinlich halten, so kannst du bei uns bleiben, und es soll dir an nichts fehlen.« »Ja«, sagte Sneewittchen, »von Herzen gern«, und blieb bei ihnen. Es hielt ihnen das Haus in Ordnung: Morgens gingen sie in die Berge und suchten Erz und Gold, abends kamen sie wieder, und da musste ihr Essen bereit sein. Den Tag über war das Mädchen allein, da warnten es die guten Zwerglein und sprachen: »Hüte dich vor deiner Stiefmutter, die wird bald wissen, dass du hier bist; lass ja niemand herein«.

Die Königin aber, nachdem sie Sneewittchens Lunge und Leber glaubte gegessen zu haben, dachte nicht anders, als sie wäre wieder die Erste und Allerschönste, trat vor ihren Spiegel und sprach:

>»Spieglein, Spieglein an der Wand,
wer ist die Schönste im ganzen Land?«

Da antwortete der Spiegel:

>»Frau Königin, ihr seid die Schönste hier,
aber Sneewittchen über den Bergen
bei den sieben Zwergen
ist noch tausendmal schöner als ihr«.

Da erschrak sie, denn sie wusste, dass der Spiegel keine Unwahrheit sprach, und merkte, dass der Jäger sie betrogen hatte und Sneewittchen noch am Leben war. Und da sann und sann sie aufs Neue, wie sie es umbringen wollte; denn solange sie nicht die Schönste war im ganzen Land, ließ ihr der Neid keine Ruhe. Und als sie sich endlich etwas ausgedacht hatte, färbte sie sich das Gesicht, und kleidete sich wie eine alte Krämerin, und war ganz unkenntlich. In dieser Gestalt ging sie über die sieben Berge zu den sieben Zwergen, klopfte an die Türe und rief: »Schöne Ware feil! Feil!« Sneewittchen guckte zum Fenster heraus und rief: »Guten Tag, liebe Frau, was habt ihr zu verkaufen?« »Gute Ware, schöne Ware«, antwortete sie, »Schnürriemen von allen Farben«, und holte einen hervor der aus bunter Seide geflochten war. »Die ehrliche Frau kann ich hereinlassen«, dachte Sneewittchen, riegelte die Türe auf und kaufte sich den hübschen Schnürriemen. »Kind«, sprach die Alte »wie du aussiehst! Komm, ich will dich einmal ordentlich schnüren.« Sneewittchen hatte kein Arg, stellte sich vor sie, und ließ sich mit dem neuen Schnürriemen schnüren: Aber die Alte schnürte geschwind und schnürte so fest, dass dem Sneewittchen der Atem verging, und es für tot hinfiel. »Nun bist du die Schönste gewesen«, sprach sie und eilte hinaus.

Nicht lange darauf, zur Abendzeit, kamen die sieben Zwerge nach Haus, aber wie erschraken sie, als sie ihr liebes Sneewittchen auf der Erde liegen sahen; und es regte und bewegte sich nicht, als wäre es tot. Sie hoben es in die Höhe, und weil sie sahen, dass es zu fest geschnürt war, schnitten sie den Schnürriemen entzwei: Da fing es an ein wenig zu atmen, und ward nach und nach wieder lebendig. Als die Zwerge hörten, was geschehen war, sprachen sie: »Die alte Krämerfrau war niemand als die gottlose Königin: Hüte dich und lass keinen Menschen herein, wenn wir nicht bei dir sind«.

Das böse Weib aber, als es nach Haus gekommen war, ging vor den Spiegel und fragte:

>»Spieglein, Spieglein an der Wand,
> wer ist die Schönste im ganzen Land?«

Da antwortete er wie sonst:

>»Frau Königin, ihr seid die Schönste hier,
> aber Sneewittchen über den Bergen

bei den sieben Zwergen
ist noch tausendmal schöner als ihr.«

Als sie das hörte, lief ihr alles Blut zum Herzen, so erschrak sie, denn sie sah wohl, dass Sneewittchen wieder
lebendig geworden war. »Nun aber«, sprach sie, »will ich
etwas aussinnen, das dich zugrunde richten soll«, und mit
Hexenkünsten, die sie verstand, machte sie einen giftigen
Kamm. Dann verkleidete sie sich und nahm die Gestalt
eines andern alten Weibes an. So ging sie hin über die sieben Berge zu den sieben Zwergen, klopfte an die Türe und
rief: »Gute Ware feil! Feil!« Sneewittchen schaute heraus
und sprach: »Geht nur weiter, ich darf niemand hereinlassen«. »Das Ansehen wird dir doch erlaubt sein«, sprach
die Alte, zog den giftigen Kamm heraus und hielt ihn in
die Höhe. Da gefiel er dem Kinde so gut, dass es sich be-
tören ließ und die Türe öffnete. Als sie des Kaufs einig waren, sprach die Alte: »Nun will ich dich einmal ordentlich
kämmen«. Das arme Sneewittchen dachte an nichts, und
ließ die Alte gewähren, aber kaum hatte sie den Kamm in
die Haare gesteckt, als das Gift darin wirkte, und das
Mädchen ohne Besinnung niederfiel. »Du Ausbund von
Schönheit«, sprach das boshafte Weib, »jetzt ist's um dich
geschehen«, und ging fort. Zum Glück aber war es bald
Abend, wo die sieben Zwerglein nach Haus kamen. Als sie
Sneewittchen wie tot auf der Erde liegen sahen, hatten sie
gleich die Stiefmutter in Verdacht, suchten nach, und fanden den giftigen Kamm, und kaum hatten sie ihn heraus-
gezogen, so kam Sneewittchen wieder zu sich und erzählte, was vorgegangen war. Da warnten sie es noch

einmal, auf seiner Hut zu sein und niemand die Türe zu öffnen.

Die Königin stellte sich daheim vor den Spiegel und sprach:

>>Spieglein, Spieglein an der Wand,
wer ist die Schönste im ganzen Land?<<

Da antwortete er wie vorher:

>>Frau Königin, ihr seid die Schönste hier,
aber Sneewittchen über den Bergen
bei den sieben Zwergen
ist noch tausendmal schöner als ihr<<.

Als sie den Spiegel so reden hörte, zitterte und bebte sie vor Zorn. >>Sneewittchen soll sterben<<, rief sie, >>und wenn es mein eignes Leben kostet.<< Darauf ging sie in eine ganz verborgene einsame Kammer, wo niemand hinkam, und machte da einen giftigen Apfel. Äußerlich sah er schön aus, weiß mit roten Backen, dass jeder, der ihn erblickte, Lust danach bekam, aber wer ein Stückchen davon aß, der musste sterben. Als der Apfel fertig war, färbte sie sich das Gesicht und verkleidete sich in eine Bauersfrau, und so ging sie über die sieben Berge zu den sieben Zwergen. Sie klopfte an, Sneewittchen streckte den Kopf zum Fenster heraus und sprach: >>Ich darf keinen Menschen einlassen, die sieben Zwerge haben mir's verboten<<. >>Mir auch recht<<, antwortete die Bäuerin, >>meine Äpfel will ich schon los werden. Da, einen will ich dir schenken.« »Nein«, sprach Sneewittchen, »ich darf nichts annehmen.« »Fürchtest du dich vor Gift?«, sprach die Alte, »siehst du, da schneide ich den Apfel in zwei Teile; den roten Backen iss du, den weißen will ich essen.« Der Apfel war aber so künstlich gemacht, dass der rote Backen allein vergiftet war. Sneewittchen lusterte den schönen Apfel an, und als es sah, dass die Bäuerin davon aß, so konnte es nicht länger widerstehen, streckte die Hand hinaus und nahm die giftige Hälfte. Kaum aber hatte es einen Bissen davon im Mund, so fiel es tot zur Erde nieder. Da betrachtete es die Königin mit grausigen Blicken und lachte überlaut und sprach: »Weiß wie Schnee, rot wie Blut, schwarz wie Ebenholz! Diesmal können dich die Zwerge nicht wieder erwecken«. Und als sie daheim den Spiegel befragte:

»Spieglein, Spieglein an der Wand,
wer ist die Schönste im ganzen Land?«

so antwortete er endlich:

»Frau Königin, ihr seid die Schönste im Land«.

Da hatte ihr neidisches Herz Ruhe, so gut ein neidisches Herz Ruhe haben kann.

Die Zwerglein, wie sie abends nach Haus kamen, fanden Sneewittchen auf der Erde liegen, und es ging kein Atem mehr aus seinem Mund, und es war tot. Sie hoben es auf, suchten, ob sie was Giftiges fänden, schnürten es auf, kämmten ihm die Haare, wuschen es mit Wasser und

Wein, aber es half alles nichts; das liebe Kind war tot und blieb tot. Sie legten es auf eine Bahre und setzten sich alle siebene daran und beweinten es, und weinten drei Tage lang. Da wollten sie es begraben, aber es sah noch so frisch aus wie ein lebender Mensch, und hatte noch seine schönen roten Backen. Sie sprachen: »Das können wir nicht in die schwarze Erde versenken«, und ließen einen durchsichtigen Sarg von Glas machen, dass man es von allen Seiten sehen konnte, legten es hinein, und schrieben mit goldenen Buchstaben seinen Namen darauf, und dass es eine Königstochter wäre. Dann setzten sie den Sarg hinaus auf den Berg, und einer von ihnen blieb immer dabei und bewachte ihn. Und die Tiere kamen auch und beweinten Sneewittchen, erst eine Eule, dann ein Rabe, zuletzt ein Täubchen.

Nun lag Sneewittchen lange lange Zeit in dem Sarg und verweste nicht, sondern sah aus, als wenn es schliefe, denn es war noch so weiß als Schnee, so rot als Blut, und so schwarzhaarig wie Ebenholz. Es geschah aber, dass ein Königssohn in den Wald geriet und zu dem Zwergenhaus kam, da zu übernachten. Er sah auf dem Berg den Sarg und das schöne Sneewittchen darin, und las, was mit goldenen Buchstaben darauf geschrieben war. Da sprach er zu den Zwergen: »Lasst mir den Sarg, ich will euch geben, was ihr dafür haben wollt«. Aber die Zwerge antworteten: »Wir geben ihn nicht um alles Gold in der Welt«. Da sprach er: »So schenkt mir ihn, denn ich kann nicht leben, ohne Sneewittchen zu sehen, ich will es ehren und hochachten wie mein Liebstes«. Wie er so sprach, empfanden die guten Zwerglein Mitleiden mit ihm und gaben ihm den Sarg. Der Königssohn ließ ihn nun von seinen Dienern auf den Schultern forttragen. Da geschah es, dass sie über einen Strauch stolperten, und von dem Schüttern fuhr der giftige Apfelgrütz, den Sneewittchen abgebissen hatte, aus dem Hals. Und nicht lange, so öffnete es die Augen, hob den Deckel vom Sarg in die Höhe, und richtete sich auf, und war wieder lebendig. »Ach Gott, wo bin ich?«, rief es. Der Königssohn sagte voll Freude: »Du bist bei mir«, und erzählte, was sich zugetragen hatte, und sprach: »Ich habe dich lieber als alles auf der Welt; komm mit mir in meines Vaters Schloss, du sollst meine Gemahlin werden«. Da war ihm Sneewittchen gut und ging mit ihm, und ihre Hochzeit ward mit großer Pracht und Herrlichkeit angeordnet.

Zu dem Fest wurde aber auch Sneewittchens gottlose Stiefmutter eingeladen. Wie sie sich nun mit schönen

Kleidern angetan hatte, trat sie vor den Spiegel und sprach:

»Spieglein, Spieglein an der Wand,
wer ist die Schönste im ganzen Land?«

Der Spiegel antwortete:

»Frau Königin, ihr seid die Schönste hier,
aber die junge Königin ist tausendmal schöner als ihr«.

Da stieß das böse Weib einen Fluch aus, und ward ihr so angst, so angst, dass sie sich nicht zu lassen wusste. Sie wollte zuerst gar nicht auf die Hochzeit kommen: Doch ließ es ihr keine Ruhe, sie musste fort und die junge Königin sehen. Und wie sie hineintrat, erkannte sie Sneewittchen, und vor Angst und Schrecken stand sie da und konnte sich nicht regen. Aber es waren schon eiserne Pantoffeln über Kohlenfeuer gestellt und wurden mit Zangen hereingetragen und vor sie hingestellt. Da musste sie in die rot glühenden Schuhe treten und so lange tanzen, bis sie tot zur Erde fiel.

Die Sterntaler

Es war einmal ein kleines Mädchen, dem war Vater und Mutter gestorben, und es war so arm, dass es kein Kämmerchen mehr hatte, darin zu wohnen, und kein Bettchen mehr, darin zu schlafen, und endlich gar nichts mehr als die Kleider auf dem Leib und ein Stückchen Brot in der Hand, das ihm ein mitleidiges Herz geschenkt hatte. Es war aber gut und fromm. Und weil es so von aller Welt verlassen war, ging es im Vertrauen auf den lieben Gott hinaus ins Feld. Da begegnete ihm ein armer Mann, der sprach: »Ach, gib mir etwas zu essen, ich bin so

hungerig«. Es reichte ihm das ganze Stückchen Brot und sagte: »Gott segne dir's«, und ging weiter. Da kam ein Kind, das jammerte und sprach: »Es friert mich so an meinem Kopfe, schenk mir etwas, womit ich ihn bedecken kann«. Da tat es seine Mütze ab und gab sie ihm. Und als es noch eine Weile gegangen war, kam wieder ein Kind und hatte kein Leibchen und fror: Da gab es ihm seins; und noch weiter, da bat eins um ein Röcklein, das gab es auch von sich hin. Endlich gelangte es in einen Wald, und es war schon dunkel geworden, da kam noch eins und bat um ein Hemdlein, und das fromme Mädchen dachte: »Es ist dunkle Nacht, da sieht dich niemand, du kannst wohl dein Hemd weggeben«, und zog das Hemd ab und gab es auch noch hin. Und wie es so stand und gar nichts mehr hatte, fielen auf einmal die Sterne vom Himmel, und waren lauter harte blanke Taler: und ob es gleich sein Hemdlein weggegeben, so hatte es ein neues an, und das war vom allerfeinsten Linnen. Da sammelte es sich die Taler hinein und war reich für sein Lebtag.

Tischlein deck dich, Goldesel und Knüppel aus dem Sack

Vor Zeiten war ein Schneider, der drei Söhne hatte und nur eine einzige Ziege. Aber die Ziege, weil sie alle zusammen mit ihrer Milch ernährte, musste ihr gutes Futter haben und täglich hinaus auf die Weide geführt werden. Die Söhne taten das auch nach der Reihe. Einmal brachte sie der älteste auf den Kirchhof, wo die schönsten Kräuter standen, ließ sie da fressen und herumspringen. Abends, als es Zeit war heimzugehen, fragte er: »Ziege, bist du satt?« Die Ziege antwortete:

»Ich bin so satt,
ich mag kein Blatt: Mäh! Mäh!«

»So komm nach Haus«, sprach der Junge, fasste sie am Strickchen, führte sie in den Stall und band sie fest. »Nun«, sagte der alte Schneider, »hat die Ziege ihr gehöriges Futter?« »O«, antwortete der Sohn, »die ist so satt, sie mag kein Blatt.« Der Vater aber wollte sich selbst überzeugen, ging hinab in den Stall, streichelte das liebe Tier und fragte: »Ziege, bist du auch satt?« Die Ziege antwortete:

»Wovon sollt ich satt sein?
ich sprang nur über Gräbelein,
und fand kein einzig Blättelein: Mäh! Mäh!«

»Was muss ich hören!«, rief der Schneider, lief hinauf und sprach zu dem Jungen: »Ei, du Lügner, sagst, die Ziege wäre satt, und hast sie hungern lassen?«, und in seinem Zorne nahm er die Elle von der Wand und jagte ihn mit Schlägen hinaus.

Am andern Tag war die Reihe am zweiten Sohn, der suchte an der Gartenhecke einen Platz aus, wo lauter gute Kräuter standen, und die Ziege fraß sie rein ab. Abends, als er heim wollte, fragte er: »Ziege, bist du satt?« Die Ziege antwortete:

>»Ich bin so satt,
ich mag kein Blatt: Mäh! Mäh!«

»So komm nach Haus«, sprach der Junge, zog sie heim und band sie im Stall fest. »Nun«, sagte der alte Schneider, »hat die Ziege ihr gehöriges Futter?« »O«, antwortete der Sohn, »die ist so satt, sie mag kein Blatt.« Der Schneider wollte sich darauf nicht verlassen, ging hinab in den Stall und fragte: »Ziege, bist du auch satt?« Die Ziege antwortete:

>»Wovon sollt ich satt sein?
Ich sprang nur über Gräbelein,
und fand kein einzig Blättelein: Mäh! Mäh!«

»Der gottlose Bösewicht!«, schrie der Schneider, »so ein frommes Tier hungern zu lassen!«, lief hinauf und schlug mit der Elle den Jungen zur Haustüre hinaus.

Die Reihe kam jetzt an den dritten Sohn, der wollte seine Sache gut machen, suchte Buschwerk mit dem schönsten Laube aus, und ließ die Ziege daran fressen. Abends, als er heim wollte, fragte er: »Ziege, bist du auch satt?«

Die Ziege antwortete:

>»Ich bin so satt,
ich mag kein Blatt: Mäh! Mäh!«

»So komm nach Haus«, sagte der Junge, führte sie in den Stall und band sie fest. »Nun«, sagte der alte Schneider,

»hat die Ziege ihr gehöriges Futter?« »O«, antwortete der Sohn, »die ist so satt, sie mag kein Blatt.« Der Schneider traute nicht, ging hinab und fragte: »Ziege, bist du auch satt?« Das boshafte Tier antwortete:

> »Wovon sollt ich satt sein?
> Ich sprang nur über Gräbelein,
> und fand kein einzig Blättelein: Mäh! Mäh!«

»O die Lügenbrut!«, rief der Schneider, »einer so gottlos und pflichtvergessen wie der andere! Ihr sollt mich nicht länger zum Narren haben!«, und vor Zorn ganz außer sich sprang er hinauf und gerbte dem armen Jungen mit der Elle den Rücken so gewaltig, dass er zum Haus hinaussprang.

Der alte Schneider war nun mit seiner Ziege allein. Am andern Morgen ging er hinab in den Stall, liebkoste die Ziege und sprach: »Komm, mein liebes Tierlein, ich will dich selbst zur Weide führen«. Er nahm sie am Strick und brachte sie zu grünen Hecken und unter Schafrippe, und was sonst die Ziegen gerne fressen. »Da kannst du dich einmal nach Herzenslust sättigen«, sprach er zu ihr, und ließ sie weiden bis zum Abend. Da fragte er: »Ziege, bist du satt?« Sie antwortete:

> »Ich bin so satt,
> ich mag kein Blatt: Mäh! Mäh!«

»So komm nach Haus«, sagte der Schneider, führte sie in den Stall und band sie fest. Als er wegging, kehrte er sich noch einmal um und sagte: »Nun bist du doch einmal satt!« Aber die Ziege machte es ihm nicht besser und rief:

> »Wie sollt ich satt sein?
> Ich sprang nur über Gräbelein,
> und fand kein einzig Blättelein: Mäh! Mäh!«

Als der Schneider das hörte, stutzte er und sah wohl, dass er seine drei Söhne ohne Ursache verstoßen hatte. »Wart«, rief er, »du undankbares Geschöpf, dich fortzujagen ist noch zu wenig, ich will dich zeichnen, dass du dich unter ehrbaren Schneidern nicht mehr darfst sehen lassen.«

In einer Hast sprang er hinauf, holte sein Bartmesser, seifte der Ziege den Kopf ein, und schor sie so glatt wie seine flache Hand. Und weil die Elle zu ehrenvoll gewesen wäre, holte er die Peitsche und versetzte ihr solche Hiebe, dass sie in gewaltigen Sprüngen davonlief.

Der Schneider, als er so ganz einsam in seinem Hause saß, verfiel in große Traurigkeit und hätte seine Söhne gerne wiedergehabt, aber niemand wusste, wo sie hingeraten waren. Der älteste war zu einem Schreiner in die Lehre gegangen, da lernte er fleißig und unverdrossen, und als seine Zeit herum war, dass er wandern sollte, schenkte ihm der Meister ein Tischchen, das gar kein besonderes Ansehen hatte und von gewöhnlichem Holz war: Aber es hatte eine gute Eigenschaft. Wenn man es hinstellte und sprach: »Tischchen, deck dich«, so war das gute Tischchen auf einmal mit einem saubern Tüchlein bedeckt, und stand da ein Teller, und Messer und Gabel daneben, und Schüsseln mit Gesottenem und Gebratenem, so viel Platz hatten, und ein großes Glas mit rotem Wein leuchtete, dass einem das Herz lachte. Der junge Gesell dachte: »Damit hast du genug für dein Lebtag«, zog guter Dinge in der Welt umher und bekümmerte sich gar nicht darum, ob ein Wirtshaus gut oder schlecht und ob etwas darin zu finden war oder nicht. Wenn es ihm gefiel, so kehrte er gar nicht ein, sondern im Felde, im Wald, auf einer Wiese, wo er Lust hatte, nahm er sein Tischchen vom Rücken, stellte es vor sich und sprach: »Deck dich«, so war alles da, was sein Herz begehrte. Endlich kam es ihm in den Sinn, er wollte zu seinem Vater zurückkehren, sein Zorn würde sich gelegt haben, und mit dem Tischchen deck dich würde er ihn gerne wieder aufnehmen. Es trug sich zu, dass er auf dem Heimweg abends in ein Wirtshaus kam, das mit Gästen angefüllt war: Sie hießen ihn willkommen und luden ihn ein, sich zu ihnen zu setzen und mit ihnen zu essen, sonst würde er schwerlich noch etwas bekommen. »Nein«, antwortete der Schreiner, »die paar Bissen will ich euch nicht vor dem Munde nehmen, lieber sollt ihr meine Gäste sein.« Sie lachten und meinten, er triebe seinen Spaß mit ihnen. Er aber stellte sein hölzernes Tischchen mitten in die Stube und sprach: »Tischchen, deck dich«. Augenblicklich war es mit Speisen besetzt, so gut, wie sie der Wirt nicht hätte herbeischaffen können, und wovon der Geruch den Gästen lieblich in die Nase stieg. »Zugegriffen, liebe Freunde«, sprach der Schreiner, und die Gäste, als sie sahen, wie es gemeint war, ließen sich nicht zweimal bitten, rückten heran, zogen ihre Messer und griffen tapfer zu. Und was sie am meisten verwunderte, wenn eine Schüssel leer geworden war, so stellte sich gleich von selbst eine volle an ihren Platz. Der Wirt stand in einer Ecke und sah dem Dinge zu; er wusste gar nicht, was er sagen sollte, dachte aber: »Einen solchen Koch könntest du in deiner Wirtschaft wohl brauchen«. Der Schreiner und seine Gesellschaft waren lustig bis in die späte Nacht, endlich legten sie sich schlafen, und der junge Geselle ging auch zu Bett und stellte sein Wünschtischchen an die Wand. Dem Wirte aber ließen seine Gedanken keine Ruhe, es fiel ihm ein, dass in seiner Rumpelkammer ein altes Tischchen stände, das gerade so aussähe: Das holte er ganz sachte herbei und vertauschte es mit dem Wünschtischchen. Am andern Morgen zahlte der Schreiner sein Schlafgeld, packte sein Tischchen auf, dachte gar nicht daran, dass er ein falsches hätte, und ging seiner Wege. Zu Mittag kam er bei seinem Vater an, der ihn mit großer Freude empfing. »Nun, mein lieber Sohn, was hast du gelernt?«, sagte er zu ihm. »Vater, ich bin ein Schreiner geworden.« »Ein gutes Handwerk«, erwiderte der Alte, »aber was hast du von deiner Wanderschaft mitgebracht?« »Vater, das Beste, was ich mitgebracht habe, ist das Tischchen.« Der Schneider betrachtete es von allen Seiten und sagte: »Daran hast du kein Meisterstück gemacht, das ist ein altes und schlechtes Tischchen«. »Aber es ist ein Tischchen deck dich«, antwortete der Sohn, »wenn ich es hinstelle, und sage ihm, es solle sich decken, so stehen gleich die schönsten Gerichte darauf und ein Wein dabei, der das Herz erfreut. Ladet nur alle Verwandte und Freunde ein, die sollen sich einmal laben und erquicken, denn das Tischchen macht sie alle satt.« Als die Gesellschaft beisammen war, stellte er sein Tischchen mitten in die Stube und sprach: »Tischchen, deck dich«. Aber das Tischchen regte sich nicht und blieb so leer wie ein anderer Tisch, der die Sprache nicht versteht. Da merkte der arme Geselle, dass ihm das Tischchen vertauscht war, und schämte sich, dass er wie ein Lügner dastand. Die Verwandten aber lachten ihn aus und mussten ungetrunken und ungegessen wieder heimwandern. Der Vater holte seine Lappen wieder herbei und schneiderte fort, der Sohn aber ging bei einem Meister in die Arbeit.

Der zweite Sohn war zu einem Müller gekommen und bei ihm in die Lehre gegangen. Als er seine Jahre herum hatte, sprach der Meister: »Weil du dich so wohl gehalten hast, so schenke ich dir einen Esel von einer besondern Art, er zieht nicht am Wagen und trägt auch keine Säcke«. »Wozu ist er denn nütze?«, fragte der junge Geselle. »Er speit Gold«, antwortete der Müller, »wenn du ihn auf ein Tuch stellst und sprichst ›Bricklebrit‹, so speit dir das gute Tier Goldstücke aus, hinten und vorn.« »Das ist eine schöne Sache«, sprach der Geselle, dankte dem Meister und zog in die Welt. Wenn er Gold nötig hatte, brauchte er nur zu seinem Esel »Bricklebrit« zu sagen, so regnete es Goldstücke, und er hatte weiter keine Mühe, als sie von der Erde aufzuheben. Wo er hinkam, war ihm das Beste gut genug, und je teurer je lieber, denn er hatte immer einen vollen

Beutel. Als er sich eine Zeit lang in der Welt umgesehen hatte, dachte er: »Du musst deinen Vater aufsuchen, wenn du mit dem Goldesel kommst, so wird er seinen Zorn vergessen und dich gut aufnehmen«. Es trug sich zu, dass er in dasselbe Wirtshaus geriet, in welchem seinem Bruder das Tischchen vertauscht war. Er führte seinen Esel an der Hand, und der Wirt wollte ihm das Tier abnehmen und anbinden, der junge Geselle aber sprach: »Gebt euch keine Mühe, meinen Grauschimmel führe ich selbst in den Stall und binde ihn auch selbst an, denn ich muss wissen, wo er steht«. Dem Wirt kam es wunderlich vor und er meinte, einer, der seinen Esel selbst besorgen müsste, hätte nicht viel zu verzehren: Als aber der Fremde in die Tasche griff, zwei Goldstücke herausholte und sagte, er sollte nur etwas Gutes für ihn einkaufen, so machte er große Augen, lief und suchte das Beste, das er auftreiben konnte. Nach der Mahlzeit fragte der Gast, was er schuldig wäre, der Wirt wollte die doppelte Kreide nicht sparen und sagte, noch ein paar Goldstücke müsste er zulegen. Der Geselle griff in die Tasche, aber sein Gold war eben zu Ende. »Wartet einen Augenblick, Herr Wirt«, sprach er, »ich will nur gehen und Gold holen«, nahm aber das Tischtuch mit. Der Wirt wusste nicht, was das heißen sollte, war neugierig, schlich ihm nach, und da der Gast die Stalltüre zuriegelte, so guckte er durch ein Astloch. Der Fremde breitete unter dem Esel das Tuch aus, rief »Bricklebrit«, und augenblicklich fing das Tier an, Gold zu speien von hinten und vorn, dass es ordentlich auf die Erde herabregnete. »Ei der tausend«, sagte der Wirt, »da sind die

Dukaten bald geprägt! So ein Geldbeutel ist nicht übel!«
Der Gast bezahlte seine Zeche und legte sich schlafen,
der Wirt aber schlich in der Nacht herab in den Stall,
führte den Münzmeister weg und band einen andern
Esel an seine Stelle. Den folgenden Morgen in der Frühe
zog der Geselle mit seinem Esel ab und meinte, er hätte
seinen Goldesel. Mittags kam er bei seinem Vater an,
der sich freute, als er ihn wiedersah, und ihn gerne aufnahm. »Was ist aus dir geworden, mein Sohn?«, fragte
der Alte. »Ein Müller, lieber Vater«, antwortete er. »Was
hast du von deiner Wanderschaft mitgebracht?« »Weiter nichts als einen Esel.« »Esel gibt's hier genug«, sagte
der Vater, »da wäre mir doch eine gute Ziege lieber gewesen.« »Ja«, antwortete der Sohn, »aber es ist kein ge-
meiner Esel, sondern ein Goldesel: wenn ich sage ›Bricklebrit‹, so speit euch das gute Tier ein ganzes Tuch
voll Goldstücke. Lasst nur alle Verwandte herbeirufen,
ich mache sie alle zu reichen Leuten.« »Das lass ich mir
gefallen«, sagte der Schneider, »dann brauch ich mich
mit der Nadel nicht weiter zu quälen«, sprang selbst fort
und rief die Verwandten herbei. Sobald sie beisammen
waren, hieß der Müller Platz machen, breitete sein Tuch
aus, und brachte den Esel in die Stube. »Jetzt gebt acht«,
sagte er und rief »Bricklebrit«, aber es waren keine
Goldstücke, was herabfiel, und es zeigte sich, dass das
Tier nichts von der Kunst verstand, denn es bringt's
nicht jeder Esel so weit. Da machte der arme Müller ein
langes Gesicht, sah, dass er betrogen war, und bat die
Verwandten um Verzeihung, die so arm heimgingen,
als sie gekommen waren. Es blieb nichts übrig, der Alte

musste wieder nach der Nadel greifen, und der Junge sich bei einem Müller verdingen.

Der dritte Bruder war zu einem Drechsler in die Lehre gegangen, und weil es ein kunstreiches Handwerk ist, musste er am längsten lernen. Seine Brüder aber meldeten ihm in einem Briefe, wie schlimm es ihnen ergangen wäre, und wie sie der Wirt noch am letzten Abend um ihre schönen Wünschdinge gebracht hätte. Als der Drechsler nun ausgelernt hatte und wandern sollte, so schenkte ihm sein Meister, weil er sich so wohl gehalten, einen Sack und sagte: »Es liegt ein Knüppel darin«. »Den Sack kann ich umhängen, und er kann mir gute Dienste leisten, aber was soll der Knüppel darin? Der macht ihn nur schwer.« »Das will ich dir sagen«, antwortete der Meister, »hat dir jemand etwas zuleid getan, so sprich nur ›Knüppel, aus dem Sack‹, so springt dir der Knüppel heraus unter die Leute und tanzt ihnen so lustig auf dem Rücken herum, dass sie sich acht Tage lang nicht regen und bewegen können; und eher lässt er nicht ab, als bis du sagst: ›Knüppel, in den Sack‹.« Der Gesell dankte ihm, hing den Sack um, und wenn ihm jemand zu nahe kam und auf den Leib wollte, so sprach er: »Knüppel, aus dem Sack«, alsbald sprang der Knüppel heraus und klopfte einem nach dem andern den Rock oder Wams gleich auf dem Rücken aus, und wartete nicht erst, bis er ihn ausgezogen hatte; und das ging so geschwind, dass, eh sich's einer versah, die Reihe schon an ihm war. Der junge Drechsler langte zur Abendzeit in dem Wirtshaus an, wo seine Brüder waren betrogen worden. Er legte seinen Ranzen vor sich auf den Tisch und fing an zu erzählen, was er alles Merkwürdiges in der Welt gesehen habe. »Ja«, sagte er, »man findet wohl ein Tischchen deck dich, einen Goldesel und dergleichen: Lauter gute Dinge, die ich nicht verachte, aber das ist alles nichts gegen den Schatz, den ich mir erworben habe und mit mir da in meinem Sack führe.« Der Wirt spitzte die Ohren: »Was in aller Welt mag das sein?«, dachte er, »der Sack ist wohl mit lauter Edelsteinen angefüllt; den sollte ich billig auch noch haben, denn aller guten Dinge sind drei.« Als Schlafenszeit war, streckte sich der Gast auf die Bank und legte seinen Sack als Kopfkissen unter. Der Wirt, als er meinte, der Gast läge in tiefem Schlaf, ging herbei, rückte und zog ganz sachte und vorsichtig an dem Sack, ob er ihn vielleicht wegziehen und einen andern unterlegen könnte. Der Drechsler aber hatte schon lange darauf gewartet, wie nun der Wirt eben einen herzhaften Ruck tun wollte, rief er: »Knüppel, aus dem Sack«. Alsbald fuhr das Knüppelchen heraus, dem Wirt auf den Leib, und rieb ihm die Nähte, dass es eine Art hatte. Der Wirt schrie zum Erbarmen, aber je lauter er schrie, desto kräftiger schlug der Knüppel ihm den Takt dazu auf dem Rücken, bis er endlich erschöpft zur Erde fiel. Da sprach der Drechsler: »Wo du das Tischchen deck dich und den Goldesel nicht wieder herausgibst, so soll der Tanz von Neuem angehen«. »Ach nein«, rief der Wirt ganz kleinlaut, »ich gebe alles gerne wieder heraus, lasst nur den verwünschten Kobold wieder in den Sack kriechen.« Da sprach der Geselle: »Ich will Gnade für Recht ergehen lassen, aber hüte dich vor Schaden!«, dann rief er: »Knüppel, in den Sack!«, und ließ ihn ruhen.

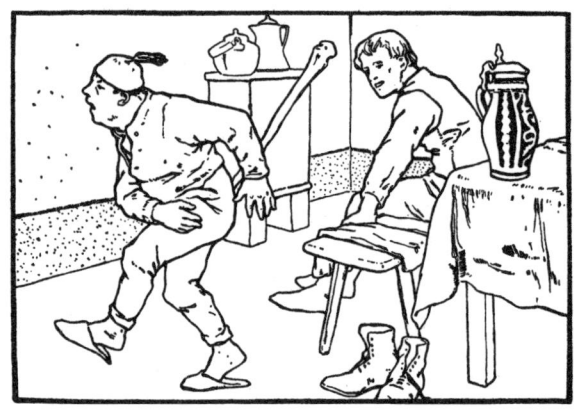

Der Drechsler zog am andern Morgen mit dem Tischchen deck dich und dem Goldesel heim zu seinem Vater.
Der Schneider freute sich, als er ihn wiedersah, und
fragte auch ihn, was er in der Fremde gelernt hätte.
»Lieber Vater«, antwortete er, »ich bin ein Drechsler geworden.« »Ein kunstreiches Handwerk«, sagte der Vater,
»was hast du von der Wanderschaft mitgebracht?« »Ein
kostbares Stück, lieber Vater«, antwortete der Sohn,
»einen Knüppel in dem Sack.« »Was!«, rief der Vater,
»einen Knüppel! Das ist der Mühe wert! Den kannst du
dir von jedem Baume abhauen.« »Aber einen solchen
nicht, lieber Vater: Sage ich: ›Knüppel, aus dem Sack‹, so
springt der Knüppel heraus und macht mit dem, der es
nicht gut mit mir meint, einen schlimmen Tanz und lässt
nicht eher nach, als bis er auf der Erde liegt und um gut
Wetter bittet. Seht ihr, mit diesem Knüppel habe ich das
Tischchen deck dich und den Goldesel wieder herbei-
geschafft, die der diebische Wirt meinen Brüdern abge-

nommen hatte. Jetzt lasst sie beide rufen und ladet alle Verwandten ein, ich will sie speisen und tränken und will ihnen die Taschen noch mit Gold füllen.« Der alte Schneider wollte nicht recht trauen, brachte aber doch die Verwandten zusammen. Da deckte der Drechsler ein Tuch in die Stube, führte den Goldesel herein und sagte zu seinem Bruder »nun, lieber Bruder, sprich mit ihm«. Der Müller sagte »Bricklebrit«, und augenblicklich sprangen die Goldstücke auf das Tuch herab, als käme ein Platzregen, und der Esel hörte nicht eher auf, als bis alle so viel hatten, dass sie nicht mehr tragen konnten. (Ich sehe dir's an, du wärst auch gerne dabei gewesen.) Dann holte der Drechsler das Tischchen und sagte: »Lieber Bruder, nun sprich mit ihm«. Und kaum hatte der Schreiner »Tischchen, deck dich« gesagt, so war es gedeckt und mit den schönsten Schüsseln reichlich besetzt. Da ward eine Mahlzeit gehalten, wie der gute Schneider noch keine in seinem Hause erlebt hatte, und die ganze Verwandtschaft blieb beisammen bis in die Nacht, und waren alle lustig und vergnügt. Der Schneider verschloss Nadel und Zwirn, Elle und Bügeleisen in einen Schrank, und lebte mit seinen drei Söhnen in Freude und Herrlichkeit.

Wo ist aber die Ziege hingekommen, die schuld war, dass der Schneider seine drei Söhne fortjagte? Das will ich dir sagen. Sie schämte sich, dass sie einen kahlen Kopf hatte, lief in eine Fuchshöhle und verkroch sich hinein. Als der Fuchs nach Haus kam, funkelten ihm ein paar große Augen aus der Dunkelheit entgegen, dass er erschrak und wieder zurücklief. Der Bär begegnete ihm, und da der Fuchs ganz verstört aussah, so sprach er: »Was ist dir, Bruder Fuchs, was machst du für ein Gesicht?« »Ach«, antwortete der Rote, »ein grimmig Tier sitzt in meiner Höhle und hat mich mit feurigen Augen angeglotzt.« »Das wollen wir bald austreiben«, sprach der Bär, ging mit zu der Höhle und schaute hinein; als er aber die feurigen Augen erblickte, wandelte ihn ebenfalls Furcht an: Er wollte mit dem grimmigen Tiere nichts zu tun haben und nahm Reißaus. Die Biene begegnete ihm, und da sie merkte, dass es ihm in seiner Haut nicht wohl zumute war, sprach sie: »Bär, du machst ja ein gewaltig verdrießlich Gesicht, wo ist deine Lustigkeit geblieben?« »Du hast gut reden«, antwortete der Bär, »es sitzt ein grimmiges Tier mit Glotzaugen in dem Hause des Roten, und wir können es nicht herausjagen.« Die Biene sprach: »Du dauerst mich, Bär, ich bin ein armes schwaches Geschöpf, das ihr im Wege nicht anguckt, aber ich glaube doch, dass ich euch helfen kann«. Sie flog in die Fuchshöhle, setzte sich der Ziege auf den glatten geschorenen Kopf und stach sie so gewaltig, dass sie aufsprang, »mäh! mäh!«, schrie, und wie toll in die Welt hineinlief; und weiß niemand auf diese Stunde, wo sie hingelaufen ist.

Wilhelm Hauff

Die Geschichte vom kleinen Muck

In Nicea, meiner lieben Vaterstadt, wohnte ein Mann, den man den kleinen Muck hieß. Ich kann mir ihn, ob ich gleich damals noch sehr jung war, noch recht wohl denken, besonders weil ich einmal von meinem Vater wegen seiner halb totgeprügelt wurde. Der kleine Muck nämlich war schon ein alter Geselle, als ich ihn kannte, doch war er nur 3–4 Schuh hoch, dabei hatte er eine sonderbare Gestalt, denn sein Leib, so klein und zierlich er war, musste einen Kopf tragen, viel größer und dicker, als der Kopf anderer Leute; er wohnte ganz allein in einem großen Haus, und kochte sich sogar selbst, auch hätte man in der Stadt nicht gewusst, ob er lebe oder gestorben sei, denn er ging nur alle 4 Wochen einmal aus, wenn nicht um die Mittagsstunde ein mächtiger Dampf aus dem Hause aufgestiegen wäre; doch sah man ihn oft abends auf seinem Dache auf und ab gehen, von der Straße aus glaubte man aber, nur sein großer Kopf allein laufe auf dem Dache umher. Ich und meine Kameraden waren böse Buben, die jedermann gerne neckten und belachten, daher war es uns allemal ein Festtag, wenn der kleine Muck ausging; wir versammelten uns an dem bestimmten Tage vor seinem Haus, und warteten, bis er herauskam; wenn dann die Türe aufging, und zuerst der große Kopf mit dem noch größeren Turban herausguckte,

wenn dann das übrige Körperlein nachfolgte, angetan
mit einem abgeschabten Mäntelein, weiten Beinkleidern
und einem breiten Gürtel, an welchem ein langer Dolch
hing, so lang, dass man nicht wusste, ob Muck an dem
Dolch, oder der Dolch an Muck stak, wenn er so heraustrat, da ertönte die Luft von unserem Freudengeschrei,
wir warfen unsere Mützen in die Höhe und tanzten wie
toll um ihn her. Der kleine Muck aber grüßte uns mit
ernsthaftem Kopfnicken, und ging mit langsamen Schritten die Straße hinab, dabei schlurfte er mit den Füßen,
denn er hatte große, weite Pantoffeln an, wie ich sie noch
nie gesehen. Wir Knaben liefen hinter ihm her und
schrien immer: »Kleiner Muck, kleiner Muck!« Auch
hatten wir ein lustiges Verslein, das wir, ihm zu Ehren,
hie und da sangen, es hieß:

>»Kleiner Muck, kleiner Muck,
>Wohnst in einem großen Haus,
>Gehst nur all vier Wochen aus,
>Bist ein braver, kleiner Zwerg,
>Hast ein Köpflein wie ein Berg,
>Schau dich einmal um und guck,
>Lauf und fang uns, kleiner Muck.«

So hatten wir schon oft unser Kurzweil getrieben, und zu
meiner Schande muss ich es gestehen, ich trieb's am ärgs-
ten, denn ich zupfte ihn oft am Mäntelein, und einmal
trat ich ihm auch von hinten auf die großen Pantoffel,
dass er hinfiel. Dies kam mir nun höchst lächerlich vor,
aber das Lachen verging mir, als ich den kleinen Muck

auf meines Vaters Haus zugehen sah. Er ging richtig hinein und blieb einige Zeit dort. Ich versteckte mich an der Haustüre, und sah den Muck wieder herauskommen, von meinem Vater begleitet, der ihn ehrerbietig an der Hand hielt, und an der Türe unter vielen Bücklingen sich von ihm verabschiedete. Mir war gar nicht wohl zumut, ich blieb daher lange in meinem Versteck; endlich aber trieb mich der Hunger, den ich ärger fürchtete als Schläge, heraus, und demütig und mit gesenktem Kopf trat ich vor meinen Vater: »Du hast, wie ich höre, den guten Muck geschimpft?«, sprach er in sehr ernstem Tone. »Ich will dir die Geschichte dieses Muck erzählen, und du wirst ihn gewiss nicht mehr auslachen; vor- und nachher aber, bekommst du das *Gewöhnliche*.« Das Gewöhnliche aber waren 25 Hiebe, die er nur allzu richtig aufzuzählen pflegte. Er nahm daher sein langes Pfeifenrohr, schraubte die Bernsteinmundspitze ab, und bearbeitete mich ärger als je zuvor.

Als die Fünfundzwanzig voll waren befahl er mir, aufzumerken, und erzählte mir von dem kleinen Muck: »Der Vater des kleinen Muck, der eigentlich Mukrah heißt, war ein angesehener, aber armer Mann, hier in Nicea. Er lebte beinahe so einsiedlerisch als jetzt sein Sohn. Diesen konnte er nicht wohl leiden, weil er sich seiner Zwerggestalt schämte, und ließ ihn daher auch in Unwissenheit aufwachsen. Der kleine Muck war noch in seinem sechszehnten Jahr ein lustiges Kind und der Vater, ein ernster Mann, tadelte ihn immer, dass er, der schon längst *die Kinderschuhe zertreten* haben sollte, noch so dumm und läppisch sei.

Der Alte tat aber einmal einen bösen Fall, an welchem er auch starb, und den kleinen Muck arm und unwissend zurückließ. Die harten Verwandten, denen der Verstorbene mehr schuldig war, als er bezahlen konnte, jagten den armen Kleinen aus dem Hause, und rieten ihm in die Welt hinauszugehen, und sein Glück zu suchen. Der kleine Muck antwortete, er sei schon reisefertig, bat sich aber nur noch den Anzug seines Vaters aus, und dieser wurde ihm auch bewilligt. Sein Vater war ein großer starker Mann gewesen, daher passten die Kleider nicht. Muck aber wusste bald Rat; er schnitt ab was zu lang war, und zog dann die Kleider an. Er schien aber vergessen zu haben, dass er auch in der Weite davon schneiden müsse, daher sein sonderbarer Aufzug, wie er noch heute zu sehen ist; der große Turban, der breite Gürtel, die weiten Hosen, das blaue Mäntelein, alles dies sind Erbstücke seines Vaters, die er seitdem getragen; den langen Damaszenerdolch seines Vaters aber steckte er in den Gürtel, ergriff ein Stöcklein, und wanderte zum Tor hinaus.

Fröhlich wanderte er den ganzen Tag, denn er war ja ausgezogen, um sein Glück zu suchen; wenn er einen Scherben auf der Erde im Sonnenschein glänzen sah, so steckte er ihn gewiss zu sich im Glauben, dass er sich in den schönsten Diamant verwandeln werde; sah er in der Ferne die Kuppel einer Moschee wie Feuer strahlen, sah er einen See wie einen Spiegel blinken, so eilte er voll Freude darauf zu, denn er gedachte, in einem Zauberland angekommen zu sein. Aber ach! Jene Trugbilder verschwanden in der Nähe, und nur allzu bald erinnerte ihn seine Müdigkeit und sein vor Hunger knurrender Magen, dass er noch im Lande der Sterblichen sich befinde. So war er zwei Tage gereist, unter Hunger und Kummer, und verzweifelte sein Glück zu finden; die Früchte des Feldes waren seine einzige Nahrung, die harte Erde sein Nachtlager. Am Morgen des dritten Tages erblickte er von einer Anhöhe eine große Stadt. Hell leuchtete der Halbmond auf ihren Zinnen, bunte Fahnen schimmerten auf den Dächern, und schienen den kleinen Muck zu sich herzuwinken. Überrascht stand er stille und betrachtete Stadt und Gegend; ›Ja dort wird Klein-Muck sein Glück finden‹, sprach er zu sich, und machte trotz seiner Müdigkeit einen Luftsprung, ›*dort oder nirgends*‹. Er raffte alle seine Kräfte zusammen, und schritt auf die Stadt zu. Aber obgleich sie ganz nahe schien, konnte er sie doch erst gegen Mittag erreichen, denn seine kleinen Glieder versagten ihm beinahe gänzlich ihren Dienst, und er musste sich oft in den Schatten einer Palme setzen, um auszuruhen. Endlich war er an dem Tor der Stadt angelangt. Er legte sein Mäntelein zurecht, band den Turban schöner um, zog den Gürtel noch breiter an, und steckte den langen Dolch schiefer; dann wischte er den Staub von den Schuhen, ergriff sein Stöcklein, und ging mutig zum Tor hinein.

Er war schon einige Straßen durchwandert, aber nirgends öffnete sich eine Türe, nirgends rief man, wie er sich vorgestellt hatte: ›Kleiner Muck, komm herein, und iss und trink und lass deine Füßlein ausruhen.‹

Er schaute gerade auch wieder recht sehnsüchtig an einem großen schönen Haus hinauf, da öffnete sich ein Fenster, eine alte Frau schaute heraus, und rief mit singender Stimme:

›Herbei, herbei
Gekocht ist der Brei,
Den Tisch ließ ich decken
Drum lasst es euch schmecken;
Ihr Nachbarn herbei
Gekocht ist der Brei.‹

Die Türe des Hauses öffnete sich, und Muck sah viele Hunde und Katzen hineingehen. Er stand einige Augenblicke in Zweifel, ob er der Einladung folgen solle, endlich aber fasste er sich ein Herz, und ging in das Haus. Vor ihm her gingen ein paar junge Kätzlein, und er beschloss ihnen zu folgen, weil sie vielleicht die Küche besser wüssten als er.

Als Muck die Treppe hinaufgestiegen war, begegnete er jener alten Frau, die zum Fenster herausgeschaut hatte. Sie sah ihn mürrisch an, und fragte nach seinem Begehr. ›Du hast ja jedermann zu deinem Brei eingeladen‹, antwortete der kleine Muck, ›und weil ich so gar hungrig bin, bin ich auch gekommen.‹ Die Alte lachte laut und sprach: ›Woher kommst du denn, wunderlicher Gesell? Die ganze Stadt weiß, dass ich für niemand koche, als für meine lieben Katzen, und hie und da lade ich ihnen Gesellschaft aus der Nachbarschaft ein, wie du siehest.‹ Der kleine Muck erzählte der alten Frau, wie es ihm nach seines Vaters Tod so hart ergangen sei, und bat sie, ihn heute mit ihren Katzen speisen zu lassen. Die Frau, welcher die treuherzige Erzählung des Kleinen wohl gefiel, erlaubte ihm, ihr Gast zu sein, und gab ihm reichlich zu essen und zu trinken. Als er gesättigt und gestärkt war, betrachtete ihn die Frau lange, und sagte dann: ›Kleiner Muck, bleibe bei mir in meinem Dienste, du hast geringe Mühe und sollst gut gehalten sein.‹ Der kleine Muck, dem der Katzenbrei geschmeckt hatte, willigte ein, und wurde also der Bediente der Frau Ahavzi. Er hatte einen leichten aber sonderbaren Dienst. Frau Ahavzi hatte nämlich zwei Kater und vier Katzen, diesen musste der kleine Muck alle Morgen den Pelz kämmen, und mit köstlichen Salben einreiben; wenn die Frau ausging, musste er auf die Katzen Achtung geben, wenn sie aßen, musste er ihnen die Schüsseln vorlegen, und nachts musste er sie auf seidene Polster legen, und sie mit samtenen Decken einhüllen. Auch waren noch einige kleine Hunde im Haus die er bedienen musste, doch wurden mit diesen nicht so viele Umstände gemacht, wie mit den Katzen, welche Frau Ahavzi wie ihre eigenen Kinder hielt. Übrigens führte Muck ein so einsames Leben, wie in seines Vaters Haus, denn außer der Frau sah er den ganzen Tag nur Hunde und Katzen. Eine Zeit lang ging es dem kleinen Muck ganz gut, er hatte immer zu essen und wenig zu arbeiten, und die alte Frau schien recht zufrieden mit ihm zu sein; aber nach und nach wurden die Katzen unartig; wenn die Alte ausgegangen war, sprangen sie wie besessen in den Zimmern umher, warfen alles durcheinander, und zerbrachen manches schöne Geschirr, das ihnen im Weg stand. Wenn sie aber die Frau die Treppe heraufkommen hörten, verkrochen sie sich auf ihre Polster, und wedelten ihr mit den Schwänzen entgegen, wie wenn nichts geschehen wäre. Die Frau Ahavzi geriet dann in Zorn, wenn sie ihre Zimmer so verwüstet sah, und schob alles auf Muck, er mochte seine Unschuld beteuern wie er wollte, sie glaubte ihren Katzen, die so unschuldig aussahen, mehr als ihrem Diener.

Der kleine Muck war sehr traurig, dass er also auch hier sein Glück nicht gefunden habe, und beschloss bei sich, den Dienst der Frau Ahavzi zu verlassen. Da er aber auf seiner ersten Reise erfahren hatte, wie schlecht man ohne Geld lebt, so beschloss er den Lohn, den ihm seine Gebieterin immer versprochen, aber nie gegeben hatte, sich auf irgendeine Art zu verschaffen. Es befand sich in dem Hause der Frau Ahavzi ein Zimmer, das immer verschlossen war, und dessen Inneres er nie gesehen hatte, doch hatte er die Frau oft darin rumoren gehört, und er hätte oft für sein Leben gern gewusst, was sie dort versteckt habe. Als er nun an sein Reisegeld dachte, fiel ihm ein, dass dort die Schätze der Frau versteckt sein könnten, aber immer war die Türe fest verschlossen, und er konnte daher den Schätzen nie beikommen.

Eines Morgens, als die Frau Ahavzi ausgegangen war, zupfte ihn eines der Hundlein, welches von der Frau immer sehr stiefmütterlich behandelt wurde, dessen Gunst er sich aber durch allerlei Liebesdienste in hohem Grade erworben hatte, an seinen weiten Beinkleidern, und gebärdete sich dabei, wie wenn Muck ihm folgen sollte. Muck, welcher gerne mit den Hunden spielte, folgte ihm, und siehe da, das Hundlein führte ihn in die Schlafkammer der Frau Ahavzi, vor eine kleine Türe, die er nie zuvor dort bemerkt hatte. Die Türe war halb offen. Das Hundlein ging hinein, und Muck folgte ihm, und wie freudig war er überrascht, als er sah, dass er sich in dem Gemach befinde, das schon lange das Ziel seiner Wünsche war. Er spähte überall umher, ob er kein Geld finden könnte, fand aber nichts, nur alte Kleider, und wunderlich geformte Geschirre standen umher. Eines dieser Geschirre zog seine besondere Aufmerksamkeit auf sich; es war von Kristall, und schöne Figuren waren darauf ausgeschnitten. Er hob es auf, und drehte es nach allen Seiten; aber, o Schrecken! er hatte nicht bemerkt, dass es einen Deckel hatte, der nur leicht darauf hingesetzt war; der Deckel fiel herab, und zerbrach in tausend Stücken.

Lange stand der kleine Muck vor Schrecken leblos; jetzt war sein Schicksal entschieden, jetzt musste er entfliehen, sonst schlug ihn die Alte tot. Sogleich war auch seine Reise beschlossen, und nur noch einmal wollte er sich umschauen, ob er nichts von den Habseligkeiten der Frau Ahavzi zu seinem Marsch brauchen könnte; da fielen ihm ein Paar mächtig große Pantoffeln ins Auge, sie waren zwar nicht schön, aber seine eigenen konnten keine Reise mehr mitmachen, auch zogen ihn jene wegen ihrer Größe an, denn hatte er diese am Fuß, so mussten ihm hoffentlich alle Leute ansehen, dass er die Kinderschuhe vertreten habe. Er zog also schnell seine Töffelein aus, und fuhr in die großen hinein, ein Spazierstöcklein mit einem schön geschnittenen Löwenkopf schien ihm auch hier allzu müßig in der Ecke zu stehen, er nahm es also mit, und eilte zum Zimmer hinaus. Schnell ging er jetzt auf seine Kammer, zog sein Mäntelein an, setzte den väterlichen Turban auf, steckte den Dolch in den Gürtel und lief, so schnell ihn seine Füße trugen, zum Haus und zur Stadt hinaus. Vor der Stadt lief er, aus Angst vor der Alten,

immer weiter fort, bis er vor Müdigkeit beinahe nicht
mehr konnte. So schnell war er in seinem ganzen Leben
nicht gegangen, ja es schien ihm, als könne er gar nicht
aufhören zu rennen, denn eine unsichtbare Gewalt schien
ihn fortzureißen. Endlich bemerkte er, dass es mit den
Pantoffeln eine eigene Bewandtnis haben müsse, denn
diese schossen immer fort, und führten ihn mit sich. Er
versuchte auf allerlei Weise, stillzustehen, aber es wollte
nicht gelingen; da rief er in der höchsten Not, wie man
den Pferden zuruft, sich selbst zu: ›Oh – oh, halt, oh!‹ Da
hielten die Pantoffeln, und Muck warf sich erschöpft auf
die Erde nieder.

Die Pantoffeln freuten ihn ungemein; so hatte er sich
denn doch durch seine Dienste etwas erworben, was ihm
in der Welt, auf seinem Weg das Glück zu suchen, forthel-
fen konnte. Er schlief, trotz seiner Freude, vor Erschöp-
fung ein, denn das Körperlein des kleinen Muck, das
einen so schweren Kopf zu tragen hatte, konnte nicht viel
aushalten. Im Traum erschien ihm das Hundlein, welches
ihm im Hause der Frau Ahavzi zu den Pantoffeln verhol-
fen hatte, und sprach zu ihm: ›Lieber Muck, du verstehst
den Gebrauch der Pantoffeln noch nicht recht; wisse, dass
wenn du dich in ihnen dreimal auf dem Absatz herum-
drehst, so kannst du hinfliegen, wohin du nur willst, und
mit dem Stöcklein kannst du Schätze finden, denn wo
Gold vergraben ist, da wird es dreimal auf die Erde schlagen, bei Silber aber zweimal.‹ So träumte der kleine Muck;
als er aber aufwachte, dachte er über den wunderbaren
Traum nach, und beschloss alsbald einen Versuch zu machen. Er zog die Pantoffel an, lupfte einen Fuß, und be-

gann sich auf dem Absatz umzudrehen. Wer es aber jemals versucht hat, in einem ungeheuer weiten Pantoffel dieses Kunststück dreimal hintereinander zu machen, der wird sich nicht wundern, wenn es dem kleinen Muck nicht gleich glückte, besonders wenn man bedenkt, dass ihn sein schwerer Kopf bald auf diese, bald auf jene Seite hinüberzog.

Der arme Kleine fiel einige Mal tüchtig auf die Nase, doch ließ er sich nicht abschrecken, den Versuch zu wiederholen, und endlich glückte es. Wie ein Rad fuhr er auf seinem Absatz herum, wünschte sich in die nächste große Stadt, und – die Pantoffeln ruderten hinauf in die Lüfte, liefen mit Windeseile durch die Wolken, und ehe sich der kleine Muck noch besinnen konnte, wie ihm geschah, befand er sich schon auf einem großen Marktplatz, wo viele Buden aufgeschlagen waren, und unzählige Menschen geschäftig hin und her liefen. Er ging unter den Leuten hin und her, hielt es aber bald für ratsamer, sich in eine einsamere Straße zu begeben, denn auf dem Markt trat ihm bald da einer auf die Pantoffel, dass er beinahe umfiel, bald stieß er mit seinem weit hinausstehenden Dolch einen oder den andern an, dass er mit Mühen den Schlägen entging.

Der kleine Muck bedachte nun ernstlich, was er wohl anfangen könnte, um sich ein Stück Geld zu verdienen; er hatte zwar ein Stäblein, das ihm verborgene Schätze anzeigte, aber wo sollte er gleich einen Platz finden, wo Gold und Silber vergraben wäre? Auch hätte er sich zur Not für Geld sehen lassen können, aber dazu war er doch zu stolz. Endlich fiel ihm die Schnelligkeit seiner Füße ein, viel-

leicht, dachte er, können mir meine Pantoffel Unterhalt
gewähren, und er beschloss, sich als Schnellläufer zu verdingen. Da er aber hoffen durfte, dass der König dieser
Stadt solche Dienste am besten bezahle, so erfragte er den
Palast. Unter dem Tor des Palastes stand eine Wache, die
ihn fragte, was er hier zu suchen habe. Auf seine Antwort,

dass er einen Dienst suche, wies man ihn zum Aufseher der Sklaven. Diesem trug er sein Anliegen vor, und bat ihn, ihm einen Dienst unter den königlichen Boten zu besorgen. Der Aufseher maß ihn mit seinen Augen von Kopf bis zu den Füßen, und sprach: ›Wie, mit deinen Füßlein, die kaum so lang als eine Spanne sind, willst du königlicher Schnellläufer werden? Hebe dich weg, ich bin nicht dazu da, mit jedem Narren Kurzweil zu machen.‹ Der kleine Muck versicherte ihn aber, dass es ihm vollkommen ernst sei mit seinem Antrag, und dass er es mit dem Schnellsten auf eine Wette ankommen lassen wollte. Dem Aufseher kam die Sache gar lächerlich vor; er befahl ihm, sich bis auf den Abend zu einem Wettlauf bereitzuhalten, führte ihn in die Küche, und sorgte dafür, dass ihm gehörig Speis und Trank gereicht wurde; er selbst aber begab sich zum König, und erzählte ihm vom kleinen Muck und seinem Anerbieten. Der König war ein lustiger Herr, daher gefiel es ihm wohl, dass der Aufseher der Sklaven den kleinen Menschen zu einem Spaß behalten habe, er befahl ihm, auf einer großen Wiese hinter dem Schloss Anstalten zu treffen, dass das Wettlaufen mit Bequemlichkeit von seinem ganzen Hofstaat könnte gesehen werden, und empfahl ihm nochmals große Sorgfalt für den Zwerg zu haben. Der König erzählte seinen Prinzen und Prinzessinnen, was sie diesen Abend für ein Schauspiel haben werden, diese erzählten es wieder ihren Dienern, und als der Abend herankam, war man in gespannter Erwartung, und alles, was Füße hatte, strömte hinaus auf die Wiese, wo Gerüste aufgeschlagen waren, um den großsprecherischen Zwerg laufen zu sehen.

Als der König und seine Söhne und Töchter auf dem Gerüst Platz genommen hatten, trat der kleine Muck heraus auf die Wiese, und machte vor den hohen Herrschaften eine überaus zierliche Verbeugung. Ein allgemeines Freudengeschrei ertönte, als man den Kleinen ansichtig wurde; eine solche Figur hatte man dort noch nie gesehen. Das Körperlein mit dem mächtigen Kopf, das Mäntelein und die weiten Beinkleider, der lange Dolch in dem breiten Gürtel, die kleinen Füßlein in den weiten Pantoffeln – nein!, es war zu drollig anzusehen, als dass man nicht hätte laut lachen sollen. Der kleine Muck ließ sich aber durch das Gelächter nicht irremachen; er stellte sich stolz, auf sein Stöcklein gestützt, hin und erwartete seinen Gegner. Der Aufseher der Sklaven hatte, nach Mucks eigenem Wunsche, den besten Läufer ausgesucht; dieser trat nun heraus, stellte sich neben den Kleinen, und beide harrten auf das Zeichen. Da winkte die Prinzessin Amarza, wie es ausgemacht war, mit ihrem Schleier, und wie zwei Pfeile auf dasselbe Ziel abgeschossen, flogen die beiden Wettläufer über die Wiese hin.

Von Anfang hatte Mucks Gegner einen bedeutenden Vorsprung, aber dieser jagte ihm auf seinem Pantoffelfuhrwerk nach, holte ihn ein, überfing ihn, und stand längst am Ziele, als jener noch, nach Luft schnappend, daherlief. Verwunderung und Staunen fesselte einige Augenblicke die Zuschauer, als aber der König zuerst in die Hände klatschte, da jauchzte die Menge, und alle riefen: ›Hoch lebe der kleine Muck, der Sieger im Wettlauf!‹

Man hatte indes den kleinen Muck herbeigebracht, er warf sich vor dem König nieder, und sprach: ›Großmächtigster König, ich habe dir hier nur eine kleine Probe meiner Kunst gegeben, wolle nur gestatten, dass man mir eine Stelle unter deinen Läufern gebe‹; der König aber antwortete ihm: ›Nein, du sollst mein Leibläufer, und immer um meine Person sein, lieber Muck, jährlich sollst du hundert Goldstücke erhalten als Lohn, und an der Tafel meiner ersten Diener sollst du speisen.‹

So glaubte denn Muck, endlich das Glück gefunden zu haben, das er so lange suchte, und war fröhlich und wohlgemut in seinem Herzen. Auch erfreute er sich der besonderen Gnade des Königes, denn dieser gebrauchte ihn zu seinen schnellsten und geheimsten Sendungen, die er dann mit der größten Genauigkeit und mit unbegreiflicher Schnelle besorgte.

Aber die übrigen Diener des Königes waren ihm gar nicht zugetan, weil sie sich ungern durch einen Zwerg, der nichts verstand als schnell zu laufen, in der Gunst ihres Herren zurückgesetzt sahen. Sie veranstalteten daher manche Verschwörung gegen ihn, um ihn zu stürzen, aber alle schlugen fehl an dem großen Zutrauen, das der König in seinen Geheimen Oberleibläufer (denn zu dieser Würde hatte er es in so kurzer Zeit gebracht) setzte.

Muck, dem diese Bewegungen gegen ihn nicht entgingen, sann nicht auf Rache, dazu hatte er ein zu gutes Herz, nein, auf Mittel dachte er, sich bei seinen Feinden notwendig und beliebt zu machen. Da fiel ihm sein Stäbchen, das er in seinem Glück außer Acht gelassen hatte, ein; wenn er Schätze finde, dachte er, werden ihm die Herren schon geneigter werden. Er hatte schon oft gehört, dass der Vater des jetzigen Königs viele seiner Schätze vergraben habe, als der Feind sein Land überfallen, man sagte auch, er sei darüber gestorben, ohne dass er sein Geheimnis habe seinem Sohn mitteilen können. Von nun an nahm Muck immer sein Stöcklein mit, in der Hoffnung, einmal an einem Ort vorüberzugehen, wo das Gold des alten Königs vergraben sei. Eines Abends führte ihn der Zufall in einen entlegenen Teil des Schlossgartens, den er wenig besuchte, und plötzlich fühlt er das Stäblein in seiner Hand zucken, und dreimal schlug es gegen den Boden. Nun wusste er schon, was dies zu bedeuten hatte. Er zog daher seinen Dolch heraus, machte ein Zeichen in die umstehenden Bäume, und schlich sich wieder in das Schloss; dort verschaffte er sich einen Spaten, und wartete die Nacht zu seinem Unternehmen ab.

Das Schatzgraben selbst machte übrigens dem kleinen Muck mehr zu schaffen, als er geglaubt hatte. Seine Arme waren gar schwach, sein Spaten aber groß und schwer; und er mochte wohl schon zwei Stunden gearbeitet haben, ehe er ein paar Fuß tief gegraben hatte. Endlich stieß er auf etwas Hartes, das wie Eisen klang. Er grub jetzt emsiger, und bald hatte er einen großen eisernen Deckel zutage gefördert; er stieg selbst in die Grube hinab, um nachzuspähen, was wohl der Deckel könnte bedeckt haben, und fand richtig einen großen Topf mit Goldstücken angefüllt. Aber seine schwachen Kräfte reichten nicht hin, um den Topf zu heben, daher steckte er in seine Beinkleider und seinen Gürtel so viel er zu tragen vermochte, und auch sein Mäntelein füllte er damit, bedeckte das Übrige wieder sorgfältig, und lud es auf den Rücken. Aber wahrlich, wenn er die Pantoffel nicht an den Füßen gehabt hätte, er wäre nicht vom Fleck gekommen, so zog ihn die Last des Goldes nieder. Doch unbemerkt kam er bis auf sein Zimmer, und verwahrte dort sein Gold unter den Polstern seines Sofas.

Als der kleine Muck sich im Besitz so vielen Goldes sah, glaubte er das Blatt werde sich jetzt wenden, und er werde sich unter seinen Feinden am Hofe viele Gönner und warme Anhänger erwerben. Aber schon daran konnte man erkennen, dass der gute Muck keine gar sorgfältige Erziehung genossen haben musste, sonst hätte er sich wohl nicht einbilden können, durch Gold wahre Freunde zu gewinnen. Ach!, dass er damals seine Pantoffel geschmiert, und sich mit seinem Mäntelein voll Gold aus dem Staub gemacht hätte!

Das Gold, das der kleine Muck von jetzt an mit vollen Händen austeilte, erweckte den Neid der übrigen Hofbedienten. Der Küchenmeister Ahuli sagte: ›Er ist ein Falschmünzer‹, der Sklavenaufseher Achmet sagte: ›Er hat's dem König abgeschwatzt‹, Archaz der Schatzmeister aber, sein ärgster Feind, der selbst hie und da einen Griff in des Königs Kasse tun mochte, sagte geradezu: ›Er hat's gestohlen.‹ Um nun ihrer Sache gewiss zu sein, verabredeten sie sich, und der Obermundschenk Korchuz stellte sich eines Tages recht traurig und niedergeschlagen vor den Augen des Königs. Er machte seine traurigen Gebärden so auffallend, dass ihn der König fragte, was ihm fehle. ›Ach!‹, antwortete er, ›ich bin traurig, dass ich die Gnade meines Herrn verloren habe.‹ ›Was fabelst du Freund Korchuz‹, entgegnete ihm der König, ›seit wann hätte ich die Sonne meiner Gnade nicht über dich leuchten lassen?‹ Der Obermundschenk antwortete ihm, dass er ja den Geheimen Oberleibläufer mit Gold belade, seinen armen treuen Dienern aber nichts gebe.

Der König war sehr erstaunt über diese Nachricht, ließ sich die Goldausteilungen des kleinen Muck erzählen, und die Verschworenen brachten ihm leicht den Verdacht bei, dass Muck auf irgendeine Art das Geld aus der Schatzkammer gestohlen habe. Sehr lieb war diese Wendung der Sache dem Schatzmeister, der ohnehin nicht gerne Rechnung ablegte. Der König gab daher den Befehl, heimlich auf alle Schritte des kleinen Muck achtzugeben, um ihn womöglich auf der Tat zu ertappen. Als nun in der Nacht, die auf diesen Unglückstag folgte, der kleine Muck, da er durch seine Freigebigkeit seine Kasse sehr erschöpft sah, den Spaten nahm, und in den Schlossgarten schlich, um dort von seinem geheimen Schatze neuen Vorrat zu holen, folgten ihm von Weitem die Wachen, von dem Küchenmeister Ahuli und Archaz, dem Schatzmeister, angeführt, und in dem Augenblick, da er das Gold aus dem Topf in sein Mäntelein legen wollte, fielen sie über ihn her, banden ihn, und führten ihn sogleich vor den König. Dieser, den ohnehin die Unterbrechung seines Schlafes mürrisch gemacht hatte, empfing seinen armen Geheimen Oberleibläufer sehr ungnädig, und stellte sogleich das Verhör über ihn an. Man hatte den Topf vollends aus der Erde gegraben, und mit dem Spaten und dem Mäntelein voll Gold vor die Füße des Königs gesetzt. Der Schatzmeister sagte aus, dass er mit seinen Wachen den Muck überrascht habe, wie er diesen Topf mit Gold gerade in die Erde gegraben habe.

Der König befragte hierauf den Angeklagten, ob es wahr sei, und woher er das Gold, das er vergraben, bekommen habe.

Der kleine Muck, im Gefühl seiner Unschuld, sagte aus, dass er diesen Topf im Garten entdeckt habe, dass er ihn habe nicht *ein-* sondern *aus*graben wollen.

Alle Anwesenden lachten laut über diese Entschuldigung, der König aber, aufs Höchste erzürnt über die vermeintliche Frechheit des Kleinen, rief aus: ›Wie Elender! Du willst deinen König so dumm und schändlich belügen, nachdem du ihn bestohlen hast? Schatzmeister Archaz! Ich fordre dich auf, zu sagen, ob du diese Summe Goldes für die nämliche erkennst, die in meinem Schatze fehlt?‹

Der Schatzmeister aber antwortete: Er sei seiner Sache ganz gewiss, so viel und noch mehr fehle seit einiger Zeit in dem königlichen Schatz, und er könnte einen Eid darauf ablegen, dass dies das Gestohlene sei.

Da befahl der König den kleinen Muck in enge Ketten zu legen, und in den Turm zu führen, dem Schatzmeister aber übergab er das Gold, um es wieder in den Schatz zu tragen. Vergnügt über den glücklichen Ausgang der Sache zog dieser ab, und zählte zu Hause die blinkenden Goldstücke; aber das hat dieser schlechte Mann niemals angezeigt, dass unten in dem Topf ein Zettel lag, der sagte: ›Der Feind hat mein Land überschwemmt, daher verberge ich hier einen Teil meiner Schätze; wer es auch finden mag, den treffe der Fluch seines Königs, wenn er es nicht sogleich meinem Sohne ausliefert. – König Sadi.‹

Der kleine Muck stellte in seinem Kerker traurige Betrachtungen an; er wusste, dass auf Diebstahl an königlichen Sachen, der Tod gesetzt war; und doch mochte er das Geheimnis mit dem Stäbchen dem König nicht verraten, weil er mit Recht fürchtete, dieses und seiner Pantoffel beraubt zu werden. Seine Pantoffel konnten ihm, leider! auch keine Hülfe bringen, denn da er in engen Ketten an die Mauer angeschlossen war, konnte er, sosehr er sich quälte, sich nicht auf dem Absatz umdrehen. Als ihm aber am andern Tage sein Tod angekündigt wurde, da gedachte er doch, es sei besser, ohne das Zauberstäbchen zu leben, als mit ihm zu sterben, ließ den König um geheimes Gehör bitten, und entdeckte ihm das Geheimnis. Der König maß von Anfang seinem Geständnis keinen Glauben bei; aber der kleine Muck versprach eine Probe, wenn ihm der König zugestünde, dass er nicht getötet werden solle. Der König gab ihm sein Wort darauf, und ließ, von Muck ungesehen, einiges Gold in die Erde graben, und befahl diesem mit seinem Stäbchen zu suchen. In wenigen Augenblicken hatte er es gefunden: Denn das Stäbchen schlug deutlich dreimal auf die Erde. Da merkte der König, dass ihn sein Schatzmeister betrogen hatte, und sandte ihm, wie es im Morgenland gebräuchlich ist, *eine seidene Schnur*, damit er sich selbst erdrossle. Zum kleine Muck aber sprach er: ›Ich habe dir zwar dein Leben versprochen, aber es scheint mir, als ob du nicht nur allein dieses Geheimnis mit dem Stäbchen besitzest; darum bleibst du in ewiger Gefangenschaft, wenn du nicht gestehst, was für eine Bewandtnis es mit deinem Schnelllaufen hat.‹ Der kleine Muck, dem die einzige Nacht im

Turm alle Lust zu längerer Gefangenschaft benommen hatte, bekannte, dass seine ganze Kunst in den Pantoffeln liege, doch lehrte er den König nicht das Geheimnis, von dem dreimaligen Umdrehen auf dem Absatz. Der König schlüpfte selbst in die Pantoffel, um die Probe zu machen, und jagte wie unsinnig im Garten umher; oft wollte er anhalten, aber er wusste nicht, wie man die Pantoffel zum Stehen brachte, und der kleine Muck, der diese kleine Rache sich nicht versagen konnte, ließ ihn laufen, bis er ohnmächtig niederfiel.

Als der König wieder zur Besinnung zurückgekehrt war, war er schrecklich aufgebracht über den kleinen Muck, der ihn so ganz außer Atem hatte laufen lassen. ›Ich habe dir mein Wort gegeben, dir Freiheit und Leben zu schenken, aber innerhalb 12 Stunden musst du mein Land verlassen haben, sonst lasse ich dich aufknüpfen.‹ Die Pantoffel und das Stäbchen aber ließ er in seine Schatzkammer legen.

So arm als je wanderte der kleine Muck zum Land hinaus, seine Torheit verwünschend, die ihm vorgespiegelt hatte, er könne eine bedeutende Rolle am Hofe spielen. Das Land, aus dem er gejagt wurde, war zum Glück nicht groß, daher war er schon nach acht Stunden auf der Grenze, obgleich ihm das Gehen, da er an seine lieben Pantoffel gewöhnt war, sehr sauer ankam.

Als er über der Grenze war, verließ er die gewöhnliche Straße, um die dichteste Einöde der Wälder aufzusuchen, und dort nur sich zu leben, denn er war allen Menschen gram. In einem dichten Walde traf er auf einen Platz, der ihm zu dem Entschluss, den er gefasst hatte, ganz tauglich

schien. Ein klarer Bach, von großen schattigen Feigen-
bäumen umgeben, ein weicher Rasen luden ihn ein, hier
warf er sich nieder, mit dem Entschluss, keine Speise
mehr zu sich zu nehmen, sondern hier den Tod zu erwarten. Über traurige Todesbetrachtungen schlief er ein, als
er aber wieder aufwachte, und der Hunger ihn zu quälen
anfing, bedachte er doch, dass der Hungertod eine gefähr-
liche Sache sei, und sah sich um, ob er nirgends etwas zu
essen bekommen könnte.

Köstliche reife Feigen hingen an dem Baume, unter
welchem er geschlafen hatte, er stieg hinauf, um sich einige zu pflücken, ließ es sich trefflich schmecken, und
ging dann hinunter an den Bach, um seinen Durst zu
löschen. Aber wie groß war sein Schrecken, als ihm das
Wasser seinen Kopf mit zwei gewaltigen Ohren und einer
dicken langen Nase geschmückt zeigte! Bestürzt griff er
mit den Händen nach den Ohren, und wirklich, sie waren
über eine halbe Elle lang.

›Ich verdiene Eselsohren!‹, rief er aus, ›denn ich habe
mein Glück wie ein Esel mit Füßen getreten.‹ – Er wanderte nun unter den Bäumen umher, und als er wieder
Hunger fühlte, musste er noch einmal zu den Feigen seine
Zuflucht nehmen, denn sonst fand er nichts Essbares an
den Bäumen. Als ihm über der zweiten Portion Feigen
einfiel, ob wohl seine Ohren nicht unter seinem großen
Turban Platz hätten, damit er doch nicht gar zu lächerlich
aussehe, fühlte er, dass seine Ohren verschwunden seien.
Er lief gleich an den Bach zurück, um sich davon zu überzeugen, und wirklich, es war so, seine Ohren hatten ihre
vorige Gestalt, seine lange unförmliche Nase war nicht

mehr. Jetzt merkte er aber, wie dies gekommen war; von dem ersten Feigenbaum hatte er die lange Nase und Ohren bekommen, der zweite hatte ihn geheilt; freudig erkannte er, dass ein gütiges Geschick ihm noch einmal ein Mittel in die Hand gebe, glücklich zu sein. Er pflückte daher von jedem Baum so viel er tragen konnte, und ging in das Land zurück, das er vor Kurzem verlassen hatte. Dort machte er sich in dem ersten Städtchen durch andere Kleider ganz unkenntlich, und ging dann weiter auf die Stadt zu, die jener König bewohnte, und kam auch bald dort an.

Es war gerade zu einer Jahrszeit, wo reife Früchte noch ziemlich selten waren; der kleine Muck setzte sich daher unter das Tor des Palastes, denn ihm war von früherer Zeit her wohl bekannt, dass hier solche Seltenheiten von dem Küchenmeister für die königliche Tafel eingekauft wurden. Muck hatte noch nicht lange gesessen, als er den Küchenmeister über den Hof herüberschreiten sah. Er musterte die Waren der Verkäufer, die sich am Tor des Palastes eingefunden hatten, endlich fiel sein Blick auch auf Mucks Körbchen. ›Ah!, ein seltener Bissen‹, sagte er, ›der Ihro Majestät gewiss behagen wird; was willst du für den ganzen Korb?‹ Der kleine Muck bestimmte einen mäßigen Preis, und sie waren bald des Handels einig. Der Küchenmeister übergab den Korb einem Sklaven, und ging weiter; der kleine Muck aber machte sich einstweilen aus dem Staub, weil er befürchtete, wenn sich das Unglück an den Köpfen des Hofes zeige, möchte man ihn als Verkäufer aufsuchen und bestrafen.

Der König war über Tisch sehr heiter gestimmt, und sagte seinem Küchenmeister einmal über das andere Lobsprüche wegen seiner guten Küche und der Sorgfalt, mit der er immer das Seltenste für ihn aussuche; der Küchenmeister aber, welcher wohl wusste, welchen Leckerbissen er noch im Hintergrund habe, schmunzelte gar freundlich, und ließ nur einzelne Worte fallen, als: ›Es ist erst noch nicht aller Tage Abend‹, oder: ›Ende gut, alles gut‹, so, dass die Prinzessinnen sehr neugierig wurden, was er wohl noch bringen werde. Als er aber die schönen einladenden Feigen aufsetzen ließ, da entfloh ein allgemeines Ah! dem Munde der Anwesenden. ›Wie reif wie appetitlich!‹, rief der König, ›Küchenmeister, du bist ein ganzer Kerl, und verdienst Unsere ganz besondere Gnade!‹ Also sprechend teilte der König, der mit solchen Leckerbissen sehr sparsam zu sein pflegte, mit eigener Hand die Feigen an seiner Tafel aus. Jeder Prinz und jede Prinzessin bekam zwei, die Hofdamen und die Veziere und Agas eine, die übrigen stellte er vor sich hin, und begann mit großem Behagen sie zu verschlingen.

›Aber lieber Gott, wie siehst du so wunderlich aus, Vater‹, rief auf einmal die Prinzessin Amarza. Alle sehen den König erstaunt an, ungeheure Ohren hingen ihm am Kopf, eine lange Nase zog sich über sein Kinn herunter; auch sich selbst betrachteten sie untereinander mit Staunen und Schrecken, alle waren mehr oder minder mit dem sonderbaren Kopfputz geschmückt.

Man denke sich den Schrecken des Hofes! Man schickte sogleich nach allen Ärzten der Stadt, sie kamen haufenweise, verordneten Pillen und Mixturen, aber die Ohren und die Nasen blieben. Man operierte einen der Prinzen, aber die Ohren wuchsen nach.

Muck hatte die ganze Geschichte in seinem Versteck, wohin er sich zurückgezogen hatte, gehört, und erkannte, dass es jetzt Zeit sei, zu handeln. Er hatte sich schon vorher von dem aus den Feigen gelösten Geld einen Anzug verschafft, der ihn als Gelehrten darstellen konnte; ein langer Bart aus Ziegenhaaren vollendete die Täuschung. Mit einem Säckchen voll Feigen wanderte er in den Palast des Königs, und bot als fremder Arzt seine Hülfe an. Man war von Anfang sehr ungläubig, als aber der kleine Muck eine Feige einem der Prinzen zu essen gab, und Ohren und Nase dadurch in den alten Zustand zurückbrachte, da wollte alles von dem fremden Arzte geheilt sein. Aber der König nahm ihn schweigend bei der Hand, und führte ihn in sein Gemach; dort schloss er eine Türe auf, die in die Schatzkammer führte, und winkte Muck, ihm zu folgen.

›Hier sind meine Schätze‹, sprach der König, ›wähle dir was es auch sei, es soll dir gewährt werden, wenn du mich von diesem schmachvollen Übel befreist‹. Das war süße Musik in des kleinen Mucks Ohren; er hatte gleich beim Eintritt seine Pantoffeln auf dem Boden stehen sehen, gleich daneben lag auch sein Stäbchen. Er ging nun umher in dem Saal, wie wenn er die Schätze des Königs bewundern wollte; kaum aber war er an seine Pantoffeln gekommen, so schlüpfte er eilends hinein, ergriff sein Stäbchen, riss seinen falschen Bart herab, und zeigte dem erstaunten König das wohlbekannte Gesicht seines verstoßenen Mucks. ›Treuloser König‹, sprach er, ›der du treue Dienste mit Undank lohnst, nimm als wohlverdiente Strafe die Missgestalt die du trägst. Die Ohren lass

ich dir zurück, damit sie dich täglich erinnern an den kleinen Muck.‹ Als er so gesprochen hatte, drehte er sich schnell auf dem Absatz herum, wünschte sich weit hinweg, und ehe noch der König um Hülfe rufen konnte, war der kleine Muck entflohen. Seitdem lebt der Kleine hier in großem Wohlstand aber einsam, denn er verachtet die

Menschen. Er ist durch Erfahrung ein weiser Mann geworden, welcher, wenn auch sein Äußeres etwas Auffallendes haben mag, deine Bewunderung mehr als deinen Spott verdient.«

So erzählte mir mein Vater; ich bezeugte ihm meine Reue über mein rohes Betragen gegen den guten kleinen Mann, und mein Vater schenkte mir die andere Hälfte der Strafe, die er mir zugedacht hatte. Ich erzählte meinen Kameraden die wunderbaren Schicksale des Kleinen, und wir gewannen ihn so lieb, dass ihn keiner mehr schimpfte. Im Gegenteil, wir ehrten ihn solange er lebte, und haben uns vor ihm immer so tief als vor Kadi und Mufti gebückt. –

Die Geschichte vom Kalif Storch

1

Der Kalif Chasid zu Bagdad saß einmal an einem schönen Nachmittag behaglich auf seinem Sofa; er hatte ein wenig geschlafen, denn es war ein heißer Tag, und sah nun nach seinem Schläfchen recht heiter aus. Er rauchte aus einer langen Pfeife von Rosenholz, trank hie und da ein wenig Kaffee, den ihm ein Sklave einschenkte und strich sich allemal vergnügt den Bart, wenn es ihm geschmeckt hatte. Kurz, man sah dem Kalifen an, dass es ihm recht wohl war. Um diese Stunde konnte man gar gut mit ihm reden, weil er da immer recht mild und leutselig war, deswegen besuchte ihn auch sein Großvezier Mansor alle Tage um diese Zeit. An diesem Nachmittag nun kam er auch, sah aber sehr nachdenklich aus, ganz gegen seine Gewohnheit. Der Kalif tat die Pfeife ein wenig aus dem Mund und sprach: »Warum machst du ein so nachdenkliches Gesicht, Großvezier.«

Der Großvezier schlug seine Arme kreuzweis über die Brust, verneigte sich vor seinem Herrn, und antwortete: »Herr!, ob ich ein nachdenkliches Gesicht mache, weiß ich nicht, aber da drunten am Schloss steht ein Krämer, der hat so schöne Sachen, dass es mich ärgert, nicht viel überflüssiges Geld zu haben.«

Der Kalif, der seinem Großvezier schon lange gern eine Freude gemacht hätte, schickte seinen schwarzen Sklaven hinunter, um den Krämer heraufzuholen. Bald kam der Sklave mit dem Krämer zurück. Dieser war ein kleiner dicker Mann, schwarzbraun im Gesicht und in zerlumptem Anzug. Er trug einen Kasten, in welchem er allerhand Waren hatte. Perlen und Ringe, reich beschlagene Pistolen, Becher und Kämme. Der Kalif und sein Vezier musterten alles durch, und der Kalif kaufte endlich für sich und Mansor schöne Pistolen, für die Frau des Veziers aber einen Kamm. Als der Krämer seinen Kasten schon wieder zumachen wollte, sah der Kalif eine kleine Schublade und fragte: ob da auch noch Waren seien? Der Krämer zog die Schublade heraus, und zeigte darin eine Dose mit schwärzlichem Pulver und ein Papier mit sonderbarer Schrift, die weder der Kalife noch Mansor lesen konnten. »Ich bekam einmal diese zwei Stücke von einem Kaufmann, der sie in Mekka auf der Straße fand«, sagte der Krämer, »ich weiß nicht, was sie enthalten; euch stehen sie um geringen Preis zu Dienst, ich kann doch nichts damit anfangen.« Der Kalif, der in seiner Bibliothek gerne alte Manuskripte hatte, wenn er sie auch nicht lesen konnte, kaufte Schrift und Dose und entließ den Krämer. Der Kalif aber dachte, er möchte gerne wissen, was die Schrift enthalte, und fragte den Vezier, ob er keinen kenne, der es entziffern könnte. »Gnädigster Herr und Gebieter«, antwortete dieser, »an der großen Moschee wohnt ein Mann, er heißt *Selim, der Gelehrte*, der versteht alle Sprachen, lass ihn kommen, vielleicht kennt er diese geheimnisvollen Züge.«

Der Gelehrte Selim war bald herbeigeholt. »Selim«, sprach zu ihm der Kalif, »Selim, man sagt du seiest sehr gelehrt; guck einmal ein wenig in diese Schrift, ob du sie lesen kannst; kannst du sie lesen, so bekommst du ein neues Festkleid von mir, kannst du es nicht, so bekommst du zwölf Backenstreiche und fünfundzwanzig auf die Fußsohlen, weil man dich dann umsonst Selim, den Gelehrten, nennt.« Selim verneigte sich und sprach: »Dein Wille geschehe, o Herr!« Lange betrachtete er die Schrift, plötzlich aber rief er aus: »Das ist lateinisch, o Herr, oder ich lass mich hängen.« »Sag was drin steht«, befahl der Kalif, »wenn es lateinisch ist.«

Selim fing an zu übersetzen: »Mensch, der du dieses findest, preise Allah für seine Gnade. Wer von dem Pulver in dieser Dose schnupft, und dazu spricht: Mutabor, der kann sich in jedes Tier verwandeln, und versteht auch die Sprache der Tiere. Will er wieder in seine menschliche Gestalt zurückkehren, so neige er sich dreimal gen Osten, und spreche jenes Wort; aber hüte dich, wenn du verwandelt bist, dass du nicht lachest, sonst verschwindet das Zauberwort gänzlich aus deinem Gedächtnis und du bleibst ein Tier.«

Als Selim, der Gelehrte, also gelesen hatte, war der Kalif über die Maßen vergnügt. Er ließ den Gelehrten schwören, niemand etwas von dem Geheimnis zu sagen, schenkte ihm ein schönes Kleid und entließ ihn. Zu seinem Großvezier aber sagte er: »Das heiß ich gut einkaufen, Mansor! Wie freue ich mich bis ich ein Tier bin. Morgen früh kommst du zu mir; wir gehen dann miteinander aufs Feld, schnupfen etwas weniges aus meiner Dose und belauschen dann, was in der Luft und im Wasser, im Wald und Feld gesprochen wird!«

2

Kaum hatte am andern Morgen der Kalif Chasid gefrühstückt und sich angekleidet, als schon der Großvezier erschien, ihn, wie er befohlen, auf dem Spaziergang zu begleiten. Der Kalif steckte die Dose mit dem Zauberpulver in den Gürtel, und nachdem er seinem Gefolge befohlen, zurückzubleiben, machte er sich mit dem Großvezier ganz allein auf den Weg. Sie gingen zuerst durch die weiten Gärten des Kalifen, spähten aber vergebens nach etwas Lebendigem, um ihr Kunststück zu probieren. Der Vezier schlug endlich vor, weiter hinaus an einen Teich zu gehen, wo er schon oft viele Tiere, namentlich Störche, gesehen habe, die durch ihr gravitätisches Wesen und ihr Geklapper immer seine Aufmerksamkeit erregt haben.

Der Kalif billigte den Vorschlag seines Veziers, und ging mit ihm dem Teich zu. Als sie dort angekommen waren, sahen sie einen Storchen ernsthaft auf und ab gehen, Frösche suchend, und hie und da etwas vor sich hinklappernd. Zugleich sahen sie auch weit oben in der Luft einen andern Storchen dieser Gegend zuschweben.

»Ich wette meinen Bart, gnädigster Herr«, sagte der Großvezier, »wenn nicht diese zwei Langfüßler ein schönes Gespräch miteinander führen werden. Wie wäre es für uns beide, wenn wir Störche würden?«

»Wohl gesprochen!«, antwortete der Kalif. »Aber vorher wollen wir noch einmal betrachten, wie man wieder Mensch wird. – Richtig! Dreimal gen Osten geneigt und Mutabor gesagt, so bin ich wieder Kalif und du Vezier. Aber nur ums Himmels willen nicht gelacht, sonst sind wir verloren!«

Während der Kalif also sprach, sah er den andern Storchen über ihrem Haupt schweben, und langsam sich zur Erde lassen. Schnell zog er die Dose aus dem Gürtel, nahm eine gute Prise, bot sie dem Großvezir dar, der gleichfalls schnupfte, und beide riefen: »Mutabor.«

Da schrumpften ihre Beine ein, und wurden dünn und rot, die schönen gelben Pantoffeln des Kalifen und seines Begleiters wurden unförmliche Storchfüße, die Arme wurden zu Flügeln, der Hals fuhr aus den Achseln und ward eine Elle lang, der Bart war verschwunden und den Körper bedeckten weiche Federn.

»Ihr habt einen hübschen Schnabel, Herr Großvezier«, sprach nach langem Erstaunen der Kalif. »Beim Bart des

Propheten, so etwas habe ich in meinem Leben nicht gesehen.«

»Danke untertänigst«, erwiderte der Großvezier, indem er sich bückte, »aber wenn ich es wagen darf zu behaupten, Eure Hoheit sehen als Storch beinahe noch hübscher aus, denn als Kalif. Aber kommt, wenn es euch gefällig ist, dass wir unsere Kameraden dort belauschen, und erfahren, ob wir wirklich *Storchisch* können?«

Indem war der andere Storch auf der Erde angekommen; er putzte sich mit dem Schnabel seine Füße, legte seine Federn zurecht, und ging auf den ersten Storchen zu. Die beiden neuen Störche aber beeilten sich in ihre Nähe zu kommen, und vernahmen zu ihrem Erstaunen folgendes Gespräch:

»Guten Morgen, *Frau Langbein*, so früh schon auf der Wiese?«

»Schönen Dank, liebe *Klapperschnabel*! Ich habe mir nur ein kleines Frühstück geholt. Ist euch vielleicht ein Viertelchen Eidechs gefällig, oder ein Froschschenkelein?«

»Danke gehorsamst; habe heute gar keinen Appetit. Ich komme auch wegen etwas ganz anderem auf die Wiese. Ich soll heute vor den Gästen meines Vaters tanzen, und da will ich mich im Stillen ein wenig üben.«

Zugleich schritt die junge Störchin in wunderlichen Bewegungen durch das Feld. Der Kalif und Mansor sahen ihr verwundert nach; als sie aber in malerischer Stellung auf einem Fuß stand, und mit den Flügeln anmutig dazu wedelte, da konnten sich die beiden nicht mehr halten, ein unaufhaltsames Gelächter brach aus ihren Schnäbeln hervor, von dem sie sich erst nach langer Zeit erholten. Der Kalif fasste sich zuerst wieder. »Das war einmal ein Spaß«, rief er, »der nicht mit Gold zu bezahlen ist; schade!, dass die dummen Tiere durch unser Gelächter sich haben verscheuchen lassen, sonst hätten sie gewiss auch noch gesungen!«

Aber jetzt fiel es dem Großvezier ein, dass das Lachen während der Verwandlung verboten war. Er teilte seine Angst deswegen dem Kalifen mit. »Potz Mekka und Medina! Das wäre ein schlechter Spaß, wenn ich ein Storch bleiben müsste! Besinne dich doch auf das dumme Wort, ich bring es nicht heraus.«

»Dreimal gen Osten müssen wir uns bücken, und dazu sprechen: Mu – Mu – Mu –«

Sie stellten sich gegen Osten und bückten sich in einem fort, dass ihre Schnäbel beinahe die Erde berührten; aber, o Jammer!, das Zauberwort war ihnen entfallen und sooft sich auch der Kalife bückte, so sehnlich auch sein Vezier Mu – Mu dazu rief, jede Erinnerung daran war verschwunden, und der arme Chasid und sein Vezier waren und blieben Störche. –

3

Traurig wandelten die Verzauberten durch die Felder, sie wussten gar nicht, was sie in ihrem Elend anfangen sollten. Aus ihrer Storchenhaut konnten sie nicht heraus, in die Stadt zurück konnten sie auch nicht um sich zu erkennen zu geben, denn wer hätte einem Storchen geglaubt,

dass er der Kalif sei, und wenn man es auch geglaubt hätte, würden die Einwohner von Bagdad einen Storchen zum Kalifen gewollt haben?

So schlichen sie mehrere Tage umher, und ernährten sich kümmerlich von Feldfrüchten, die sie aber wegen ihrer langen Schnäbel nicht gut verspeisen konnten. Zu Eidechsen und Fröschen hatten sie übrigens keinen Appetit, denn sie befürchteten, mit solchen Leckerbissen sich den Magen zu verderben. Ihr einziges Vergnügen in dieser traurigen Lage war, dass sie fliegen konnten, und so flogen sie oft auf die Dächer von Bagdad, um zu sehen, was darin vorging.

In den ersten Tagen bemerkten sie große Unruhe und Trauer in den Straßen; aber ungefähr am vierten Tag nach ihrer Verzauberung saßen sie auf dem Palast des Kalifen, da sahen sie unten in der Straße einen prächtigen Aufzug; Trommeln und Pfeifen ertönten, ein Mann in einem goldgestickten Scharlachmantel saß auf einem geschmückten Pferd, umgeben von glänzenden Dienern; halb Bagdad sprang ihm nach, und alle schrien: »Heil Mizra! dem Herrscher von Bagdad!« Da sahen die beiden Störche auf dem Dache des Palastes einander an, und der Kalife Chasid sprach: »Ahnst du jetzt, warum ich verzaubert bin, Großvezier? Dieser Mizra ist der Sohn meines Todfeindes, des mächtigen Zauberers Kaschmir, der mir in einer bösen Stunde Rache schwur. Aber noch gebe ich die Hoffnung nicht auf. Komm mit mir, du treuer Gefährte meines Elends, wir wollen zum Grab des Propheten wandern, vielleicht dass an heiliger Stätte der Zauber gelöst wird.«

Sie erhoben sich vom Dach des Palastes, und flogen der Gegend von Medina zu.

Mit dem Fliegen wollte es aber gar nicht gut gehen, denn die beiden Störche hatte noch wenig Übung. »O Herr«, ächzte nach ein paar Stunden der Großvezier, »ich halte es, mit eurer Erlaubnis, nicht mehr lange aus, ihr fliegt gar zu schnell! Auch ist es schon Abend, und wir täten wohl, ein Unterkommen für die Nacht zu suchen.«

Chasid gab der Bitte seines Dieners Gehör; und da er unten im Tale eine Ruine erblickte, die ein Obdach zu gewähren schien, so flogen sie dahin. Der Ort, wo sie sich für diese Nacht niedergelassen hatten, schien ehemals ein Schloss gewesen zu sein. Schöne Säulen ragten unter den Trümmern hervor, mehrere Gemächer, die noch ziemlich erhalten waren, zeugten von der ehemaligen Pracht des Hauses. Chasid und sein Begleiter gingen durch die Gänge umher, um sich ein trockenes Plätzchen zu suchen; plötzlich blieb der Storch Mansor stehen. »Herr und Gebieter«, flüsterte er leise, »wenn es nur nicht töricht für ein Großvezier, noch mehr aber für einen Storchen wäre, sich vor Gespenstern zu fürchten! Mir ist ganz unheimlich zumut, denn hier neben hat es ganz vernehmlich geseufzt und gestöhnt.« Der Kalif blieb nun auch stehen, und hörte ganz deutlich ein leises Weinen, das eher einem Menschen, als einem Tiere anzugehören schien. Voll Erwartung wollte er der Gegend zugehen, woher die Klagetöne kamen, der Vezier aber packte ihn mit dem Schnabel am Flügel, und bat ihn flehentlich, sich nicht in neue unbekannte Gefahren zu stürzen. Doch vergebens! Der Kalif, dem auch unter dem Storchenflügel ein tapferes Herz

schlug, riss sich mit Verlust einiger Federn los, und eilte
in einen finstern Gang. Bald war er an einer Türe angelangt, die nur angelehnt schien, und woraus er deutliche
Seufzer, mit ein wenig Geheul, vernahm. Er stieß mit dem
Schnabel die Türe auf, blieb aber überrascht auf der
Schwelle stehen. In dem verfallenen Gemach, das nur
durch ein kleines Gitterfenster spärlich erleuchtet war,

sah er eine große Nachteule am Boden sitzen. Dicke Tränen rollten ihr aus den großen runden Augen, und mit heiserer Stimme stieß sie ihre Klagen zu dem krummen Schnabel heraus. Als sie aber aber den Kalifen und seinen Vezier, der indes auch herbeigeschlichen war, erblickte, erhob sie ein lautes Freudengeschrei. Zierlich wischte sie mit dem braungefleckten Flügel die Tränen aus dem Auge, und zu dem großen Erstaunen der beiden, rief sie in gutem menschlichem Arabisch: »Willkommen ihr Störche, ihr seid mir ein gutes Zeichen meiner Errettung, denn durch Störche werde mir ein großes Glück kommen, ist mir einst prophezeit worden!«

Als sich der Kalif von seinem Erstaunen erholt hatte, bückte er sich mit seinem langen Hals, brachte seine dünnen Füße in eine zierliche Stellung, und sprach: »Nachteule!, deinen Worten nach, darf ich glauben, eine Leidensgefährtin in dir zu sehen. Aber ach! Deine Hoffnung, dass durch uns deine Rettung kommen werde, ist vergeblich. Du wirst unsere Hülflosigkeit selbst erkennen, wenn du unsere Geschichte hörst.« Die Nachteule bat ihn zu erzählen, der Kalif aber hub an und erzählte, was wir bereits wissen.

4

Als der Kalif der Eule seine Geschichte vorgetragen hatte, dankte sie ihm und sagte: »Vernimm auch meine Geschichte und höre, wie ich nicht weniger unglücklich bin als du. Mein Vater ist der König von Indien, ich, seine ein-

zige, unglückliche Tochter, heiße Lusa. Jener Zauberer
Kaschmir, der euch verzauberte, hat auch mich ins Unglück gestürzt. Er kam eines Tags zu meinem Vater und
begehrte mich zur Frau für seinen Sohn Mizra. Mein Vater aber, der ein hitziger Mann ist, ließ ihn die Treppe hi-
nunterwerfen. Der Elende wusste sich unter einer andern
Gestalt, wieder in meine Nähe zu schleichen, und als ich
einst in meinem Garten Erfrischungen zu mir nehmen
wollte, brachte er mir, als Sklave verkleidet, einen Trank
bei, der mich in diese abscheuliche Gestalt verwandelte.
Vor Schrecken ohnmächtig, brachte er mich hieher und
rief mir mit schrecklicher Stimme in die Ohren:

›Da sollst du bleiben, hässlich, selbst von den Tieren verachtet, bis an dein Ende, oder bis einer aus freiem Willen
dich, selbst in dieser schrecklichen Gestalt, zur Gattin begehrt. So räche ich mich an dir und deinem stolzen Vater.‹

Seitdem sind viele Monate verflossen. Einsam und
traurig lebe ich als Einsiedlerin in diesem Gemäuer, verabscheut von der Welt, selbst den Tieren ein Gräuel; die
schöne Natur ist vor mir verschlossen, denn ich bin blind
am Tage, und nur, wenn der Mond sein bleiches Licht
über dies Gemäuer ausgießt, fällt der verhüllende Schleier
von meinem Auge.«

Die Eule hatte geendet, und wischte sich mit dem Flügel wieder die Augen aus, denn die Erzählung ihrer Leiden hatte ihr Tränen entlockt.

Der Kalif war bei der Erzählung der Prinzessin in tiefes
Nachdenken versunken. »Wenn mich nicht alles täuscht«,
sprach er, »so findet zwischen unserem Unglück ein ge-
heimer Zusammenhang statt; aber wo finde ich den

Schlüssel zu diesem Rätsel?« Die Eule antwortete ihm: »O Herr!, auch mir ahnet dies; denn es ist mir einst in meiner frühesten Jugend von einer weisen Frau prophezeit worden, dass ein Storch mir ein großes Glück bringen werden, und ich wüsste vielleicht, wie wir uns retten könnten.« Der Kalif war sehr erstaunt und fragte, auf welchem Wege sie meine? »Der Zauberer, der uns beide unglücklich gemacht hat«, sagte sie, »kommt alle Monate einmal in diese Ruinen. Nicht weit von diesem Gemach ist ein Saal. Dort pflegt er dann mit vielen Genossen zu schmausen. Schon oft habe ich sie dort belauscht. Sie erzählen dann einander ihre schändlichen Werke, vielleicht dass er dann das Zauberwort, das ihr vergessen habt, ausspricht.«

»Oh, teuerste Prinzessin«, rief der Kalif, »sag an, *wann* kommt er, und *wo* ist der Saal?«

Die Eule schwieg einen Augenblick, und sprach denn: »Nehmet es nicht ungütig, aber nur unter *einer* Bedingung kann ich euern Wunsch erfüllen.«

»Sprich aus!, sprich aus!«, schrie Chasid, »befiehl, es ist mir jede recht –«

»Nämlich ich möchte auch gerne zugleich frei sein, dies kann aber nur geschehen, wenn einer von euch mir seine Hand reicht.«

Die Störche schienen über den Antrag etwas betroffen zu sein, und der Kalif winkte seinem Diener, ein wenig mit ihm hinauszugehen.

»Großvezier«, sprach vor der Türe der Kalif, »das ist ein dummer Handel, aber ihr könntet sie schon nehmen.«

»So?«, antwortete dieser, »dass mir meine Frau, wenn ich nach Haus komme, die Augen auskratzt. Auch bin ich ein alter Mann, und ihr seid noch jung und unverheiratet, und könnet eher einer jungen schönen Prinzess die Hand geben.«

»Das ist es eben«, seufzte der Kalif, indem er traurig die Flügel hängen ließ, »wer sagt dir denn, dass sie jung und schön ist? Das heißt eine Katze im Sack kaufen!«

Sie redeten einander gegenseitig noch lange zu, endlich aber, als der Kalif sah, dass sein Vezier lieber Storch bleiben, als die Eule heiraten wollte, entschloss er sich, die Bedingung lieber selbst zu erfüllen. Die Eule war hoch erfreut. Sie gestand ihnen, dass sie zu keiner bessern Zeit hätten kommen können, weil wahrscheinlich in dieser Nacht die Zauberer sich versammeln werden.

Sie verließ mit den Störchen das Gemach, um sie in jenen Saal zu führen; sie gingen lange in einem finstern Gang hin, endlich strahlte ihnen aus einer halb verfallenen Mauer ein heller Schein entgegen. Als sie dort angelangt waren, riet ihnen die Eule, sich ganz ruhig zu verhalten. Sie konnten von der Lücke, an welcher sie standen, einen großen Saal übersehen. Er war ringsum mit Säulen geschmückt und prachtvoll verziert. Viele farbige Lampen ersetzten das Licht des Tages. In der Mitte des Saales stand ein runder Tisch, mit vielen und ausgesuchten Speisen besetzt. Rings um den Tisch zog sich ein Sofa, auf welchem 8 Männer saßen. In einem dieser Männer erkannten die Störche jenen Krämer wieder, der ihnen das Zauberpulver verkauft hatte. Sein Nebensitzer forderte ihn auf, ihnen seine neuesten Taten zu erzählen. Er erzählte unter andern auch die Geschichte des Kalifen und seines Veziers.

»Was für ein Wort hast du ihnen denn aufgegeben?«, fragte ihn ein anderer Zauberer. »Ein recht schweres lateinisches, es heißt *Mutabor*.«

5

Als die Störche an ihrer Mauerlücke dieses hörten, kamen sie vor Freuden beinahe außer sich. Sie liefen auf ihren langen Füßen so schnell dem Tor der Ruine zu, dass die Eule kaum folgen konnte. Dort sprach der Kalif gerührt zu der Eule: »Retterin meines Lebens und des Lebens meines Freundes, nimm zum ewigen Dank für das, was du an uns getan, mich zum Gemahl an.« Dann aber wandte er sich nach Osten. Dreimal bückten die Störche ihre langen Hälse der Sonnen entgegen, die soeben hinter dem Gebirge heraufstieg; »*Mutabor*«, riefen sie, im Nu waren sie verwandelt, und in der hohen Freude des neu geschenkten Lebens, lagen Herr und Diener lachend und weinend einander in den Armen. Wer beschreibt aber ihr Erstaunen, als sie sich umsahen. Eine schöne Dame, herrlich geschmückt, stand vor ihnen. Lächelnd gab sie dem Kalifen die Hand.

»Erkennt ihr eure Nachteule nicht mehr?«, sagte sie. Sie war es; der Kalif war von ihrer Schönheit und Anmut so entzückt, dass er ausrief: Es sei sein größtes Glück, dass er Storch geworden sei.

Die drei zogen nun miteinander auf Bagdad zu. Der Kalif fand in seinen Kleidern nicht nur die Dose mit Zauberpulver, sondern auch seinen Geldbeutel. Er kaufte daher im nächsten Dorfe, was zu ihrer Reise nötig war, und so kamen sie bald an die Tore von Bagdad. Dort aber erregte die Ankunft des Kalifen großes Erstaunen. Man hatte ihn für tot ausgegeben, und das Volk war daher hoch erfreut, seinen geliebten Herrscher wiederzuhaben.

Umso mehr aber entbrannte ihr Hass gegen den Betrüger Mizra. Sie zogen in den Palast, und nahmen den alten Zauberer und seinen Sohn gefangen. Den Alten schickte der Kalif in dasselbe Gemach der Ruine, das die Prinzessin als Eule bewohnt hatte, und ließ ihn dort aufhängen. Dem Sohn aber, welcher nichts von den Künsten des Vaters verstand, ließ der Kalif die Wahl, ob er sterben oder schnupfen wolle. Als er das Letztere wählte, bot ihm der Großvezier die Dose. Eine tüchtige Prise, und das Zauberwort des Kalifen verwandelte ihn in einen Storchen. Der Kalif ließ ihn in ein eisernes Käfig sperren und in seinem Garten aufstellen.

Lange und vergnügt lebte Kalif Chasid mit seiner Frau, der Prinzessin; seine vergnügtesten Stunden waren immer die, wenn ihn der Großvezier nachmittags besuchte; da sprachen sie dann oft von ihrem Storchenabenteuer, und wenn der Kalif recht heiter war, ließ er sich herab, den Großvezier nachzuahmen, wie er als Storch aussah. Er stieg dann ernsthaft, mit steifen Füßen im Zimmer auf und ab, klapperte, wedelte mit den Armen, wie mit Flügeln und zeigte, wie jener sich vergeblich nach Osten geneigt und Mu – Mu – dazu gerufen habe. Für die Frau Kalifin und ihre Kinder war diese Vorstellung allemal eine große Freude; wenn aber der Kalif gar zu lange klapperte und nickte und Mu – Mu – schrie, dann drohte ihm lächelnd der Vezier: Er wolle das, was vor der Türe der Prinzessin *Nachteule* verhandelt worden sei, der Frau *Kalifin* mitteilen.

Das kalte Herz

Erste Abteilung

Wer durch Schwaben reist, der sollte nie vergessen, auch ein wenig in den Schwarzwald hineinzuschauen; nicht der Bäume wegen, obgleich man nicht überall solch unermessliche Menge herrlich aufgeschossener Tannen findet, sondern wegen der Leute, die sich von den andern Menschen ringsumher merkwürdig unterscheiden. Sie sind größer als gewöhnliche Menschen, breitschultrig, von starken Gliedern, und es ist als ob der stärkende Duft, der morgens durch die Tannen strömt, ihnen von Jugend auf einen freieren Atem, ein klareres Auge und einen festeren, wenn auch raueren Mut, als den Bewohnern der Stromtäler und Ebenen gegeben hätte. Und nicht nur durch Haltung und Wuchs, auch durch ihre Sitten und Trachten sondern sie sich von den Leuten, die außerhalb des Waldes wohnen, streng ab. Am schönsten kleiden sich die Bewohner des badenschen Schwarzwaldes; die Männer lassen den Bart wachsen, wie er von Natur dem Mann ums Kinn gegeben ist, ihre schwarzen Wämser, ihre ungeheuren, enggefalteten Pluderhosen, ihre roten Strümpfe und die spitzen Hüte, von einer weiten Scheibe umgeben, verleihen ihnen etwas Fremdartiges, aber etwas Ernstes, Ehrwürdiges. Dort beschäftigen sich die Leute gewöhnlich mit Glasmachen; auch verfertigen sie Uhren und tragen sie in der halben Welt umher.

Auf der andern Seite des Waldes wohnt ein Teil desselben Stammes, aber ihre Arbeiten haben ihnen andere Sitten und Gewohnheiten gegeben, als den Glasmachern. Sie handeln mit ihrem Wald; sie fällen und behauen ihre Tannen, flößen sie durch die Nagold in den Neckar, und von dem obern Neckar den Rhein hinab, bis weit hinein nach Holland, und am Meer kennt man die Schwarzwälder und ihre langen Flöße; sie halten an jeder Stadt, die am Strom liegt, an und erwarten stolz, ob man ihnen Balken und Bretter abkaufen werde; ihre stärksten und längsten Balken aber verhandeln sie um schweres Geld an die Mynheers, welche Schiffe daraus bauen. Diese Menschen nun sind an ein raues, wanderndes Leben gewöhnt. Ihre Freude ist, auf ihrem Holz die Ströme hinabzufahren, ihr Leid, am Ufer wieder heraufzuwandeln. Darum ist auch ihr Prachtanzug so verschieden von dem der Glasmänner im andern Teil des Schwarzwaldes. Sie tragen Wämser von dunkler Leinwand, einen handbreiten grünen Hosenträger über die breite Brust, Beinkleider von schwarzem Leder, aus deren Tasche ein Zollstab von Messing wie ein Ehrenzeichen hervorschaut; ihr Stolz und ihre Freude aber sind ihre Stiefel, die größten wahrscheinlich, welche auf irgendeinem Teil der Erde Mode sind; denn sie können zwei Spannen weit über das Knie hinaufgezogen werden, und die »Flözer« können damit in drei Schuh tiefem Wasser umherwandeln, ohne sich die Füße nass zu machen.

Noch vor kurzer Zeit glaubten die Bewohner dieses Waldes an Waldgeister, und erst in neuerer Zeit hat man ihnen diesen törichten Aberglauben benehmen können. Sonderbar ist es aber, dass auch die Waldgeister, die der Sage nach im Schwarzwalde hausen, in diese verschiedenen Trachten sich geteilt haben. So hat man versichert, dass das »Glasmännlein«, ein gutes Geistchen von 3½ Fuß Höhe, sich nie anders zeige, als in einem spitzen Hütlein mit großem Rand, mit Wams und Pluderhöschen und roten Strümpfchen. Der »Holländer-Michel« aber, der auf der andern Seite des Waldes umgeht, soll ein riesengroßer, breitschultriger Kerl in der Kleidung der Flözer sein, und mehrere, die ihn gesehen haben, wollen versichern, dass sie die Kälber nicht aus ihrem Beutel bezahlen möchten, deren Felle man zu seinen Stiefeln brauchen würde. »So groß, dass ein gewöhnlicher Mann bis an den Hals hineinstehen könnte«, sagten sie und wollten nichts übertrieben haben.

Mit diesen Waldgeistern soll einmal ein junger Schwarzwälder eine sonderbare Geschichte gehabt haben, die ich erzählen will: Es lebte nämlich im Schwarzwald eine Witwe, Frau Barbara Munkin; ihr Gatte war Kohlenbrenner gewesen, und nach seinem Tod hielt sie ihren 16-jährigen Knaben nach und nach zu demselben Geschäft an.

Der junge Peter Munk, ein schlauer Bursche, ließ es sich gefallen, weil er es bei seinem Vater auch nicht anders gesehen hatte, die ganze Woche über am rauchenden Meiler zu sitzen, oder schwarz und berußt und den Leuten ein Abscheu hinab in die Städte zu fahren und seine Kohlen zu verkaufen. Aber ein Köhler hat viel Zeit zum

Nachdenken über sich und andere, und wenn Peter Munk an seinem Meiler saß, stimmten die dunkeln Bäume umher und die tiefe Waldesstille sein Herz zu Tränen und unbewusster Sehnsucht. Es betrübte ihn etwas, es ärgerte ihn etwas, er wusste nicht recht was. Endlich merkte er sich aber was ihn ärgerte, und das war – sein Stand. »Ein schwarzer, einsamer Kohlenbrenner!«, sagte er sich, »es ist ein elend Leben. Wie angesehen sind die Glasmänner, die Uhrenmacher, selbst die Musikanten am Sonntagabend! Und wenn Peter Munk, rein gewaschen und geputzt, in des Vaters Ehrenwams mit silbernen Knöpfen und mit nagelneuen roten Strümpfen erscheint, und wenn dann einer hinter mir her geht und denkt, wer ist wohl der schlanke Bursche?, und lobt bei sich die Strümpfe und meinen stattlichen Gang – sieh, wenn er vorübergeht und schaut sich um, sagt er gewiss: ›Ach es ist *nur* der Kohlen-Munk-Peter.‹«

Auch die Flözer auf der andern Seite waren ein Gegenstand seines Neides. Wenn diese Waldriesen herüberkamen, mit stattlichen Kleidern, und an Knöpfen, Schnallen und Ketten einen halben Zentner Silber auf dem Leib trugen, wenn sie mit ausgespreizten Beinen und vornehmen Gesichtern dem Tanz zuschauten, holländisch fluchten und wie die vornehmsten Mynheers aus ellenlangen kölnischen Pfeifen rauchten, da stellte er sich als das vollendetste Bild eines glücklichen Menschen solch einen Flözer vor. Und wenn diese Glücklichen dann erst in die Taschen fuhren, ganze Hände voll großer Taler herauslangten und um Sechsbätzner würfelten, fünf Gulden hin, zehen her, so wollten ihm die Sinne ver-

gehen, und er schlich trübselig nach seiner Hütte; denn
an manchem Feiertagabend hatte er einen oder den andern dieser »Holzherren« mehr verspielen sehen, als der
arme Vater Munk in einem Jahr verdiente. Es waren vor-
züglich drei dieser Männer, von welchen er nicht wusste,
welchen er am meisten bewundern sollte. Der eine war
ein dicker, großer Mann, mit rotem Gesicht, und galt für
den reichsten Mann in der Runde. Man hieß ihn den
dicken Ezechiel. Er reiste alle Jahre zweimal mit Bauholz
nach Amsterdam, und hatte das Glück es immer um so
viel teurer als andere zu verkaufen, dass er, wenn die übrigen zu Fuß heimgingen, stattlich herauffahren konnte.
Der andere war der längste und magerste Mensch im
ganzen Wald, man nannte ihn den langen Schlurker, und
diesen beneidete Munk wegen seiner ausnehmenden
Kühnheit; er widersprach den angesehensten Leuten,
brauchte, wenn man noch so gedrängt im Wirtshaus saß,
mehr Platz als vier der Dicksten, denn er stützte entweder beide Ellbogen auf den Tisch oder zog eines seiner
langen Beine zu sich auf die Bank, und doch wagte ihm
keiner zu widersprechen, denn er hat unmenschlich viel
Geld. Der dritte aber war ein schöner, junger Mann, der
am besten tanzte, weit und breit und daher den Namen
Tanzbodenkönig hatte. Er war ein armer Mensch gewesen, und hatte bei einem Holzherren als Knecht gedient;
da wurde er auf einmal steinreich; die einen sagten er
habe unter einer alten Tanne einen Topf voll Geld gefunden, die andern behaupteten, er habe unweit Bingen im
Rhein mit der Stechstange, womit die Flözer zuweilen
nach den Fischen stechen, einen Pack mit Goldstücken

heraufgefischt, und der Pack gehöre zu dem großen Nibelungenhort, der dort vergraben liegt, kurz, er war auf einmal reich geworden, und wurde von Jung und Alt angesehen wie ein Prinz.

An diese drei Männer dachte Kohlen-Munk-Peter oft, wenn er einsam im Tannenwald saß. Zwar hatten alle drei einen Hauptfehler, der sie bei den Leuten verhasst machte, es war dies ihr unmenschlicher Geiz, ihre Gefühllosigkeit gegen Schuldner und Arme, denn die Schwarzwälder sind ein gutmütiges Völklein; aber man weiß wie es mit solchen Dingen geht; waren sie auch wegen ihres Geizes verhasst, so standen sie doch wegen ihres Geldes in Ansehen; denn wer konnte Taler wegwerfen, wie sie, als ob man das Geld von den Tannen schüttelte?

»So geht es nicht mehr weiter«, sagte Peter eines Tages schmerzlich betrübt zu sich, denn tags zuvor war Feiertag gewesen, und alles Volk in der Schenke; »wenn ich nicht bald auf den grünen Zweig komme, so tu ich mir etwas zuleid; wär ich doch nur so angesehen und reich, wie der dicke Ezechiel, oder so kühn und so gewaltig wie der lange Schlurker, oder so berühmt, und könnte den Musikanten Taler statt Kreuzer zuwerfen, wie der Tanzbodenkönig! Wo nur der Bursche das Geld her hat?« Allerlei Mittel ging er durch, wie man sich Geld erwerben könne, aber keines wollte ihm gefallen; endlich fielen ihm auch die Sagen von Leuten bei, die vor alten Zeiten durch den »Holländer-Michel« und durch das »Glasmännlein« reich geworden waren. Solang sein Vater noch lebte, kamen oft andere arme Leute zum Besuch, und da wurde lang und breit von reichen Menschen gesprochen, und wie sie reich geworden; da spielte nun oft das Glasmännlein eine Rolle; ja, wenn er recht nachsann, konnte er sich beinahe noch des Versleins erinnern, das man am Tannenbühl in der Mitte des Waldes sprechen musste, wenn es erscheinen sollte. Es fing an:

>»Schatzhauser im grünen Tannenwald,
Bist schon viel' hundert Jahre alt,
Dir gehört all' Land wo Tannen stehn –«

Aber er mochte sein Gedächtnis anstrengen wie er wollte, weiter konnte er sich keines Verses mehr entsinnen. Er dachte oft, ob er nicht diesen oder jenen alten Mann fragen sollte, wie das Sprüchlein heiße; aber immer hielt ihn eine gewisse Scheu seine Gedanken zu verraten ab, auch schloss er, es müsse die Sage vom Glasmännlein nicht sehr bekannt sein und den Spruch müssen nur wenige wissen, denn es gab nicht viele reiche Leute im Wald, und – warum hatten denn nicht sein Vater und die andern armen Leute ihr Glück versucht? Er brachte endlich einmal seine Mutter auf das Männlein zu sprechen, und diese erzählte ihm was er schon wusste, kannte auch nur noch die erste Zeile von dem Spruch, und sagte ihm endlich, nur Leuten, die an einem Sonntag zwischen elf und zwei Uhr geboren seien, zeige sich das Geistchen. Er selbst würde wohl dazu passen, wenn er nur das Sprüchlein wüsste, denn er sei Sonntag mittags zwölf Uhr geboren.

Als dies der Kohlen-Munk-Peter hörte, war er vor Freude und vor Begierde, dies Abenteuer zu unternehmen, beinahe außer sich. Es schien ihm hinlänglich, einen Teil des Sprüchleins zu wissen und am Sonntag geboren zu sein, und Glasmännlein musste sich ihm zeigen. Als er daher eines Tages seine Kohlen verkauft hatte, zündete er keinen neuen Meiler an, sondern zog seines Vaters Staatswams und neue rote Strümpfe an, setzte den Sonntagshut auf, fasste seinen fünf Fuß hohen Schwarzdornstock in die Hand und nahm von der Mutter Abschied: »Ich muss aufs Amt in die Stadt, denn wir werden bald spielen müssen wer Soldat wird, und da will ich dem Amtmann nur noch einmal einschärfen, dass ihr Witwe seid, und ich euer einziger Sohn.« Die Mutter lobte seinen Entschluss, er aber machte sich auf nach dem Tannenbühl. Der Tannenbühl liegt auf der höchsten Höhe des Schwarzwaldes, und auf zwei Stunden im Umkreis stand damals kein Dorf, ja nicht einmal eine Hütte, denn die abergläubischen Leute meinten es sei dort »unsicher«. Man schlug auch, so hoch und prachtvoll dort die Tannen standen, ungern Holz in jenem Revier, denn oft waren den Holzhauern, wenn sie dort arbeiteten, die Äxte vom Stiel gesprungen und in den Fuß gefahren, oder die Bäume waren schnell umgestürzt und hatten die Männer mit umgerissen und beschädigt oder gar getötet; auch hätte man die schönsten Bäume von dorther nur zu Brennholz brauchen können, denn die Floßherren nahmen nie einen Stamm aus dem Tannenbühl unter ein Floß auf, weil die Sage ging, dass Mann und Holz verunglücke, wenn ein Tannenbühler mit im Wasser sei. Daher kam es, dass im Tannenbühl die Bäume so dicht und so hoch standen, dass es am hellen Tag beinahe Nacht war, und Peter Munk wurde es ganz schaurig dort zumut; denn er hörte keine Stimme, keinen Tritt als den seinigen, keine Axt; selbst die Vögel schienen diese dichte Tannennacht zu vermeiden.

Kohlen-Munk-Peter hatte jetzt den höchsten Punkt des Tannenbühls erreicht, und stand vor einer Tanne von ungeheurem Umfang, um die ein holländischer Schiffsherr an Ort und Stelle viele hundert Gulden gegeben hätte. Hier, dachte er, wird wohl der Schatzhauser wohnen, zog seinen großen Sonntagshut, machte vor dem Baum eine tiefe Verbeugung, räusperte sich und sprach mit zitternder Stimme: »Wünsche glückseligen Abend, Herr Glasmann.« Aber es erfolgte keine Antwort, und alles umher war so still wie zuvor. Vielleicht muss ich doch das Verslein sprechen, dachte er weiter und murmelte:

»Schatzhauser im grünen Tannenwald,
Bist schon viel’ hundert Jahre alt
Dir gehört all’ Land wo Tannen stehn –«

Indem er diese Worte sprach, sah er zu seinem großen Schrecken eine ganz kleine, sonderbare Gestalt hinter der dicken Tanne hervorschauen; es war ihm, als habe er das Glasmännlein gesehen, wie man ihn beschrieben, das schwarze Wämschen, die roten Strümpfchen, das Hütchen, alles war so, selbst das blasse, aber feine und kluge Gesichtchen, wovon man erzählte, glaubte er gesehen zu haben. Aber, ach, so schnell es hervorgeschaut hatte, das Glasmännlein, so schnell war es auch wieder verschwunden! »Herr Glasmann«, rief nach einigem Zögern Peter

Munk, »seid so gütig und haltet mich nicht für Narren. – Herr Glasmann, wenn ihr meint, ich habe euch nicht gesehen, so täuschet ihr euch sehr, ich sah euch wohl hinter dem Baum hervorgucken.« – Immer keine Antwort, nur zuweilen glaubte er ein leises, heiseres Kichern hinter dem Baum zu vernehmen. Endlich überwand seine Ungeduld die Furcht, die ihn bis jetzt noch abgehalten hatte. »Warte du kleiner Bursche«, rief er, »dich will ich bald haben«, sprang mit einem Satz hinter die Tanne, aber da war kein Schatzhauser im grünen Tannenwald, und nur ein kleines zierliches Eichhörnchen jagte an dem Baum hinauf.

Peter Munk schüttelte den Kopf; er sah ein, dass er die Beschwörung bis auf einen gewissen Grad gebracht habe, und dass ihm vielleicht nur noch ein Reim zu dem Sprüchlein fehle, so könne er das Glasmännlein hervorlocken, aber er sann hin, er sann her, und fand nichts. Das Eichhörnchen zeigte sich an den untersten Ästen der Tanne und schien ihn aufzumuntern oder zu verspotten. Es putzte sich, es rollte den schönen Schweif, es schaute ihn mit klugen Augen an, aber endlich fürchtete er sich doch beinahe mit diesem Tier allein zu sein, denn bald schien das Eichhörnchen einen Menschenkopf zu haben und einen dreispitzigen Hut zu tragen, bald war es ganz wie ein anderes Eichhörnchen, und hatte nur an den Hinterfüßen rote Strümpfe und schwarze Schuhe. Kurz es war ein lustiges Tier, aber dennoch graute Kohlen-Peter, denn er meinte *es gehe nicht mit rechten Dingen zu.*

Mit schnelleren Schritten, als er gekommen war, zog Peter wieder ab. Das Dunkel des Tannenwaldes schien immer schwärzer zu werden, die Bäume standen immer dichter, und ihm fing an so zu grauen, dass er im Trab davonjagte und erst als er in der Ferne Hunde bellen hörte und bald darauf zwischen den Bäumen den Rauch einer Hütte erblickte, wurde er wieder ruhiger. Aber als er näher kam und die Tracht der Leute in der Hütte erblickte, fand er, dass er aus Angst gerade die entgegengesetzte Richtung genommen, und statt zu den Glasleuten zu den Flözern gekommen sei. Die Leute, die in der Hütte wohnten, waren Holzfäller; ein alter Mann, sein Sohn, der Hauswirt, und einige erwachsene Enkel. Sie nahmen Kohlen-Munk-Peter, der um ein Nachtlager bat, gut auf, ohne nach seinem Namen und Wohnort zu fragen, gaben ihm Apfelwein zu trinken, und abends, wurde ein großer Auerhahn, die beste Schwarzwaldspeise, aufgesetzt.

Nach dem Nachtessen setzten sich die Hausfrau und ihre Töchter mit ihren Kunkeln um den großen Lichtspan, den die Jungen mit dem feinsten Tannenharz unterhielten, der Großvater, der Gast und der Hauswirt rauchten und schauten den Weibern zu, die Burschen aber waren beschäftigt, Löffel und Gabeln aus Holz zu schnitzeln. Draußen im Wald heulte der Sturm und raste in den Tannen, man hörte da und dort sehr heftige Schläge, und es schien oft, als ob ganze Bäume abgeknickt würden und zusammenkrachten. Die furchtlosen Jungen wollten hinaus in den Wald laufen und dieses furchtbar-schöne Schauspiel mit ansehen, ihr Großvater aber hielt sie mit strengem Wort und Blick zurück. »Ich will keinem raten, dass er jetzt von der Tür geht«, rief er ihnen zu; »bei Gott, der kommt nimmermehr wieder; denn der Holländer-

Michel haut sich heute Nacht ein neues ›G'stair‹ (Floßgelenke) im Wald.«

Die Kleinen staunten ihn an; sie mochten von dem Holländer-Michel schon gehört haben, aber sie baten jetzt den Ehni einmal recht schön, von jenem zu erzählen. Auch Peter Munk, der vom Holländer-Michel auf der andern Seite des Waldes nur undeutlich hatte sprechen gehört, stimmte mit ein und fragte den Alten, wer und wo er sei. »Er ist der Herr dieses Waldes, und nach dem zu schließen, dass ihr in eurem Alter dies noch nicht erfahren, müsst ihr drüben über dem Tannenbühl oder wohl gar noch weiter zu Hause sein. Vom Holländer-Michel will ich euch aber erzählen was ich weiß, und wie die Sage von ihm geht. Vor etwa hundert Jahren, so erzählte es wenigstens mein Ehni, war weit und breit kein ehrlicher Volk auf Erden, als die Schwarzwälder. Jetzt, seit so viel Geld im Land ist, sind die Menschen unredlich und schlecht. Die jungen Burschen tanzen und johlen am Sonntag und fluchen, dass es ein Schrecken ist; damals war es aber anders, und wenn er jetzt zum Fenster dort hereinschaute, so sag ich's, und hab es oft gesagt, der Holländer-Michel ist schuld an all dieser Verderbnis. Es lebte also vor hundert Jahr und drüber ein reicher Holzherr, der viel Gesind hatte; er handelte bis weit in den Rhein hinab, und sein Geschäft war gesegnet, denn er war ein frommer Mann. Kommt eines Abends ein Mann an seine Türe, dergleichen er noch nie gesehen. Seine Kleidung war wie der Schwarzwälder Bursche, aber er war einen guten Kopf höher als alle, und man hatte noch nie geglaubt, dass es einen solchen Riesen geben könne. Dieser bittet um Arbeit bei dem Holzherrn, und der Holzherr, der ihm ansah, dass er stark und zu großen Lasten tüchtig sei, rechnet mit ihm seinen Lohn, und sie schlagen ein. Der Michel war ein Arbeiter, wie selbiger Holzherr noch keinen gehabt. Beim Baumschlagen galt er für drei, und wenn sechs am einen End schleppten, trug er allein das andere. Als er aber ein halb Jahr Holz geschlagen, trat er eines Tags vor seinen Herrn, und begehrte von ihm: ›Hab jetzt lange genug hier Holz gehackt, und so möcht ich auch sehen, wohin meine Stämme kommen, und wie wär es, wenn ihr mich auch mal auf den Floß ließet?‹

Der Holzherr antwortete: ›Ich will dir nicht im Weg sein, Michel, wenn du ein wenig hinaus willst in die Welt, und zwar beim Holzfällen brauche ich starke Leute wie du bist, auf dem Floß aber kommt es auf Geschicklichkeit an, aber es sei für diesmal.‹

Und so war es; der Floß, mit dem er abgehen sollte, hatte 8 Glaich (Glieder), und waren im letzten von den größten Zimmerbalken. Aber was geschah? Am Abend zuvor bringt der lange Michel noch acht Balken ans Wasser, so dick und lang, als man keinen je sah, und jeden trug er so leicht auf der Schulter, wie eine Flözerstange, sodass sich alles entsetzte. Wo er sie gehauen, weiß bis heute noch niemand. Dem Holzherrn lachte das Herz, als er dies sah, denn er berechnete, was die Balken kosten könnten; Michel aber sagte: ›So, die sind für mich zum Fahren, auf den kleinen Spänen dort kann ich nicht fortkommen‹. Sein Herr wollte ihm zum Dank ein Paar Flözerstiefeln schenken, aber er warf sie auf die Seite, und brachte ein Paar hervor, wie es sonst noch keine gab; mein

Großvater hat versichert, sie haben hundert Pfund gewogen und seien 5 Fuß lang gewesen.

Der Floß fuhr ab, und hatte der Michel früher die Holzhauer in Verwunderung gesetzt, so staunten jetzt die Flözer; denn statt dass der Floß, wie man wegen der ungeheuren Balken geglaubt hatte, langsamer auf dem Fluss ging, flog er, sobald sie in den Neckar kamen, wie ein Pfeil; machte der Neckar eine Wendung, und hatten sonst die Flözer Mühe gehabt, den Floß in der Mitte zu halten und nicht auf Kies oder Sand zu stoßen, so sprang jetzt Michel allemal ins Wasser, rückte mit einem Zug den Floß links oder rechts, sodass er ohne Gefahr vorüberglitt, und kam dann eine gerade Stelle, so lief er aufs erste G'stair (Gelenk) vor, ließ alle ihre Stangen beisetzen, steckte seinen ungeheuren Weberbaum ins Kies, und mit *einem* Druck flog der Floß dahin, dass das Land und Bäume und Dörfer vorbeizujagen schienen. So waren sie in der Hälfte der Zeit, die man sonst brauchte, nach Köln am Rhein gekommen, wo sie sonst ihre Ladung verkauft hatten; aber hier sprach Michel: ›Ihr seid mir rechte Kaufleute, und versteht euren Nutzen! Meinet ihr denn die Kölner brauchen all dies Holz, das aus dem Schwarzwald kömmt, für sich? Nein, um den halben Wert kaufen sie es euch ab, und verhandeln es teuer nach Holland. Lasset uns die kleinen Balken hier verkaufen, und mit den großen nach Holland gehen; was wir über den gewöhnlichen Preis lösen, ist unser eigener Profit.‹

So sprach der arglistige Michel, und die andern waren es zufrieden; die einen, weil sie gerne nach Holland gezogen wären, es zu sehen, die andern des Geldes wegen. Nur ein Einziger war redlich und mahnte sie ab, das Gut ihres Herrn der Gefahr auszusetzen, oder ihn um den höheren Preis zu betrügen, aber sie hörten nicht auf ihn und vergaßen seine Worte, aber der Holländer-Michel vergaß sie nicht. Sie fuhren auch mit dem Holz den Rhein hinab, Michel leitete den Floß und brachte sie schnell bis nach Rotterdam. Dort bot man ihnen das Vierfache von dem früheren Preis, und besonders die ungeheuren Balken des Michel wurden mit schwerem Geld bezahlt. Als die Schwarzwälder so viel Geld sahen, wussten sie sich vor Freude nicht zu fassen. Michel teilte ab; einen Teil dem Holzherrn, die drei andern unter die Männer. Und nun setzten sie sich mit Matrosen und anderem schlechtem Gesindel in die Wirtshäuser, verschlemmten und verspielten ihr Geld, den braven Mann aber, der ihnen abgeraten, verkaufte der Holländer-Michel an einen Seelenverkäufer, und man hat nichts mehr von ihm gehört. Von da an war den Burschen im Schwarzwald Holland das Paradies, und Holländer-Michel ihr König; die Holzherren erfuhren lange nichts von dem Handel, und unvermerkt kamen Geld, Flüche, schlechte Sitten, Trunk und Spiel aus Holland herauf.

Der Holländer-Michel war aber, als die Geschichte herauskam, nirgends zu finden, aber tot ist er auch nicht; seit hundert Jahren treibt er seinen Spuk im Wald, und man sagt, dass er schon vielen behülflich gewesen sei, reich zu werden, aber – auf Kosten ihrer armen Seele, und mehr will ich nicht sagen. Aber so viel ist gewiss, dass er noch jetzt in solchen Sturmnächten im Tannenbühl, wo man nicht hauen soll, überall die schönsten Tannen aussucht, und mein Vater hat ihn eine vier Schuh dicke umbrechen sehen, wie ein Rohr. Mit diesen beschenkt er die, welche sich vom Rechten abwenden, und zu ihm gehen; um Mitternacht bringen sie dann die G'stair ins Wasser, und er rudert mit ihnen nach Holland. Aber wäre ich Herr und König in Holland, ich ließe ihn mit Kartätschen in den Boden schmettern, denn alle Schiffe, die von dem Holländer-Michel auch nur *einen* Balken haben, müssen untergehen. Daher kommt es, dass man so viel von Schiffbrüchen hört; wie könnte denn sonst ein schönes, starkes Schiff, so groß wie eine Kirche, zu Grund gehen auf dem Wasser? Aber sooft Holländer-Michel in einer Sturmnacht im Schwarzwald eine Tanne fällt, springt eine seiner alten aus den Fugen des Schiffes; das Wasser dringt ein, und das Schiff ist mit Mann und Maus verloren. Das ist die Sage vom Holländer-Michel, und wahr ist es, alles Böse im Schwarzwald schreibt sich von ihm her; oh!, er kann einen reich machen!«, setzte der Greis geheimnisvoll hinzu, »aber ich möchte nichts von ihm haben; ich möchte um keinen Preis in der Haut des dicken Ezechiel, und des langes Schlurkers stecken; auch der Tanzbodenkönig soll sich ihm ergeben haben!«

Der Sturm hatte sich während der Erzählung des Alten gelegt; die Mädchen zündeten schüchtern die Lampen an, und gingen weg; die Männer aber legten Peter Munk einen Sack voll Laub als Kopfkissen auf die Ofenbank, und wünschten ihm gute Nacht.

Kohlen-Munk-Peter hatte noch nie so schwere Träume gehabt, wie in dieser Nacht; bald glaubte er der finstere riesige Holländer-Michel reiße die Stubenfenster auf, und reiche mit seinem ungeheuer langen Arm einen Beutel voll Goldstücke herein, die er untereinander schüttelte, dass es hell und lieblich klang; bald sah er wieder das kleine, freundliche Glasmännlein auf einer ungeheuren, grünen Flasche im Zimmer umherreiten, und er meinte das heisere Lachen wieder zu hören, wie im Tannenbühl; dann brummte es ihm wieder ins linke Ohr:

>»In Holland gibt's Gold,
Könnet's haben, wenn ihr wollt
Um geringen Sold
Gold, Gold.«

Dann hörte er wieder in sein rechtes Ohr das Liedchen vom Schatzhauser im grünen Tannenwald, und eine zarte Stimme flüsterte: »Dummer Kohlen-Peter, dummer Peter Munk kannst kein Sprüchlein reimen auf ›stehen‹, und bist doch am Sonntag geboren Schlag zwölf Uhr. Reime, dummer Peter, reime!«

Er ächzte, er stöhnte im Schlaf, er mühte sich ab, einen Reim zu finden, aber da er in seinem Leben noch keinen gemacht hatte, war seine Mühe im Traum vergebens. Als er aber mit dem ersten Frührot erwachte, kam ihm doch sein Traum sonderbar vor; er setzte sich mit verschränkten Armen hinter den Tisch, und dachte über die Einflüsterungen nach, die ihm noch immer im Ohr lagen. »Reime, dummer Kohlen-Munk-Peter, reime«, sprach er zu sich, und pochte mit dem Finger an seine Stirne, aber es wollte kein Reim hervorkommen. Als er noch so dasaß, und trübe vor sich hinschaute, und an den Reim auf »stehen« dachte, da zogen drei Burschen vor dem Haus vorbei in den Wald, und einer sang im Vorübergehen:

> »Am Berge tat ich stehen
> Und schaute in das Tal,
> Da hab ich sie gesehen
> Zum allerletzten Mal.«

Das fuhr wie ein leuchtender Blitz durch Peters Ohr, und hastig raffte er sich auf, stürzte aus dem Haus, weil er meinte, nicht recht gehört zu haben, sprang den drei Burschen nach, und packte den Sänger hastig und unsanft beim Arm. »Halt Freund!«, rief er, »was habt ihr da auf ›stehen‹ gereimt, tut mir die Liebe und sprecht, was ihr gesungen.«

»Was ficht's dich an, Bursche?«, entgegnete der Schwarzwälder. »Ich kann singen was ich will, und lass gleich meinen Arm los, oder –«

»Nein, sagen sollst du, was du gesungen hast!«, schrie Peter beinahe außer sich und packte ihn noch fester an; die zwei andern aber, als sie dies sahen, zögerten nicht lange, sondern fielen mit derben Fäusten über den armen Peter her, und walkten ihn derb, bis er vor Schmerzen das Gewand des dritten ließ, und erschöpft in die Knie sank. »Jetzt hast du dein Teil«, sprachen sie lachend, »und merk dir, toller Bursche, dass du Leute, wie wir sind, nimmer anfällst auf offenem Wege.«

»Ach, ich will es mir gewisslich merken!«, erwiderte Kohlen-Peter seufzend; »aber so ich die Schläge habe, seid so gut und saget deutlich, was jener gesungen.«

Da lachten sie aufs Neue, und spotteten ihn aus; aber der das Lied gesungen hatte, sagte es ihm vor, und lachend und singend zogen sie weiter.

»Also ›sehen‹«, sprach der arme Geschlagene, indem er sich mühsam aufrichtete; »›sehen‹ und ›stehen‹, jetzt, Glasmännlein, wollen wir wieder ein Wort zusammen sprechen.« Er ging in die Hütte, holte seinen Hut und den langen Stock, nahm Abschied von den Bewohnern der Hütte, und trat seinen Rückweg nach dem Tannenbühl an. Er ging langsam und sinnend seine Straße, denn er musste ja seinen Vers ersinnen; endlich, als er schon in dem Bereich des Tannenbühls ging, und die Tannen höher und dichter wurden, hatte er auch seinen Vers gefunden, und machte vor Freuden einen Sprung in die Höhe. Da trat ein riesengroßer Mann in Flözerkleidung, und eine Stange, so lang wie ein Mastbaum in der Hand, hinter den Tannen hervor. Peter Munk sank beinahe in die Knie, als er jenen langsamen Schrittes neben sich wandeln sah; denn er dachte, das ist der Holländer-Michel, und kein anderer. Noch immer schwieg die furchtbare Gestalt, und Peter schielte zuweilen furchtsam nach ihm hin. Er war wohl einen Kopf größer, als der längste Mann, den Peter je gesehen, sein Gesicht war nicht mehr jung, doch auch nicht alt, aber voll Furchen und Falten; er trug ein Wams von Leinwand, und die ungeheuren Stiefeln, über die Lederbeinkleider heraufgezogen, waren Peter aus der Sage wohlbekannt.

»Peter Munk, was tust du im Tannenbühl?«, fragte der Waldkönig endlich mit tiefer, dröhnender Stimme.

»Guten Morgen, Landsmann«, antwortete Peter, indem er sich unerschrocken zeigen wollte, aber heftig zitterte, »ich will durch den Tannenbühl nach Haus zurück.«

»Peter Munk«, erwiderte jener, und warf einen stechenden furchtbaren Blick nach ihm herüber, »dein Weg geht nicht durch diesen Hain.«

»Nun, so gerade just nicht«, sagte jener, »aber es macht heute warm, da dachte ich, es wird hier kühler sein.«

»Lüge nicht, du, Kohlen-Peter!«, rief Holländer-Michel mit donnernder Stimme, »oder ich schlag dich mit der Stange zu Boden; meinst, ich hab dich nicht betteln sehen bei dem Kleinen?«, setzte er sanft hinzu. »Geh, geh, das war ein dummer Streich, und gut ist es, dass du das Sprüchlein nicht wusstest; er ist ein Knauser, der kleine Kerl, und gibt nicht viel, und wem er gibt, der wird seines Lebens nicht froh. – Peter du bist ein armer Tropf, und dauerst mich in der Seele; so ein munterer, schöner Bursche, der in der Welt was anfangen könnte, und sollst Kohlen brennen! Wenn andere große Taler oder Dukaten aus dem Ärmel schütteln, kannst du kaum ein paar Sechser aufwenden; 's ist ein ärmlich Leben.«

»Wahr ist's; und recht habt ihr; ein elendes Leben.«

»Na, mir soll's nicht drauf ankommen«, fuhr der schreckliche Michel fort; »hab schon manchem braven Kerl aus der Not geholfen, und du wärst nicht der erste. Sag einmal, wie viel hundert Taler brauchst du fürs Erste?«

Bei diesen Worten schüttelte er das Geld in seiner ungeheuren Tasche untereinander, und es klang wieder wie diese Nacht im Traum. Aber Peters Herz zuckte ängstlich und schmerzhaft bei diesen Worten, es wurde ihm kalt und warm, und der Holländer-Michel sah nicht aus, wie wenn er aus Mitleid Geld wegschenkte, ohne etwas dafür zu verlangen. Es fielen ihm die geheimnisvollen Worte des alten Mannes über die reichen Menschen ein, und von unerklärlicher Angst und Bangigkeit gejagt, rief er: »Schönen Dank, Herr! Aber mit euch will ich nichts zu schaffen haben, und ich kenn euch schon« und lief, was er laufen konnte. – Aber der Waldgeist schritt mit ungeheuren Schritten neben ihm her, und murmelte dumpf und drohend: »Wirst's noch bereuen, Peter, wirst noch zu mir kommen; auf deiner Stirne steht's geschrieben, in deinem Auge ist's zu lesen; du entgehst mir nicht. – Lauf nicht so schnell, höre nur noch ein vernünftig Wort, dort ist schon meine Grenze.« Aber als Peter dies hörte, und unweit vor ihm einen kleinen Graben sah, beeilte er sich nur noch mehr, über die Grenze zu kommen, sodass Michel am Ende schneller laufen musste und unter Flüchen und Drohungen ihn verfolgte. Der junge Mann setzte mit einem verzweifelten Sprung über den Graben, denn er sah, wie der Waldgeist mit seiner Stange ausholte, und sie auf ihn niederschmettern lassen wollte; er kam glücklich jenseits an, und die Stange zersplitterte in der Luft, wie an einer unsichtbaren Mauer, und ein langes Stück fiel zu Peter herüber.

Triumphierend hob er es auf, um es dem groben Holländer-Michel zuzuwerfen, aber in diesem Augenblick fühlte er das Stück Holz in seiner Hand sich bewegen, und zu seinem Entsetzen sah er, dass es eine ungeheure Schlange sei, was er in der Hand hielt, die sich schon mit geifernder Zunge und blitzenden Augen an ihm hinaufbäumte. Er ließ sie los, aber sie hatte sich schon fest um seinen Arm gewickelt und kam mit schwankendem Kopf seinem Gesicht immer näher; da rauschte auf einmal ein ungeheurer Auerhahn nieder, packte den Kopf der Schlange mit dem Schnabel, erhob sich mit ihr in die Lüfte, und Holländer-Michel, der dies alles von dem Graben aus gesehen hatte, heulte und schrie und raste, als die Schlange von einem Gewaltigern entführt ward.

Erschöpft und zitternd setzte Peter seinen Weg fort; der Pfad wurde steiler, die Gegend wilder, und bald fand er sich wieder an der ungeheuren Tanne. Er machte wieder wie gestern seine Verbeugungen gegen das unsichtbare Glasmännlein, und hub dann an:

> »Schatzhauser im grünen Tannenwald
> Bist schon viel' hundert Jahre alt,
> Dein ist all' Land wo Tannen stehn,
> Lässt dich nur Sonntagskindern sehn.«

»Hast's zwar nicht ganz getroffen, aber weil du es bist, Kohlen-Munk-Peter, so soll es so hingehen«, sprach eine zarte, feine Stimme neben ihm. Erstaunt sah er sich um, und unter einer schönen Tanne saß ein kleines, altes Männlein, in schwarzem Wams und roten Strümpfen, und den großen Hut auf dem Kopf. Er hatte ein feines, freundliches Gesichtchen, und ein Bärtchen so zart wie aus Spinnweben; er rauchte, was sonderbar anzusehen war, aus einer Pfeife von blauem Glas und als Peter näher trat, sah er zu seinem Erstaunen, dass auch Kleider, Schuhe und Hut des Kleinen aus gefärbtem Glas bestanden; aber es war geschmeidig, als ob es noch heiß wäre, denn es schmiegte sich wie ein Tuch nach jeder Bewegung des Männleins.

»Du hast dem Flegel begegnet, dem Holländer-Michel?«, sagte der Kleine, indem er zwischen jedem Wort sonderbar

hüstelte; »er hat dich recht ängstigen wollen, aber seinen Kunstprügel habe ich ihm abgejagt, den soll er nimmer wiederkriegen.«

»Ja, Herr Schatzhauser«, erwiderte Peter mit einer tiefen Verbeugung, »es war mir recht bange. Aber ihr seid wohl der Herr Auerhahn gewesen, der die Schlange totgebissen; da bedanke ich mich schönstens. – Ich komme aber, um mich Rats zu erholen bei euch; es geht mir gar schlecht und hinderlich; ein Kohlenbrenner bringt es nicht weit; und da ich noch jung bin, dächte ich doch, es könnte noch was Besseres aus mir werden; und wenn ich oft andere sehe, wie weit die es in kurzer Zeit gebracht haben; wenn ich nur den Ezechiel nehme und den Tanzbodenkönig; die haben Geld wie Heu.«

»Peter«, sagte der Kleine sehr ernst, und blies den Rauch aus seiner Pfeife weit hinweg; »Peter, sag mir nichts von *diesen*. Was haben sie davon, wenn sie hier ein paar Jahre dem Schein nach glücklich, und dann nachher desto unglücklicher sind? Du musst dein Handwerk nicht verachten; dein Vater und Großvater waren Ehrenleute und haben es auch getrieben, Peter Munk! ich will nicht hoffen, dass es Liebe zum Müßiggang ist, was dich zu mir führt.«

Peter erschrak vor dem Ernst des Männleins und errötete. »Nein«, sagte er, »Müßiggang, weiß ich wohl, Herr Schatzhauser im Tannenwald, Müßiggang ist aller Laster Anfang, aber das könnet ihr mir nicht übelnehmen, wenn mir ein anderer Stand besser gefällt, als der meinige. Ein Kohlenbrenner ist halt so gar etwas Geringes auf der Welt, und die Glasleute und Flözer und Uhrmacher und alle sind angesehener.«

»Hochmut kommt oft vor dem Fall«, erwiderte der kleine Herr vom Tannenwald etwas freundlicher; »ihr seid ein sonderbar Geschlecht, ihr Menschen! Selten ist einer mit dem Stand ganz zufrieden, in dem er geboren und erzogen ist, und was gilt's, wenn du ein Glasmann wärest, möchtest du gern ein Holzherr sein, und wärest du Holzherr, so stünde dir des Försters Dienst, oder des Amtmanns Wohnung an. Aber es sei; wenn du versprichst, brav zu arbeiten, so will ich dir zu etwas Besserem verhelfen, Peter. Ich pflege jedem Sonntagskind, das sich zu mir zu finden weiß, drei Wünsche zu gewähren; die ersten zwei sind frei; den dritten kann ich verweigern, wenn er töricht ist. So wünsche dir also jetzt etwas; aber – Peter, etwas Gutes und Nützliches.«

»Heisa! Ihr seid ein treffliches Glasmännlein, und mit Recht nennt man euch Schatzhauser, denn bei euch sind die Schätze zu Hause. Nu – und also darf ich wünschen, wonach mein Herz begehrt, so will ich denn fürs Erste, dass ich noch besser tanzen könne, als der Tanzbodenkönig, und jedes Mal noch einmal so viel Geld ins Wirtshaus bringe als der dicke Ezechiel.«

»Du Tor!«, erwiderte der Kleine zürnend. »Welch ein erbärmlicher Wunsch ist dies, gut tanzen zu können, und Geld zum Spiel zu haben. Schämst du dich nicht, dummer Peter, dich selbst so um dein Glück zu betrügen? Was nützt es dir und deiner armen Mutter, wenn du tanzen kannst? Was nützt dir dein Geld, das nach deinem Wunsch nur für das Wirtshaus ist, und wie das des elenden Tanzbodenkönigs dort bleibt. Dann hast du wieder die ganze Woche nichts, und darbst wie zuvor. Noch *einen*

Wunsch gebe ich dir frei, aber sieh dich vor, dass du vernünftiger wünschest.«

Peter kraulte sich hinter den Ohren, und sprach nach einigem Zögern: »Nun so wünsche ich mir die schönste und reichste Glashütte im ganzen Schwarzwald, mit allem Zugehör, und Geld, sie zu leiten.«

»Sonst nichts?«, fragte der Kleine mit besorglicher Miene. »Peter, sonst nichts?«

»Nu – Ihr könnet noch ein Pferd dazutun, und ein Wägelchen –«

»Oh, du dummer Kohlen-Munk-Peter!«, rief der Kleine, und warf seine gläserne Pfeife im Unmut an eine dicke Tanne, dass sie in hundert Stücke sprang, »Pferde, Wägelchen? Verstand, sag ich dir, Verstand, gesunden Menschenverstand und Einsicht hättest du wünschen sollen, aber nicht Pferdchen und Wägelchen. Nun, werde nur nicht so traurig, wir wollen sehen, dass es auch so nicht zu deinem Schaden ist; denn der zweite Wunsch war im Ganzen nicht töricht; eine gute Glashütte nährt auch ihren Mann und Meister, nur hättest du Einsicht und Verstand dazu mitnehmen können, Wagen und Pferde wären dann wohl von selbst gekommen.«

»Aber, Herr Schatzhauser«, erwiderte Peter, »ich habe ja noch einen Wunsch übrig; da könnte ich ja Verstand wünschen, wenn er mir so überaus nötig ist, wie ihr meinet.«

»Nichts da; du wirst noch in manche Verlegenheit kommen, wo du froh sein wirst, wenn du noch einen Wunsch frei hast; und nun mache dich auf den Weg nach Hause. Hier sind«, sprach der kleine Tannengeist, indem er ein kleines Beutelein aus der Tasche zog, »hier sind zweitausend Gulden, und damit genug, und komm mir nicht wieder, um Geld zu fordern, denn dann müsste ich dich an die höchste Tanne aufhängen; so hab ich's gehalten, seit ich in dem Wald wohne. Vor drei Tagen aber ist der alte Winkfritz gestorben, der die große Glashütte gehabt hat im Unterwald. Dorthin gehe morgen frühe, und mach ein Bot auf das Gewerbe, wie es recht ist. Halt dich wohl, sei fleißig und ich will dich zuweilen besuchen, und dir mit Rat und Tat an die Hand gehen, weil du dir doch keinen Verstand erbeten; aber, und das sag ich dir ernstlich, dein erster Wunsch war böse; nimm dich in acht vor dem Wirthauslaufen; Peter! 's hat noch bei keinem lange gut getan.« Das Männlein hatte, während es dies sprach, eine neue Pfeife vom schönsten Beinglas hervorgezogen, sie mit gedörrten Tannenzapfen gestopft, und in den kleinen, zahnlosen Mund gesteckt. Dann zog er ein ungeheures Brennglas hervor, trat in die Sonne, und zündete seine Pfeife an. Als er damit fertig war, bot er dem Peter freundlich die Hand, gab ihm noch ein paar gute Lehren auf den Weg, rauchte und blies immer schneller, und verschwand endlich in einer Rauchwolke, die nach echtem holländischen Tabak roch, und langsam sich kräuselnd in den Tannenwipfeln verschwebte.

Als Peter nach Haus kam, fand er seine Mutter sehr in Sorgen um ihn, denn die gute Frau glaubte nicht anders, als ihr Sohn sei zum Soldaten ausgehoben worden. Er aber war fröhlich und guter Dinge, und erzählte ihr, wie er im Wald einen guten Freund getroffen, der ihm Geld vorgeschossen habe, um ein anderes Geschäft, als Kohlenbrennen, anzufangen. Obgleich seine Mutter schon seit dreißig Jahren in der Köhlerhütte wohnte, und an den Anblick berußter Leute so gewöhnt war, als jede Müllerin an das Mehlgesicht ihres Mannes, so war sie doch eitel genug, sobald ihr Peter ein glänzenderes Los zeigte, ihren früheren Stand zu verachten, und sprach: »Ja, als Mutter eines Mannes, der eine Glashütte besitzt, bin ich doch etwas anderes, als Nachbarin Grete und Bete, und setze mich in Zukunft vornehin in der Kirche, wo rechte Leute sitzen.« Ihr Sohn aber wurde mit den Erben der Glashütte bald handelseinig; er behielt die Arbeiter, die er vorfand, bei sich, und ließ nun Tag und Nacht Glas machen. Anfangs gefiel ihm das Handwerk wohl; er pflegte gemächlich in die Glashütte hinabzusteigen, ging dort mit vornehmen Schritten, die Hände in die Taschen gesteckt, hin und her, guckte dahin, guckte dorthin, sprach dies und jenes, worüber seine Arbeiter oft nicht wenig lachten, und seine größte Freude war das Glasblasen zu sehen, und oft machte er sich selbst an die Arbeit, und formte aus der noch weichen Masse die sonderbarsten Figuren. Bald aber war ihm die Arbeit entleidet, und er kam zuerst nur noch eine Stunde des Tages in die Hütte, dann nur alle zwei Tage, endlich die Woche nur einmal, und seine Gesellen machten was sie wollten. Das alles kam aber nur vom Wirtshauslaufen; den Sonntag, nachdem er vom Tannenbühl zurückgekommen war, ging er ins Wirtshaus, und wer schon auf dem Tanzboden sprang, war der Tanzbodenkönig, und der dicke Ezechiel saß auch schon hinter der Maßkanne, und knö-

chelte um Kronentaler. Da fuhr Peter schnell in die
Tasche, zu sehen, ob ihm das Glasmännlein Wort gehalten, und siehe, seine Tasche strotzte von Silber und Gold;
auch in seinen Beinen zuckte und drückte es, wie wenn
sie tanzen und springen wollten, und als der erste Tanz
zu Ende war, stellte er sich mit seiner Tänzerin obenan,
neben den Tanzbodenkönig, und sprang dieser drei
Schuh hoch, so flog Peter vier, und machte dieser wunderliche und zierliche Schritte, so verschlang und drehte
Peter seine Füße, dass alle Zuschauer vor Lust und Verwunderung beinahe außer sich kamen. Als man aber auf
dem Tanzboden vernahm, dass Peter eine Glashütte gekauft habe, als man sah, dass er, sooft er an den Musikanten vorbeitanzte, ihnen einen Sechsbätzner zuwarf, da
war des Staunens keine Ende; die einen glaubten, er habe
einen Schatz im Wald gefunden, die andern meinten, er
habe eine Erbschaft getan, aber alle verehrten ihn jetzt,
und hielten ihn für einen gemachten Mann, nur weil er
Geld hatte. Verspielte er doch noch an demselben Abend
zwanzig Gulden, und nichtsdestominder rasselte und
klang es in seiner Tasche, wie wenn noch hundert Taler
darin wären.

Als Peter sah, wie angesehen er war, wusste er sich vor
Freude und Stolz nicht zu fassen. Er warf das Geld mit
vollen Händen weg, und teilte es den Armen reichlich
mit, wusste er doch, wie ihn selbst einst die Armut ge-
drückt hatte. Des Tanzbodenkönigs Künste wurden vor
den übernatürlichen Künsten des neuen Tänzers zu-
schanden, und Peter führte jetzt den Namen Tanzkaiser.
Die unternehmendsten Spieler am Sonntag wagten nicht

so viel wie er, aber sie verloren auch nicht so viel. Und je mehr er verlor, desto mehr gewann er; das verhielt sich aber ganz so, wie er es vom kleinen Glasmännlein verlangt hatte; er hatte sich gewünscht, immer so viel Geld in der Tasche zu haben, wie der dicke Ezechiel, und gerade dieser war es, an welchen er sein Geld verspielte; und wenn er zwanzig, dreißig Gulden auf einmal verlor, so hatte er sie alsobald wieder in der Tasche, wenn sie Ezechiel einstrich. Nach und nach brachte er es aber im Schlemmen und Spielen weiter als die schlechtesten Gesellen im Schwarzwald, und man nannte ihn öfter Spiel-Peter, als Tanzkaiser, denn er spielte jetzt auch beinahe an allen Werktagen. Darüber kam aber seine Glashütte nach und nach in Verfall, und daran war Peters Unverstand schuld. Glas ließ er machen, so viel man immer machen konnte, aber er hatte mit der Hütte nicht zugleich das Geheimnis gekauft, wohin man es am besten verschleißen könne. Er wusste am Ende mit der Menge Glas nichts anzufangen, und verkaufte es um den halben Preis an herumziehende Händler, nur um seine Arbeiter bezahlen zu können.

Eines Abends ging er auch wieder vom Wirtshaus heim, und dachte trotz des vielen Weines, den er getrunken, um sich fröhlich zu machen, mit Schrecken und Gram an den Verfall seines Vermögens; da bemerkte er auf einmal, dass jemand neben ihm gehe, er sah sich um, und siehe da – es war das Glasmännlein. Da geriet er in Zorn und Eifer, vermaß sich hoch und teuer, und schwur, der Kleine sei an all seinem Unglück schuld. »Was tu ich nun mit Pferd und Wägelchen?«, rief er, »was nutzt mich die Hütte und all mein Glas? Selbst als ich noch ein elender Köhlersbursch war, lebte ich froher, und hatte keine Sorgen; jetzt weiß ich nicht, wenn der Amtmann kommt, und meine Habe schätzt, und mir vergantet der Schulden wegen!«

»So?«, entgegnete das Glasmännlein; »so? Ich also soll schuld daran sein, wenn du unglücklich bist? Ist dies der Dank für meine Wohltaten? Wer hieß dich auch so töricht wünschen? Ein Glasmann wolltest du sein, und wusstest nicht wohin dein Glas verkaufen? Sagte ich dir nicht, du solltest behutsam wünschen? Verstand, Peter, Klugheit hat dir gefehlt.«

»Was Verstand und Klugheit!«, rief jener, »ich bin ein so kluger Bursche als irgendeiner, und will es dir zeigen, Glasmännlein«, und bei diesen Worten fasste er das Männlein unsanft am Kragen und schrie: »Hab ich dich jetzt, Schatzhauser im grünen Tannenwald? Und den dritten Wunsch will ich jetzt tun, den sollst du mir gewähren; und so will ich hier auf der Stelle zweimal hunderttausend harte Taler, und ein Haus und – o weh!«, schrie er und schüttelte die Hand, denn das Waldmännchen hatte sich in glühendes Glas verwandelt und brannte in seiner Hand wie sprühendes Feuer. Aber von dem Männlein war nichts mehr zu sehen.

Mehrere Tage lang erinnerte ihn seine geschwollene Hand an seine Undankbarkeit und Torheit; dann aber übertäubte er sein Gewissen und sprach: »Und wenn sie mir die Glashütte und alles verkaufen, so bleibt mir doch noch immer der dicke Ezechiel; solange der Geld hat am Sonntag, kann es mir nicht fehlen.«

Ja Peter! Aber wenn er keines hat? Und so geschah es eines Tages und war ein wunderliches Rechenexempel. Denn eines Sonntags kam er angefahren ans Wirtshaus, und die Leute streckten die Köpfe durch die Fenster, und der eine sagte: »Da kommt der Spiel-Peter«, und der andere: »Ja der Tanzkaiser, der reiche Glasmann«, und ein dritter schüttelte den Kopf und sprach: »Mit dem Reichtum kann man es machen, man sagt allerlei von seinen Schulden, und in der Stadt hat einer gesagt, der Amtmann werde nicht mehr lang säumen zum Auspfänden.« Indessen grüßte der reiche Peter die Gäste am Fenster vornehm und gravitätisch, stieg vom Wagen und schrie: »Sonnenwirt, guten Abend, ist der dicke Ezechiel schon da?« Und eine tiefe Stimme rief: »Nur herein Peter! Dein Platz ist dir aufbehalten, wir sind schon da und bei den Karten.« So trat Peter Munk in die Wirtsstube, und fuhr gleich in die Tasche, und merkte, dass Ezechiel gut versehen sein müsse, denn seine Tasche war bis oben angefüllt.

Er setzte sich hinter den Tisch zu den andern, und spielte und gewann und verlor hin und her, und so spielten sie, bis andere ehrliche Leute, als es Abend wurde, nach Hause gingen, und spielten bei Licht, bis zwei andere Spieler sagten: »Jetzt ist's genug, und wir müssen heim zu Frau und Kind.« Aber Spiel-Peter forderte den dicken Ezechiel auf zu bleiben; dieser wollte lange nicht, endlich aber rief er: »Gut, jetzt will ich mein Geld zählen und dann wollen wir knöcheln, den Satz um 5 Gulden, denn niederer ist es doch nur Kinderspiel.« Er zog den Beutel und zählte, und fand hundert Gulden bar, und Spiel-Peter wusste nun wie viel er selbst habe und brauchte es nicht erst zu zählen. Aber hatte

Ezechiel vorher gewonnen, so verlor er jetzt Satz für Satz, und fluchte gräulich dabei. Warf er einen Pasch, gleich warf Spiel-Peter auch einen, und immer zwei Augen höher. Da setzte er endlich die letzten fünf Gulden auf den Tisch und rief: »Noch einmal, und wenn ich auch den noch verliere, so höre ich doch nicht auf, dann leihst du mir von deinem Gewinn, Peter, ein ehrlicher Kerl hilft dem andern!«

»So viel du willst, und wenn es hundert Gulden sein sollten«, sprach der Tanzkaiser, fröhlich über seinen Gewinn, und der dicke Ezechiel schüttelte die Würfel und warf 15. »Pasch!«, rief er, »jetzt wollen wir sehen!« Peter aber warf 18, und eine heisere bekannte Stimme hinter ihm sprach: »So, das war der *Letzte*.«

Er sah sich um, und riesengroß stand der Holländer-Michel hinter ihm; erschrocken ließ er das Geld fallen, das er schon eingezogen hatte. Aber der dicke Ezechiel sah den Waldmann nicht, sondern verlangte, der Spiel-Peter solle ihm 10 Gulden vorstrecken zum Spiel; halb im Traum fuhr dieser mit der Hand in die Tasche, aber da war kein Geld, er suchte in der andern Tasche, aber auch da fand sich nichts, er kehrte den Rock um, aber es fiel kein roter Heller heraus, und jetzt erst gedachte er seines eigenen ersten Wunsches, immer doppelt so viel Geld zu haben, als der dicke Ezechiel. Wie Rauch war alles verschwunden.

Der Wirt und Ezechiel sahen in staunend an, als er immer suchte und sein Geld nicht finden konnte, sie wollten ihm nicht glauben, dass er keines mehr habe, aber als sie endlich selbst in seinen Taschen suchten, wurden sie zornig und schwuren, der Spiel-Peter sei ein böser Zauberer,

und habe all das gewonnene Geld und sein eigenes nach
Hause gewünscht. Peter verteidigte sich standhaft, aber
der Schein war gegen ihn; Ezechiel sagte, er wolle die
schreckliche Geschichte allen Leuten im Schwarzwald erzählen, und der Wirt versprach ihm, morgen mit dem
frühesten in die Stadt zu gehen, und Peter Munk als Zau-

berer anzuklagen, und er wolle es erleben, setzte er hinzu, dass man ihn verbrenne. Dann fielen sie wütend über ihn her, rissen ihm das Wams vom Leib und warfen ihn zur Türe hinaus.

Kein Stern schien am Himmel, als Peter trübselig seiner Wohnung zuschlich, aber dennoch konnte er eine dunkle Gestalt erkennen, die neben ihm her schritt und endlich sprach: »Mit dir ist's aus, Peter Munk, all deine Herrlichkeit ist zu Ende, und das hätt ich dir schon damals sagen können, als du nichts von mir hören wolltest, und zu dem dummen Glaszwerg liefst. Da siehst du jetzt, was man davon hat, wenn man meinen Rat verachtet. Aber versuch es einmal mit mir, ich habe Mitleiden mit deinem Schicksal; noch keinen hat es gereut, der sich an mich wandte, und wenn du den Weg nicht scheust, morgen den ganzen Tag bin ich am Tannenbühl zu sprechen, wenn du mich rufst.« Peter merkte wohl, wer so zu ihm spreche, aber es kam ihn ein Grauen an; er antwortete nichts, sondern lief seinem Haus zu.

Zweite Abteilung

Als Peter am Montagmorgen in seine Glashütte ging, da waren nicht nur seine Arbeiter da, sondern auch andere Leute, die man nicht gerne sieht, nämlich der Amtmann und drei Gerichtsdiener. Der Amtmann wünschte Petern einen guten Morgen, fragte wie er geschlafen, und zog dann ein langes Register heraus, und darauf waren Peters Gläubiger verzeichnet. »Könnt ihr zahlen oder nicht?«, fragte der Amtmann mit strengem Blick, »und macht es nur kurz, denn ich habe nicht viel Zeit zu versäumen, und in den Turm ist es drei gute Stunden.« Da verzagte Peter, gestand, dass er nichts mehr habe, und überließ es dem Amtmann, Haus und Hof, Hütte und Stall, Wagen und Pferde zu schätzen; und als die Gerichtsdiener und der Amtmann umhergingen und prüften und schätzten, dachte er, bis zum Tannenbühl ist's nicht weit, hat mir der *Kleine* nichts geholfen, so will ich es einmal mit dem *Großen* versuchen. Er lief dem Tannenbühl zu, so schnell, als ob die Gerichtsdiener ihm auf den Fersen wären, es war ihm, als er an dem Platz vorbeirannte, wo er das Glasmännlein zuerst gesprochen, als halte ihn eine unsichtbare Hand auf, aber er riss sich los und lief weiter, bis an die Grenze, die er sich früher wohl gemerkt hatte, und kaum hatte er, beinahe atemlos, »Holländer-Michel, Herr Holländer-Michel« gerufen, als auch schon der riesengroße Flözer mit seiner Stange vor ihm stand.

»Kommst du?«, sprach dieser lachend; »haben sie dir die Haut abziehen und deinen Gläubigern verkaufen wollen? Nu, sei ruhig; dein ganzer Jammer kommt, wie gesagt, von dem kleinen Glasmännlein, von dem Separatisten und Frömmler her. Wenn man schenkt, muss man gleich recht schenken, und nicht wie dieser Knauser. Doch komm«, fuhr er aufmunternd fort, und wandte sich gegen den Wald, »folge mir in mein Haus, dort wollen wir sehen, ob wir *handelseinig* werden.«

Handelseinig?, dachte Peter. Was kann er denn von mir verlangen, was kann ich an ihn verhandeln? Soll ich ihm etwa dienen, oder was will er? Sie gingen zuerst über einen steilen Waldsteig hinan, und standen dann mit einem Mal an einer dunkeln, tiefen, abschüssigen Schlucht; Holländer-Michel sprang den Felsen hinab, wie wenn es eine sanfte Marmortreppe wäre; aber bald wäre Peter in Ohnmacht gesunken, denn als jener unten angekommen war, machte er sich so groß wie ein Kirchturm und reichte ihm einen Arm, so lange als ein Weberbaum, und eine Hand daran, so breit als der Tisch im Wirtshaus, und rief mit einer Stimme, die heraufschallte wie eine tiefe Totenglocke: »Setz dich nur auf meine Hand und halte dich an den Fingern, so wirst du nicht fallen.« Peter tat zitternd, wie jener befohlen, nahm Platz auf der Hand, und hielt sich am Daumen des Riesen.

Es ging weit und tief hinab, aber dennoch ward es zu Peters Verwunderung nicht dunkler, im Gegenteil, die Tageshelle schien sogar zuzunehmen in der Schlucht, aber er konnte sie lange in den Augen nicht ertragen. Der Holländer-Michel hatte sich, je weiter Peter herabkam, wieder kleiner gemacht, und stand nun in seiner früheren Gestalt vor einem Haus, so gering oder gut, als es reiche Bauern aus dem Schwarzwald haben. Die Stube, worein Peter geführt wurde, unterschied sich durch nichts von den Stuben anderer Leute als dadurch, dass sie einsam schien.

Die hölzerne Wanduhr, der ungeheure Kachelofen, die breiten Bänke, die Gerätschaften auf den Gesimsen, waren hier wie überall. Michel wies ihm einen Platz hinter dem großen Tisch an, ging dann hinaus, und kam bald mit einem Krug Wein und Gläsern wieder. Er goss ein und nun schwatzten sie, und Holländer-Michel erzählte von den Freuden der Welt, von fremden Ländern, schönen Städten und Flüssen, dass Peter, am Ende große Sehnsucht darnach bekommend, dies auch offen dem Holländer erzählte.

»Wenn du im ganzen Körper Mut und Kraft etwas zu unternehmen hattest, da konnten ein paar Schläge des dummen Herzens dich zittern machen; und dann die Kränkungen der Ehre, das Unglück, für was soll sich ein vernünftiger Kerl um dergleichen bekümmern? Hast du's im Kopf empfunden, als dich letzthin einer einen Betrüger und schlechten Kerl nannte? Hat es dir im Magen wehe getan, als der Amtmann kam, dich aus dem Haus zu werfen? Was? Sag an, was hat dir wehe getan?«

»Mein Herz«, sprach Peter, indem er die Hand auf die pochende Brust presste, denn es war ihm, als ob sein Herz sich ängstlich hin und her wendete.

»Du hast, nimm mir es nicht übel, du hast viele hundert Gulden an schlechte Bettler und anderes Gesindel weggeworfen; was hat es dich genützt? Sie haben dir dafür Segen und einen gesunden Leib gewünscht; ja bist du deswegen gesünder geworden? Um die Hälfte des verschleuderten Geldes hättest du einen Arzt gehalten. Segen, ja ein schöner Segen, wenn man ausgepfändet und ausgestoßen wird! Und was war es, dass dich getrieben, in die Tasche zu fahren, sooft ein Bettelmann seinen zerlumpten Hut hinstreckte? – Dein Herz, auch wieder dein Herz, und weder deine Augen, noch deine Zunge, deine Arme noch deine Beine, sondern dein Herz. Du hast dir es, wie man richtig sagt, zu sehr zu Herzen genommen.«

»Aber wie kann man sich denn angewöhnen, dass es nicht mehr so ist? Ich gebe mir jetzt alle Mühe, es zu unterdrücken, und dennoch pocht mein Herz und tut mir wehe.«

»*Du* freilich«, rief jener mit Lachen, »du armer Schelm, kannst nichts dagegen tun; aber gib mir das kaum pochende Ding und du wirst sehen, wie gut du es dann hast.«

»Euch, mein Herz?«, schrie Peter mit Entsetzen. »Da müsste ich ja sterben auf der Stelle! Nimmermehr!«

»Ja, wenn dir einer eurer Herrn Chirurgen das Herz aus dem Leib operieren wollte, da müsstest du wohl sterben; bei mir ist dies ein anderes Ding; doch komm herein und überzeuge dich selbst.« Er stand bei diesen Worten auf, öffnete eine Kammertüre und führte Peter hinein. Sein Herz zog sich krampfhaft zusammen, als er über die Schwelle trat, aber er achtete es nicht, denn der Anblick, der sich ihm bot, war sonderbar und überraschend. Auf mehreren Gesimsen von Holz standen Gläser, mit durchsichtiger Flüssigkeit gefüllt, und in jedem dieser Gläser lag ein Herz, auch waren an den Gläsern Zettel angeklebt und Namen darauf geschrieben, die Peter neugierig las; da war das Herz des Amtmanns in F.; das Herz des dicken Ezechiel, das Herz des Tanzbodenkönigs, das Herz des Oberförsters; da waren sechs Herzen von Kornwucherern, acht von Werboffizieren, drei von Geldmäklern – kurz es war eine Sammlung der angesehensten Herzen in der Umgegend von zwanzig Stunden.

»Schau!«, sprach Holländer-Michel, »diese alle haben des Lebens Ängsten und Sorgen weggeworfen, keines dieser Herzen schlägt mehr ängstlich und besorgt und ihre

ehemaligen Besitzer befinden sich wohl dabei, dass sie
den unruhigen Gast aus dem Hause haben.«

»Aber was tragen sie denn jetzt dafür in der Brust?«,
fragte Peter, den dies alles, was er gesehen, beinahe
schwindeln machte.

»Dies«, antwortete jener, und reichte ihm aus einem Schubfach – ein *steinernes Herz.*

»So?«, erwiderte er, und konnte sich eines Schauers, der ihm über die Haut ging, nicht erwehren. »Ein Herz von Marmelstein? Aber, horch einmal, Herr Holländer-Michel, das muss doch gar kalt sein in der Brust.«

»Freilich, aber ganz angenehm kühl; warum soll denn ein Herz warm sein; im Winter nützt dich die Wärme nichts, da hilft ein guter Kirschgeist mehr als ein warmes Herz, und im Sommer, wenn alles schwül und heiß ist – du glaubst nicht, wie dann solch ein Herz abkühlt; und wie gesagt, weder Angst noch Schrecken, weder törichtes Mitleiden noch anderer Jammer pocht an solch ein Herz.«

»Und das ist alles, was ihr mir geben könnet«, fragte Peter unmutig; »ich hoff auf Geld, und ihr wollet mir einen Stein geben!«

»Nu, ich denke an hunderttausend Gulden hättest du fürs Erste genug; wenn du es geschickt umtreibst, kannst du bald ein Millionär werden.«

»Hunderttausend?«, rief der arme Köhler freudig, »nun so poche doch nicht so ungestüm in meiner Brust, wir werden bald fertig sein miteinander. Gut, Michel; gebt mir den Stein und das Geld und die Unruh könnet ihr aus dem Gehäuse nehmen.«

»Ich dachte es doch, dass du ein vernünftiger Bursche seist«, antwortete der Holländer freundlich lächelnd, »komm, lass uns noch eins trinken, und dann will ich das Geld auszahlen.«

So setzten sie sich wieder in die Stube zum Wein, tranken und tranken wieder, bis Peter in einen tiefen Schlaf verfiel.

Kohlen-Munk-Peter erwachte beim fröhlichen Schmettern eines Posthorns und siehe da, er saß in einem schönen Wagen, fuhr auf einer breiten Straße dahin, und als er sich aus dem Wagen bog, sah er in blauer Ferne hinter sich den Schwarzwald liegen. Anfänglich wollte er gar nicht glauben, dass er es selbst sei, der in diesem Wagen sitze; denn auch seine Kleider waren gar nicht mehr dieselben, die er gestern getragen, aber er erinnerte sich doch an alles so deutlich, dass er endlich sein Nachsinnen aufgab und rief: »Der Kohlen-Munk-Peter bin ich, das ist ausgemacht, und kein anderer.« Er wunderte sich über sich selbst, dass er gar nicht wehmütig werden konnte, als er jetzt zum ersten Mal aus der stillen Heimat, aus den Wäldern, wo er so lange gelebt, auszog; selbst nicht, als er an seine Mutter dachte, die jetzt wohl hülflos und im Elend saß, konnte er eine Träne aus dem Auge pressen oder nur seufzen: Denn es war ihm alles so gleichgültig. »Ach freilich«, sagte er dann, »Tränen und Seufzer, Heimweh und Wehmut kommen ja aus dem Herzen, und Dank dem Holländer-Michel – das meine ist kalt und von Stein.«

Er legte seine Hand auf die Brust, und es war ganz ruhig dort, und rührte sich nichts. »Wenn er mit den Hunderttausenden so gut Wort hielt, wie mit dem Herz, so soll es mich freuen«, sprach er und fing an seinen Wagen zu untersuchen. Er fand Kleidungsstücke von aller Art, wie er sie nur wünschen konnte, aber kein Geld; endlich stieß er auf eine Tasche und fand viele tausend Taler in Gold und Scheinen, auf Handlungshäuser in allen großen Städten. Jetzt hab ich's, wie ich's wollte, dachte er, setzte sich bequem in die Ecke des Wagens, und fuhr in die weite Welt.

Er fuhr zwei Jahre in der Welt umher, und schaute aus seinem Wagen links und rechts an den Häusern hinauf, schaute, wenn er anhielt, nichts als den Schild seines Wirtshauses an, lief dann in der Stadt umher, und ließ sich die schönsten Merkwürdigkeiten zeigen; aber es freute ihn nichts, kein Bild, kein Haus, keine Musik, kein Tanz, sein Herz von Stein nahm an nichts Anteil und seine Augen, seine Ohren waren abgestumpft für alles Schöne. Nichts war ihm mehr geblieben, als die Freude an Essen und Trinken und der Schlaf und so lebte er, indem er ohne Zweck durch die Welt reiste, zu seiner Unterhaltung speiste und aus Langerweile schlief. Hie und da erinnert er sich zwar, dass er fröhlicher, glücklicher gewesen sei, als er noch arm war und arbeiten musste, um sein Leben zu fristen. Da hatte ihn jede schöne Aussicht ins Tal, Musik und Gesang hatten ihn ergötzt, da hatte er sich stundenlang auf die einfache Kost, die ihm die Mutter zu dem Meiler bringen sollte, gefreut; wenn er so über die Vergangenheit nachdachte, so kam es ihm ganz sonderbar vor, dass er jetzt nicht einmal lachen konnte, und sonst hatte er über den kleinsten Scherz gelacht; wenn andere lachten, so verzog er nur aus Höflichkeit den Mund, aber sein Herz – lächelte nicht mit. Er fühlte dann, dass er zwar überaus ruhig sei – aber zufrieden fühlte er sich doch nicht. Es war nicht Heimweh oder Wehmut, sondern Öde, Überdruss, freudenloses Leben, was ihn endlich wieder zur Heimat trieb.

Als er von Straßburg herüberfuhr und den dunkeln Wald seiner Heimat erblickte, als er zum ersten Mal wieder jene kräftigen Gestalten, jene freundlichen Gesichter der Schwarzwälder sah, als sein Ohr die heimatlichen Klänge, stark, tief, aber wohltönend vernahm, da fühlte er schnell an sein Herz, denn sein Blut wallte stärker, und er glaubte, er müsse sich freuen, und müsse weinen zugleich, aber – wie konnte er nur so töricht sein, er hatte ja ein Herz von Stein; und Steine sind tot und lächeln und weinen nicht.

Sein erster Gang war zum Holländer-Michel, der ihn mit alter Freundlichkeit aufnahm. »Michel«, sagte er zu ihm, »gereist bin ich nun, und habe alles gesehen, ist aber alles dummes Zeug und ich hatte nur Langeweile. Überhaupt, euer steinernes Ding, das ich in der Brust trage, schützt mich zwar vor manchem; ich erzürne mich nie, bin nie traurig, aber ich freue mich auch nie, und es ist mir, als wenn ich nur halb lebte. Könnet ihr das Steinherz nicht ein wenig beweglicher machen, oder – gebt mir lieber mein altes Herz; ich hatte mich in fünfundzwanzig Jahren daran gewöhnt, und wenn es zuweilen auch einen dummen Streich machte, so war es doch munter und ein fröhliches Herz.«

Der Waldgeist lachte grimmig und bitter. »Wenn du einmal tot bist, Peter Munk«, antwortete er, »dann soll es dir nicht fehlen, dann sollst du dein weiches, rührbares Herz wiederhaben und du kannst dann fühlen was kommt, Freud oder Leid; aber hier oben kann es nicht mehr dein werden! Doch, Peter! Gereist bist du wohl, aber, so wie du lebtest, konnte es dich nichts nützen. Setze dich jetzt hier irgendwo im Wald, bau ein Haus, heirate, treibe dein Vermögen um, es hat dir nur an Arbeit gefehlt, weil du müßig warst hattest du Langeweile, und schiebst jetzt alles auf dieses unschuldige Herz.« Peter sah ein, dass Michel recht habe, was den Müßiggang beträfe, und nahm sich vor, reich und immer reicher zu werden; Michel schenkte ihm noch einmal hunderttausend Gulden und entließ ihn als seinen guten Freund.

Bald vernahm man im Schwarzwald die Märe, der Kohlen-Munk-Peter oder Spiel-Peter sei wieder da, und noch viel reicher als zuvor. Es ging auch jetzt wie immer; als er am Bettelstab war, wurde er in der »Sonne« zur Türe hinausgeworfen, und als er jetzt an einem Sonntagnachmittag seinen ersten Einzug dort hielt, schüttelten sie ihm die Hand, lobten sein Pferd, fragten nach seiner Reise, und als er wieder mit dem dicken Ezechiel um harte Taler spielte, stand er in der Achtung so hoch, als je. Er trieb jetzt aber nicht mehr das Glashandwerk, sondern den Holzhandel, aber nur zum Schein. Sein Hauptgeschäft war mit Korn und Geld zu handeln. Der halbe Schwarzwald wurde ihm nach und nach schuldig, aber er lieh Geld nur auf zehn Prozent aus, oder verkaufte Korn an die Armen, die nicht gleich zahlen konnten, um den dreifachen Wert. Mit dem Amtmann stand er jetzt in enger Freundschaft, und wenn einer Herrn Peter Munk nicht auf den Tag bezahlte, so ritt der Amtmann mit seinen Schergen heraus, schätzte Haus und Hof, verkaufte es flugs, und trieb Vater, Mutter und Kind in den Wald. Anfangs machte dies dem reichen Peter einige Unlust, denn die armen Ausgepfändeten belagerten dann haufenweise seine Türe, die Männer flehten um Nachsicht, die Weiber suchten das steinerne Herz zu erweichen und die Kinder winselten um ein Stücklein Brot; aber als er sich ein paar tüchtige Fleischerhunde angeschafft hatte, hörte diese Katzenmusik, wie er es nannte, bald auf; er pfiff und hetzte, und die Bettelleute flogen schreiend auseinander. Am meisten Beschwerde machte ihm das »alte Weib«. Das war aber niemand anders als Frau Munkin, Peters Mutter. Sie war in Not und Elend geraten, als man ihr Haus und Hof verkauft hatte, und ihr Sohn, als er reich zurückgekehrt war, hatte nicht mehr nach ihr umgesehen; da kam sie nun zuweilen, alt, schwach und gebrechlich an einem Stock vor das Haus; hinein wagte sie sich nimmer, denn er hatte sie einmal weggejagt, aber es tat ihr wehe, von den Guttaten anderer Menschen leben zu müssen, da der eigene Sohn ihr ein sorgenloses Alter hätte bereiten können. Aber das kalte Herz wurde nimmer gerührt von dem Anblicke der bleichen, wohlbekannten Züge, von den bittenden Blicken, von der welken, ausgestreckten Hand, von der hinfälligen Gestalt; mürrisch zog er, wenn sie sonnabends an die Türe pochte, einen Sechsbätzner heraus, schlug ihn in ein Papier und ließ ihn hinausreichen durch einen Knecht. Er vernahm ihre zitternde Stimme, wenn sie dankte und wünschte, es möge ihm wohl gehen auf Erden, er hörte sie hüstelnd von der Türe schleichen, aber er dachte weiter nicht mehr daran, als dass er wieder sechs Batzen umsonst ausgegeben.

Endlich kam Peter auch auf den Gedanken zu heiraten. Er wusste, dass im ganzen Schwarzwald jeder Vater ihm gerne seine Tochter geben werde; aber er war schwierig in seiner Wahl, denn er wollte, dass man auch hierin sein Glück und seinen Verstand preisen sollte; daher ritt er umher, im ganzen Wald, schaute hier, schaute dort, und keine der schönen Schwarzwälderinnen deuchte ihm schön genug. Endlich, nachdem er auf allen Tanzböden umsonst nach der Schönsten ausgeschaut hatte, hörte er eines Tages, die Schönste und Tugendsamste im ganzen Wald sei eines armen Holzhauers Tochter. Sie lebe still und für sich, besorge geschickt und emsig ihres Vaters Haus, und lasse sich nie auf dem Tanzboden sehen, nicht einmal zu Pfingsten oder Kirmes. Als Peter von diesem Wunder des Schwarzwalds hörte, beschloss er, um sie zu werben, und ritt nach der Hütte, die man ihm bezeichnet hatte. Der Vater der schönen Lisbeth empfing den vornehmen Herrn mit Staunen, und er staunte noch mehr, als er hörte, es sei dies der reiche Herr Peter und er wolle sein Schwiegersohn werden. Er besann sich auch nicht lange, denn er meinte, all seine Sorge und Armut werde nun ein Ende haben, sagte zu, ohne die schöne Lisbeth zu fragen, und das gute Kind war so folgsam, dass sie ohne Widerrede Frau Peter Munkin wurde.

Aber es wurde der Armen nicht so gut, als sie sich geträumt hatte. Sie glaubte ihr Hauswesen wohl zu verstehen, aber sie konnte Herrn Peter nichts zu Dank machen, sie hatte Mitleiden mit armen Leuten, und da ihr Eheherr reich war, dachte sie, es sei keine Sünde, einem armen Bettelweib einen Pfennig, oder einem alten Mann einen Schnaps zu reichen; aber als Herr Peter dies eines Tages merkte, sprach er mit zürnenden Blicken und rauer Stimme:

»Warum verschleuderst du mein Vermögen an Lumpen und Straßenläufer? Hast du was mitgebracht ins

Haus, das du wegschenken könntest? Mit deines Vaters
Bettelstab kann man keine Suppe wärmen, und wirfst das
Geld aus, wie eine Fürstin? Noch einmal lass dich betreten, so sollst du meine Hand fühlen!« Die schöne Lisbeth
weinte in ihrer Kammer über den harten Sinn ihres Mannes, und sie wünschte oft lieber heim zu sein, in ihres Vaters ärmlicher Hütte, als bei dem reichen, aber geizigen,
hartherzigen Peter zu hausen. Ach, hätte sie gewusst, dass
er ein Herz von Marmor habe, und weder sie noch irgendeinen Menschen lieben könnte, so hätte sie sich wohl
nicht gewundert. Sooft sie aber jetzt unter der Türe saß,
und es ging ein Bettelmann vorüber, und zog den Hut,
und hub an seinen Spruch, so drückte sie die Augen zu,
das Elend nicht zu schauen, sie ballte die Hand fester, damit sie nicht unwillkürlich in die Tasche fahre, ein Kreu-
zerlein herauszulangen. So kam es, dass die schöne Lisbeth im ganzen Wald verschrien wurde, und es hieß, sie
sei noch geiziger als Peter Munk. Aber eines Tages saß
Frau Lisbeth wieder vor dem Haus und spann und murmelte ein Liedchen dazu; denn sie war munter, weil es
schön Wetter und Herr Peter ausgeritten war über Feld.
Da kommt ein altes Männlein des Weges daher, der trägt
einen großen, schweren Sack, und sie hört ihn schon von
Weitem keuchen. Teilnehmend sieht ihm Frau Lisbeth zu
und denkt, einem so alten kleinen Mann sollte man nicht
mehr so schwer aufladen.

Indes keucht und wankt das Männlein heran, und als
es gegenüber von Frau Lisbeth war, brach es unter dem
Sack beinahe zusammen. »Ach habt die Barmherzigkeit,
Frau, und reichet mir nur einen Trunk Wasser«, sprach

das Männlein, »ich kann nicht weiter, muss elend verschmachten.«

»Aber ihr solltet in eurem Alter nicht mehr so schwer tragen«, sagte Frau Lisbeth.

»Ja, wenn ich nicht Boten gehen müsste, der Armut halber und um mein Leben zu fristen«, antwortete er, »ach so eine reiche Frau, wie ihr, weiß nicht, wie wehe Armut tut, und wie wohl ein frischer Trunk bei solcher Hitze.«

Als sie dies hörte, eilte sie ins Haus, nahm einen Krug vom Gesims und füllte ihn mit Wasser; doch als sie zurückkehrte, und nur noch wenige Schritte von ihm war, und das Männlein sah, wie es so elend und verkümmert auf dem Sack saß, da fühlte sie inniges Mitleid, bedachte, dass ja ihr Mann nicht zu Hause sei, und so stellte sie den Wasserkrug beiseite, nahm einen Becher und füllte ihn mit Wein, legte ein gutes Roggenbrot darauf, und brachte es dem Alten. »So, und ein Schluck Wein mag euch besser frommen, als Wasser, da ihr schon so gar alt seid«, sprach sie, »aber trinket nicht zu hastig, und esset auch Brot dazu.«

Das alte Männlein sah sie staunend an, bis große Tränen in seinen alten Augen standen, er trank und sprach dann:

»Ich bin alt geworden, aber ich hab wenige Menschen gesehen, die so mitleidig wären, und ihre Gaben so schön und herzig zu spenden wussten, wie ihr, Frau Lisbeth. Aber es wird euch dafür auch recht wohl gehen auf Erden; solch ein Herz bleibt nicht unbelohnt.«

»Nein und den Lohn soll sie zur Stelle haben«, schrie eine schreckliche Stimme, und als sie sich umsahen, war es Herr Peter mit blutrotem Gesicht.

»Und sogar meinen Ehrenwein gießest du aus an Bettelleute und meinen Mundbecher gibst du an die Lippen der Straßenläufer? Da, nimm deinen Lohn!« Frau Lisbeth stürzte zu seinen Füßen, und bat um Verzeihung, aber das steinerne Herz kannte kein Mitleid, er drehte die Peitsche um, die er in der Hand hielt, und schlug sie mit dem Handgriff von Ebenholz so heftig vor die schöne Stirne, dass sie leblos dem alten Mann in die Arme sank. Als er dies sah, war es doch als reuete ihn die Tat auf der Stelle; er bückte sich herab zu schauen, ob noch Leben in ihr sei, aber das Männlein sprach mit wohlbekannter Stimme: »Gib dir keine Mühe, Kohlen-Peter; es war die schönste und lieblichste Blume im Schwarzwald, aber du hast sie zertreten und nie mehr wird sie wieder blühen.«

Da wich alles Blut aus Peters Wangen und er sprach: »Also ihr seid es, Herr Schatzhauser? Nun, was geschehen ist, ist geschehen, und es hat wohl so kommen müssen. Ich hoffe aber, ihr werdet mich nicht bei dem Gericht anzeigen als Mörder.«

»Elender!«, erwiderte das Glasmännlein. »Was würde es mir frommen, wenn ich deine sterbliche Hülle an den Galgen brächte? Nicht irdische Gerichte sind es, die du zu fürchten hast, sondern andere und strengere; denn du hast deine Seele an den Bösen verkauft.«

»Und hab ich mein Herz verkauft«, schrie Peter, »so ist niemand daran schuld, als du, und deine betrügerischen Schätze; du tückischer Geist hast mich ins Verderben geführt, mich getrieben dass ich bei einem andern Hülfe suchte, und auf dir liegt die ganze Verantwortung.« Aber kaum hatte er dies gesagt, so wuchs und schwoll das Glasmännlein und wurde hoch und breit, und seine Augen sollen so groß gewesen sein, wie Suppenteller und sein Mund war wie ein geheizter Backofen und Flammen blitzten daraus hervor. Peter warf sich auf die Knie, und sein steinernes Herz schützte ihn nicht, dass nicht seine Glieder zitterten, wie eine Espe. Mit Geierskrallen packte ihn der Waldgeist im Nacken, drehte ihn um, wie ein Wirbelwind dürres Laub, und warf ihn dann zu Boden, dass ihm alle Rippen knackten. »Erdenwurm!«, rief er mit einer Stimme, die wie der Donner rollte, »ich könnte dich zerschmettern, wenn ich wollte, denn du hast gegen den Herrn des Waldes gefrevelt. Aber um dieses toten Weibes willen, die mich gespeist und getränkt hat, gebe ich dir acht Tage Frist; bekehrst du dich zum nicht Guten, so komme ich und zermalme dein Gebein und du fahrst hin in deinen Sünden.«

Es war schon Abend, als einige Männer, die vorbeigingen, den reichen Peter Munk an der Erde liegen sahen. Sie wandten ihn hin und her, und suchten, ob noch Atem in ihm sei, aber lange war ihr Suchen vergebens. Endlich ging einer in das Haus und brachte Wasser herbei, und besprengte ihn. Da holte Peter tief Atem, stöhnte und schlug die Augen auf, schaute lange um sich her, und fragte dann nach Frau Lisbeth, aber keiner hatte sie gesehen. Er dankte den Männern für ihre Hülfe, schlich in sein Haus und schaute sich um, aber Frau Lisbeth war weder im Keller noch auf dem Boden, und das was er für einen schrecklichen Traum gehalten, war bittere Wahrheit. Wie er nun so ganz allein war, da kamen ihm sonderbare Gedanken; er fürchtete sich vor nichts, denn sein Herz war ja kalt,

aber wenn er an den Tod seiner Frau dachte – kam ihm
sein eigenes Hinscheiden in den Sinn, und wie belastet er
dahinfahren werde, schwer belastet mit Tränen der Armen,
mit tausend ihrer Flüche, die sein Herz nicht erweichen
konnten, mit dem Jammer der Elenden, auf die er seinen
Hund gehetzt, belastet mit der stillen Verzweiflung seiner
Mutter, mit dem Blut der schönen, guten Lisbeth; und
konnte er doch nicht einmal dem alten Mann, ihrem
Vater Rechenschaft geben, wann er käme und fragte: »Wo
ist meine Tochter, dein Weib?« Wie wollte er einem andern Frage stehen, dem alle Wälder, alle Seen, alle Berge
gehören, und – die Leben der Menschen?

Es quält ihn auch nachts im Traume, und alle Augenblicke wachte er auf an einer süßen Stimme, die ihm zurief: »Peter, schaff dir ein wärmeres Herz!«, und wenn er
erwacht war, schloss er doch schnell wieder die Augen,
denn der Stimme nach musste es Frau Lisbeth sein, die
ihm diese Warnung zurief. Den andern Tag ging er ins
Wirtshaus, um seine Gedanken zu zerstreuen und dort
traf er den dicken Ezechiel. Er setzte sich zu ihm, sie sprachen dies und jenes, vom schönen Wetter, vom Krieg, von
den Steuern und endlich auch vom Tod, und wie da und
dort einer so schnell gestorben sei. Da fragte Peter den
Dicken, was er denn vom Tod halte, und wie es nachher
sein werde? Ezechiel antwortete ihm, dass man den Leib
begrabe, die Seele aber fahre entweder auf zum Himmel
oder hinab in die Hölle.

»Also begrabt man das Herz auch?«, fragte Peter gespannt.

»Ei freilich, das wird auch begraben.«

»Wenn aber einer sein Herz nicht mehr hat?«, fuhr Peter fort.

Ezechiel sah ihn bei diesen Worten schrecklich an. »Was willst du damit sagen? Willst du mich foppen? Meinst du, ich habe kein Herz?«

»Oh, Herz genug, so fest wie ein Stein«, erwiderte Peter.

Ezechiel sah ihn verwundert an; schaute sich um, ob es niemand gehört habe, und sprach dann: »Woher weißt du es? Oder pocht vielleicht das deinige auch nicht mehr!«

»Pocht nicht mehr, wenigstens nicht hier in meiner Brust«, antwortete Peter Munk. »Aber sag mir, da du jetzt weißt, was ich meine, wie wird es gehen mit *unseren* Herzen?«

»Was kümmert dich dies Gesell!?«, fragte Ezechiel lachend. »Hast ja auf Erden vollauf zu leben und damit genug. Das ist ja gerade das Bequeme in unsern kalten Herzen, dass uns keine Furcht befällt, vor solchen Gedanken.«

»Wohl wahr, aber man denkt doch daran, und wenn ich auch jetzt keine Furcht mehr kenne, so weiß ich doch wohl noch, wie sehr ich mich vor der Hölle gefürchtet, als ich noch ein kleiner unschuldiger Knabe war.«

»Nun – gut wird es uns gerade nicht gehen«, sagte Ezechiel. »Hab mal einen Schulmeister darüber befragt, der sagte mir, dass nach dem Tod die Herzen gewogen werden, wie schwer sie sich versündiget hätten. Die leichten steigen auf, die schweren sinken hinab, und ich denke, unsere Steine werden ein gutes Gewicht haben.«

»Ach freilich«, erwiderte Peter, »und es ist mir oft selbst unbequem, dass mein Herz so teilnahmslos und ganz gleichgültig ist, wenn ich an solche Dinge denke.«

So sprachen sie; aber in der nächsten Nacht hörte er fünf- oder sechsmal die bekannte Stimme in sein Ohr lispeln: »Peter, schaff dir ein wärmeres Herz!« Er empfand keine Reue, dass er sie getötet, aber wenn er dem Gesinde sagte, seine Frau sei verreist, so dachte er immer dabei, wohin mag sie wohl gereist sein? Sechs Tage hatte er es so getrieben, und immer hörte er nachts diese Stimme und immer dachte er an den Waldgeist und seine schreckliche Drohung; aber am siebenten Morgen sprang er auf von seinem Lager, und rief: »Nun ja, will sehen, ob ich mir ein wärmeres schaffen kann, denn der gleichgültige Stein in meiner Brust macht mir das Leben nur langweilig und öde.« Er zog schnell seinen Sonntagsstaat an, und setzte sich auf sein Pferd und ritt dem Tannenbühl zu.

Im Tannenbühl, wo die Bäume dichter standen, saß er ab, band sein Pferd an, und ging schnellen Schrittes dem Gipfel des Hügels zu, und als er vor der dicken Tanne stand, hub er seinen Spruch an:

>»Schatzhauser im grünen Tannenwald
>Bist viele hundert Jahre alt
>Dein ist all' Land, wo Tannen stehen,
>Lässt dich nur Sonntagskindern sehen.«

Da kam das Glasmännlein hervor, aber nicht freundlich und traulich, wie sonst, sondern düster und traurig; es hatte ein Röcklein an von schwarzem Glas und ein langer Trauerflor flatterte herab vom Hut und Peter wusste wohl, um wen es traure.

»Was willst du von mir, Peter Munk?«, fragte es mit dumpfer Stimme.

»Ich hab noch einen Wunsch, Herr Schatzhauser«, antwortete Peter, mit niedergeschlagenen Augen.

»Können Steinherzen noch wünschen?«, sagte jener; »du hast alles, was du für deinen schlechten Sinn bedarfst, und ich werde schwerlich deinen Wunsch erfüllen.«

»Aber ihr habt mir doch drei Wünsche zugesagt; einen hab ich immer noch übrig.«

»Doch kann ich ihn versagen, wenn er töricht ist«, fuhr der Waldgeist fort; »aber wohlan, ich will hören, was du willst?«

»So nehmet mir den toten Stein heraus und gebet mir mein lebendiges Herz«, sprach Peter.

»Hab ich den Handel mit dir gemacht?«, fragte das Glasmännlein; »bin ich der Holländer-Michel, der Reichtum und kalte Herzen schenkt? Dort, bei ihm musst du dein Herz suchen!«

»Ach, er gibt es nimmer zurück«, antwortete Peter.

»Du dauerst mich, so schlecht du auch bist«, sprach das Männlein nach einigem Nachdenken. »Aber weil dein Wunsch nicht töricht ist, so kann ich dir wenigstens meine Hülfe nicht abschlagen. So höre. Dein Herz kannst du mit keiner Gewalt mehr bekommen, wohl aber durch List, und es wird vielleicht nicht schwer halten; denn Michel bleibt doch nur der dumme Michel, obgleich er sich ungemein klug dünkt. So gehe denn geraden Weges zu ihm hin, und tue, wie ich dir heiße.« Und nun unterrichtete er ihn in allem, und gab ihm ein Kreuzlein aus reinem Glas. »Am Leben kann er dir nicht schaden, und er wird dich freilassen, wenn du ihm dies vorhalten und dazu beten wirst. Und hast du denn, was du verlangt hast, erhalten, so komm wieder zu mir an diesen Ort.«

Peter Munk nahm das Kreuzlein, prägte sich alle Worte ins Gedächtnis, und ging weiter nach Holländer-Michels Behausung. Er rief dreimal seinen Namen und alsobald stand der Riese vor ihm. »Du hast dein Weib erschlagen?«, fragte er ihn, mit schrecklichem Lachen, »hätt es auch so gemacht, sie hat dein Vermögen an das Bettelvolk gebracht. Aber du wirst auf einige Zeit außer Landes gehen müssen, denn es wird Lärm machen, wenn man sie nicht findet; und du brauchst wohl Geld, und kommst, um es zu holen?«

»Du hast's erraten«, erwiderte Peter, »und nur recht viel diesmal, denn nach Amerika ist's weit.«

Michel ging voran, und brachte ihn in seine Hütte, dort schloss er eine Truhe auf, worin viel Geld lag und langte ganze Rollen Gold heraus. Während er es so auf den Tisch hinzählte, sprach Peter: »Du bist doch ein loser Vogel, Michel, dass du mich belogen hast, ich hätte einen Stein in der Brust, und du habest mein Herz!«

»Und ist es denn nicht so?«, fragte Michel staunend; »fühlst du denn dein Herz? Ist es nicht kalt, wie Eis? Hast du Furcht oder Gram, kann dich etwas reuen?«

»Du hast mein Herz nur stille stehen lassen, aber ich hab es noch wie sonst in meiner Brust und Ezechiel auch, der hat es mir gesagt, dass du uns angelogen hast; du bist nicht der Mann dazu, der einem das Herz so unbemerkt und ohne Gefahr aus der Brust reißen könnte! Da müsstest du zaubern können.«

»Aber ich versichere dich«, rief Michel unmutig, »du und Ezechiel und alle reichen Leute, die es mit mir gehalten, haben solche kalte Herzen wie du, und ihre rechten Herzen habe ich hier in meiner Kammer.«

»Ei, wie dir das Lügen von der Zunge geht!«, lachte Peter. »Das mach du einem andern weis. Meinst du, ich hab auf meinen Reisen nicht solche Kunststücke zu Dutzenden gesehen? Aus Wachs nachgeahmt sind deine Herzen hier in der Kammer. Du bist ein reicher Kerl, das geb ich zu; aber zaubern kannst du nicht.«

Da ergrimmte der Riese, und riss die Kammertüre auf. »Komm herein, und lies die Zettel alle und jenes dort, schau, das ist Peter Munks Herz; siehst du, wie es zuckt? Kann man das auch aus Wachs machen?«

»Und doch ist es aus Wachs«, antwortete Peter. »So schlägt ein rechtes Herz nicht, ich habe das meinige noch in der Brust. Nein, zaubern kannst du nicht!«

»Aber ich will es dir beweisen!«, rief jener ärgerlich; »du sollst es selbst fühlen, dass dies dein Herz ist.« Er nahm es, riss Peters Wams auf, und nahm einen Stein aus seiner Brust, und zeigte ihn vor. Dann nahm er das Herz, hauchte es an, und setzte es behutsam an seine Stelle und alsobald fühlte Peter, wie es pochte, und er konnte sich wieder darüber freuen.

»Wie ist es dir jetzt?«, fragte Michel lächelnd.

»Wahrhaftig, du hast doch recht gehabt«, antwortete Peter, indem er behutsam sein Kreuzlein aus der Tasche zog. »Hätt ich doch nicht geglaubt, dass man dergleichen tun könne!«

»Nicht wahr? Und zaubern kann ich, das siehst du; aber komm, jetzt will ich dir den Stein wieder hineinsetzen.«

»Gemach, Herr Michel!«, rief Peter, trat einen Schritt zurück, und hielt ihm das Kreuzlein entgegen. »Mit Speck fängt man Mäuse und diesmal bist du der Betrogene.« Und zugleich fing er an zu beten, was ihm nur beifiel.

Da wurde Michel kleiner und immer kleiner, fiel nieder und wand sich hin und her wie ein Wurm und ächzte und stöhnte, und alle Herzen umher fingen an zu zucken und zu pochen, dass es tönte, wie in der Werkstatt eines Uhrenmachers. Peter aber fürchtete sich, es wurde ihm ganz unheimlich zumut, er rannte zur Kammer und zum Haus hinaus, und klimmte, von Angst getrieben, die Felsenwand hinan; denn er hörte, dass Michel sich aufraffte, stampfte und tobte, und ihm schreckliche Flüche nachschickte. Als er oben war, lief er dem Tannenbühl zu; ein schreckliches Wetter zog auf, Blitze fielen links und rechts an ihm nieder, und zerschmetterten die Bäume, aber er kam wohlbehalten in dem Revier des Glasmännleins an.

Sein Herz pochte freudig, und nur darum, *weil es pochte*. Dann aber sah er mit Entsetzen auf sein Leben zurück, wie auf das Gewitter, das hinter ihm rechts und links den schönen Wald zersplitterte. Er dachte an Frau Lisbeth, sein schönes, gutes Weib, das er aus Geiz gemordet, er kam sich selbst wie der Auswurf der Menschen vor, und er weinte heftig, als er an Glasmännleins Hügel kam.

Schatzhauser saß schon unter dem Tannenbaum und rauchte aus seiner kleinen Pfeife, doch sah er munterer aus als zuvor. »Warum weinst du, Kohlen-Peter?«, fragte er, »hast du dein Herz nicht erhalten? Liegt noch das kalte in deiner Brust?«

»Ach Herr!«, seufzte Peter; »als ich noch das kalte Steinherz trug, da weinte ich nie, meine Augen waren so trocken, als das Land im Juli; jetzt aber will es mir beinahe das alte Herz zerbrechen, was ich getan! Meine Schuldner hab ich ins Elend gejagt, auf Arme und Kranke die Hunde gehetzt, und, ihr wisst es ja selbst – wie meine Peitsche auf ihre schöne Stirne fiel!«

»Peter! Du warst ein großer Sünder!«, sprach das Männlein. »Das Geld und der Müßiggang haben dich verderbt, bis dein Herz zu Stein wurde, nicht Freud, nicht Leid, keine Reue, kein Mitleid mehr kannte. Aber Reue versöhnt, und wenn ich nur wüsste, dass dir dein Leben recht leid tut, so könnte ich schon noch was für dich tun.«

»Will nichts mehr«, antwortete Peter und ließ traurig sein Haupt sinken. »Mit mir ist es aus; kann mich mein Lebtag nicht mehr freuen; was soll ich so allein auf der Welt tun? Meine Mutter verzeiht mir nimmer, was ich ihr getan und vielleicht hab ich sie unter den Boden gebracht, ich Ungeheuer! Und Lisbeth, meine Frau! Schlaget mich lieber auch tot, Herr Schatzhauser, dann hat mein elend Leben mit einmal ein Ende.«

»Gut«, erwiderte das Männlein, »wenn du nicht anders willst, so kannst du es haben; meine Axt hab ich bei der Hand.« Er nahm ganz ruhig sein Pfeiflein aus dem Mund, klopfte es aus und steckte es ein. Dann stand er langsam auf und ging hinter die Tannen. Peter aber setzte sich weinend ins Gras, sein Leben war ihm nichts mehr und er erwartete geduldig den Todesstreich. Nach einiger Zeit hörte er leise Tritte hinter sich und dachte: Jetzt wird er kommen.

»Schau dich noch einmal um, Peter Munk!«, rief das Männlein. Er wischte sich die Tränen aus den Augen, und schaute sich um, und sah – seine Mutter und Lisbeth seine Frau, die ihn freundlich anblickten. Da sprang er freudig auf. »So bist du nicht tot, Lisbeth; und auch ihr seid da, Mutter und habt mir vergeben?«

»Sie wollen dir verzeihen«, sprach das Glasmännlein, »weil du wahre Reue fühlst und alles soll vergessen sein. Zieh jetzt heim in deines Vaters Hütte, und sei ein Köhler wie zuvor; bist du brav und bieder, so wirst du dein Handwerk ehren und deine Nachbarn werden dich mehr lieben und achten, als wenn du zehen Tonnen Goldes hättest.« So sprach das Glasmännlein und nahm Abschied von ihnen.

Die drei lobten und segneten ihn und gingen heim.

Das prachtvolle Haus des reichen Peters stand nicht mehr; der Blitz hatte es angezündet und mit all seinen Schätzen niedergebrannt; aber nach der väterlichen Hütte war es nicht weit; dorthin ging jetzt ihr Weg und der große Verlust bekümmerte sie nicht.

Aber wie staunten sie, als sie an die Hütte kamen! Sie war zu einem schönen Bauernhaus geworden, und alles darin war einfach, aber gut und reinlich.

»Das hat das gute Glasmännlein getan!«, rief Peter.

»Wie schön!«, sagte Frau Lisbeth, »und hier ist mir viel heimischer als in dem großen Haus mit dem vielen Gesinde.«

Von jetzt an wurde Peter Munk ein fleißiger und wackerer Mann. Er war zufrieden mit dem, was er hatte, trieb sein Handwerk unverdrossen und so kam es, dass er durch eigene Kraft wohlhabend wurde, und angesehen und beliebt im ganzen Wald. Er zankte nie mehr mit Frau Lisbeth, ehrte seine Mutter und gab den Armen, die an seine Türe pochten. Als nach Jahr und Tag Frau Lisbeth von einem schönen Knaben genas, ging Peter nach dem Tannenbühl und sagte sein Sprüchlein. Aber das Glasmännlein zeigte sich nicht. »Herr Schatzhauser«, rief er laut, »hört mich doch; ich will ja nichts anderes, als euch zu Gevatter bitten bei meinem Söhnlein!« Aber er gab keine Antwort; nur ein kurzer Windstoß sauste durch die Tannen, und warf einige Tannzapfen herab ins Gras. »So will ich dies zum Andenken mitnehmen, weil ihr euch doch nicht sehen lassen wollet«, rief Peter, steckte die Zapfen in die Tasche, und ging nach Hause; aber als er zu Hause das Sonntagswams auszog, und seine Mutter die Taschen umwandte, und das Wams in den Kasten legen wollte, da fielen vier stattliche Geldrollen heraus, und als man sie öffnete, waren es lauter gute, neue badische Taler, und kein einziger falscher darunter. Und das war das Patengeschenk des Männleins im Tannenwald für den kleinen Peter.

So lebten sie still und unverdrossen fort, und noch oft nachher, als Peter Munk schon graue Haare hatte, sagte er: »Es ist doch besser zufrieden sein mit wenigem, als Gold und Güter haben, und ein *kaltes Herz*.«

Ludwig Tieck

Der blonde Eckbert

In einer Gegend des Harzes wohnte ein Ritter, den man gewöhnlich nur den blonden Eckbert nannte. Er war ohngefähr vierzig Jahr alt, kaum von mittler Größe, und kurze hellblonde Haare lagen schlicht und dicht an seinem blassen eingefallenen Gesichte. Er lebte sehr ruhig für sich und war niemals in den Fehden seiner Nachbarn verwickelt, auch sah man ihn nur selten außerhalb den Ringmauern seines kleinen Schlosses. Sein Weib liebte die Einsamkeit ebenso sehr, und beide schienen sich von Herzen zu lieben, nur klagten sie gewöhnlich darüber, dass der Himmel ihre Ehe mit keinen Kindern segnen wolle.

Nur selten wurde Eckbert von Gästen besucht, und wenn es auch geschah, so wurde ihretwegen fast nichts in dem gewöhnlichen Gange des Lebens geändert, die Mäßigkeit wohnte dort, und die Sparsamkeit selbst schien alles anzuordnen. Eckbert war alsdann heiter und aufgeräumt, nur wenn er allein war, bemerkte man an ihm eine gewisse Verschlossenheit, eine stille zurückhaltende Melancholie.

Niemand kam so häufig auf die Burg als Philipp Walther, ein Mann, dem sich Eckbert angeschlossen hatte, weil er an diesem ohngefähr dieselbe Art zu denken fand, der auch er am meisten zugetan war. Dieser wohnte eigentlich in Franken, hielt sich aber oft über ein halbes Jahr in der Nähe von Eckberts Burg auf, sammelte Kräuter und Steine, und beschäftigte sich damit, sie in Ordnung zu bringen, er lebte von einem kleinen Vermögen und war von niemand abhängig.

Eckbert begleitete ihn oft auf seinen einsamen Spaziergängen, und mit jedem Jahre entspann sich zwischen ihnen eine innigere Freundschaft.

Es gibt Stunden, in denen es den Menschen ängstigt, wenn er vor seinem Freunde ein Geheimnis haben soll, was er bis dahin oft mit vieler Sorgfalt verborgen hat, die Seele fühlt dann einen unwiderstehlichen Trieb, sich ganz mitzuteilen, dem Freunde auch das Innerste aufzuschließen, damit er umso mehr unser Freund werde. In diesen Augenblicken geben sich die zarten Seelen einander zu erkennen, und zuweilen geschieht es wohl auch, dass einer vor der Bekanntschaft des andern zurückschreckt.

Es war schon im Herbst, als Eckbert an einem neblichten Abend mit seinem Freunde und seinem Weibe Bertha um das Feuer eines Kammes saß. Die Flamme warf einen hellen Schein durch das Gemach und spielte oben an der Decke, die Nacht sah schwarz zu den Fenstern herein, und die Bäume draußen schüttelten sich vor nasser Kälte. Walther klagte über den weiten Rückweg, den er habe, und Eckbert schlug ihm vor, bei ihm zu bleiben, die halbe Nacht unter traulichen Gesprächen hinzubringen, und dann in einem Gemache des Hauses bis am Morgen zu schlafen. Walther ging den Vorschlag ein, und nun ward Wein und die Abendmahlzeit hereingebracht, das Feuer durch Holz vermehrt, und das Gespräch der Freunde heitrer und vertraulicher.

Als das Abendessen abgetragen war, und sich die Knechte wieder entfernt hatten, nahm Eckbert die Hand Walthers und sagte: »Freund, ihr solltet euch einmal von meiner Frau die Geschichte ihrer Jugend erzählen lassen, die seltsam genug ist.« – »Gern«, sagte Walther, und man setzte sich wieder um den Kamin.

Es war jetzt gerade Mitternacht, der Mond sah abwechselnd durch die vorüberflatternden Wolken. »Ihr müsst mich nicht für zudringlich halten«, fing Bertha an, »mein Mann sagt, dass ihr so edel denkt, dass es unrecht sei, euch etwas zu verhehlen. Nur haltet meine Erzählung für kein Märchen, so sonderbar sie auch klingen mag.

Ich bin in einem Dorfe geboren, mein Vater war ein armer Hirte. Die Haushaltung bei meinen Eltern war nicht zum Besten bestellt, sie wussten sehr oft nicht, wo sie das Brot hernehmen sollten. Was mich aber noch weit mehr jammerte, war, dass mein Vater und meine Mutter sich oft über ihre Armut entzweiten, und einer dem andern dann bittere Vorwürfe machte. Sonst hört ich beständig von mir, dass ich ein einfältiges dummes Kind sei, das nicht das unbedeutendste Geschäft auszurichten wisse, und wirklich war ich äußerst ungeschickt und unbeholfen, ich ließ alles aus den Händen fallen, ich lernte weder nähen noch spinnen, ich konnte nichts in der Wirtschaft helfen, nur die Not meiner Eltern verstand ich sehr gut. Oft saß ich dann im Winkel und füllte meine Vorstellungen damit an, wie ich ihnen helfen wollte, wenn ich plötzlich reich würde, wie ich sie mit Gold und Silber überschütten und mich an ihrem Erstaunen laben möchte, dann sah ich Geister heraufschweben, die mir unterirdische Schätze entdeckten, oder mir kleine Kiesel gaben, die sich in Edelsteine verwandelten, kurz, die wunderbarsten Fantasien beschäftigten mich, und wenn ich nun aufstehn musste, um irgendetwas zu helfen, oder zu tragen, so zeigte ich mich noch viel ungeschickter, weil mir der Kopf von allen den seltsamen Vorstellungen schwindelte.

Mein Vater war immer sehr ergrimmt auf mich, dass ich eine so ganz unnütze Last des Hauswesens sei, er behandelte mich daher oft ziemlich grausam, und es war selten, dass ich ein freundliches Wort von ihm vernahm. So war ich ungefähr acht Jahre alt geworden, und es wurden nun ernstliche Anstalten gemacht, dass ich etwas tun, oder lernen sollte. Mein Vater glaubte, es wäre nur Eigensinn oder Trägheit von mir, um meine Tage in Müßiggang hinzubringen, genug, er setzte mir mit Drohungen unbeschreiblich zu, da diese aber doch nichts fruchteten, züchtigte er mich auf die grausamste Art, indem er sagte, dass diese Strafe mit jedem Tage wiederkehren sollte, weil ich doch nur ein unnützes Geschöpf sei.

Die ganze Nacht hindurch weint ich herzlich, ich fühlte mich so außerordentlich verlassen, ich hatte ein solches Mitleid mit mir selber, dass ich zu sterben wünschte. Ich fürchtete den Anbruch des Tages, ich wusste durchaus nicht, was ich anfangen sollte, ich wünschte mir alle mögliche Geschicklichkeit und konnte gar nicht begreifen, warum ich einfältiger sei als die übrigen Kinder meiner Bekanntschaft. Ich war der Verzweiflung nahe.

Als der Tag graute, stand ich auf und eröffnete, fast ohne dass ich es wusste, die Tür unsrer kleinen Hütte. Ich stand auf dem freien Felde, bald darauf war ich in einem Walde, in den der Tag kaum noch hineinblickte. Ich lief immerfort, ohne mich umzusehn, ich fühlte keine Müdigkeit, denn ich glaubte immer, mein Vater würde mich noch wieder einholen, und durch meine Flucht gereizt, mich noch grausamer behandeln.

Als ich aus dem Walde wieder heraustrat, stand die Sonne schon ziemlich hoch, ich sah jetzt etwas Dunkles vor mir liegen, welches ein dichter Nebel bedeckte. Bald musste ich über Hügel klettern, bald durch einen zwischen Felsen gewundenen Weg gehn, und ich erriet nun, dass ich mich wohl in dem benachbarten Gebirge befinden müsse, worüber ich anfing mich in der Einsamkeit zu fürchten. Denn ich hatte in der Ebene noch keine Berge gesehn, und das bloße Wort Gebirge, wenn ich davon hatte reden hören, war meinem kindischen Ohr ein fürchterlicher Ton gewesen. Ich hatte nicht das Herz zurückzugehn, meine Angst trieb mich vorwärts; oft sah ich mich erschrocken um, wenn der Wind über mir weg durch die Bäume fuhr, oder ein ferner Holzschlag weit durch den stillen Morgen hintönte.

Als mir Köhler und Bergleute endlich begegneten und ich eine fremde Aussprache hörte, wäre ich vor Entsetzen fast in Ohnmacht gesunken.

Ich kam durch mehrere Dörfer und bettelte, weil ich jetzt Hunger und Durst empfand, ich half mir so ziemlich mit meinen Antworten durch, wenn ich gefragt wurde. So war ich ohngefähr vier Tage fortgewandert, als ich auf einen kleinen Fußsteig geriet, der mich von der großen Straße immer mehr entfernte. Die Felsen um mich her gewannen jetzt eine andre, weit seltsamere Gestalt. Es waren Klippen, so aufeinandergepackt, dass es das Ansehn hatte, als wenn sie der erste Windstoß durcheinanderwerfen würde. Ich wusste nicht, ob ich weitergehn sollte. Ich hatte des Nachts immer im Walde geschlafen, denn es war gerade zur schönsten Jahrszeit, oder in abgelegenen Schäferhütten; hier traf ich aber gar keine menschliche Wohnung, und konnte auch nicht vermuten, in dieser Wildnis auf eine zu stoßen; die Felsen wurden immer furchtbarer, ich musste oft dicht an schwindlichten Abgründen vorbeigehn, und endlich hörte sogar der Weg unter meinen Füßen auf. Ich war ganz trostlos, ich weinte und schrie, und in den Felsentälern hallte meine Stimme auf eine schreckliche Art zurück. Nun brach die Nacht herein, und ich suchte mir eine Moosstelle aus, um dort zu ruhn. Ich konnte nicht schlafen; in der Nacht hörte ich die seltsamsten Töne, bald hielt ich es für wilde Tiere, bald für den Wind, der durch die Felsen klage, bald für fremde Vögel. Ich betete, und ich schlief nur spät gegen Morgen ein.

Ich erwachte, als mir der Tag ins Gesicht schien. Vor mir war ein steiler Felsen, ich kletterte in der Hoffnung hinauf von dort den Ausgang aus der Wildnis zu entdecken, und vielleicht Wohnungen oder Menschen gewahr zu werden. Als ich aber oben stand, war alles, so weit nur mein Auge reichte, ebenso, wie um mich her, alles war mit einem neblichten Dufte überzogen, der Tag war grau und trübe, und keinen Baum, keine Wiese, selbst kein Gebüsch konnte mein Auge erspähn, einzelne Sträucher ausgenommen, die einsam und betrübt in engen Felsenritzen emporgeschossen waren. Es ist unbeschreiblich, welche Sehnsucht ich empfand, nur eines Menschen ansichtig zu werden, wäre es auch, dass ich mich vor ihm hätte fürchten müssen. Zugleich fühlte ich einen peinigenden Hunger, ich setzte mich nieder und beschloss zu sterben. Aber nach einiger Zeit trug die Lust zu leben dennoch den Sieg davon, ich raffte mich auf und ging unter Tränen, unter abgebrochenen Seufzern den ganzen Tag hindurch; am Ende war ich mir meiner kaum noch bewusst, ich war müde und erschöpft, ich wünschte kaum noch zu leben, und fürchtete doch den Tod.

Gegen Abend schien die Gegend umher etwas freundlicher zu werden, meine Gedanken, meine Wünsche lebten wieder auf, die Lust zum Leben erwachte in allen meinen Adern. Ich glaubte jetzt das Gesause einer Mühle aus der Ferne zu hören, ich verdoppelte meine Schritte, und wie wohl, wie leicht ward mir, als ich endlich wirklich die

Grenzen der öden Felsen erreichte; ich sah Wälder und Wiesen mit fernen angenehmen Bergen wieder vor mir liegen. Mir war, als wenn ich aus der Hölle in ein Paradies getreten wäre, die Einsamkeit und meine Hülflosigkeit schienen mir nun gar nicht fürchterlich.

Statt der gehofften Mühle stieß ich auf einen Wasserfall, der meine Freude freilich um vieles minderte; ich schöpfte mit der Hand einen Trunk aus dem Bache, als mir plötzlich war, als höre ich in einiger Entfernung ein leises Husten. Nie bin ich so angenehm überrascht worden, als in diesem Augenblick, ich ging näher und ward an der Ecke des Waldes eine alte Frau gewahr, die auszuruhen schien. Sie war fast ganz schwarz gekleidet und eine schwarze Kappe bedeckte ihren Kopf und einen großen Teil des Gesichtes, in der Hand hielt sie einen Krückenstock.

Ich näherte mich ihr und bat um ihre Hülfe; sie ließ mich neben sich niedersitzen und gab mir Brot und etwas Wein. Indem ich aß, sang sie mit kreischendem Ton ein geistliches Lied. Als sie geendet hatte, sagte sie mir, ich möchte ihr folgen.

Ich war über diesen Antrag sehr erfreut, so wunderlich mir auch die Stimme und das Wesen der Alten vorkam. Mit ihrem Krückenstocke ging sie ziemlich behände, und bei jedem Schritte verzog sie ihr Gesicht so, dass ich im Anfange darüber lachen musste. Die wilden Felsen traten immer weiter hinter uns zurück, wir gingen über eine angenehme Wiese, und dann durch einen ziemlich langen Wald. Als wir heraustraten, ging die Sonne gerade unter, und ich werde den Anblick und die Empfindung dieses

Abends nie vergessen. In das sanfteste Rot und Gold war alles verschmolzen, die Bäume standen mit ihren Wipfeln in der Abendröte, und über den Feldern lag der entzückende Schein, die Wälder und die Blätter der Bäume standen still, der reine Himmel sah aus wie ein aufgeschlossenes Paradies, und das Rieseln der Quellen und von Zeit zu Zeit das Flüstern der Bäume tönte durch die heitre Stille wie in wehmütiger Freude. Meine junge Seele bekam jetzt zuerst eine Ahnung von der Welt und ihren Begebenheiten. Ich vergaß mich und meine Führerin, mein Geist und meine Augen schwärmten nur zwischen den goldnen Wolken.

Wir stiegen nun einen Hügel hinan, der mit Birken bepflanzt war, von oben sah man in ein grünes Tal voller Birken hinein, und unten mitten in den Bäumen lag eine kleine Hütte. Ein munteres Bellen kam uns entgegen, und bald sprang ein kleiner behänder Hund die Alte an, und wedelte, dann kam er zu mir, besah mich von allen Seiten, und kehrte mit freundlichen Gebärden zur Alten zurück.

Als wir vom Hügel heruntergingen, hörte ich einen wunderbaren Gesang, der aus der Hütte zu kommen schien, wie von einem Vogel, es sang also:

›Waldeinsamkeit,
Die mich erfreut,
So morgen wie heut
In ewger Zeit,
O wie mich freut
Waldeinsamkeit.‹

Diese wenigen Worte wurden beständig wiederholt; wenn ich es beschreiben soll, so war es fast, als wenn Waldhorn und Schalmeie ganz in der Ferne durcheinanderspielen.

Meine Neugier war außerordentlich gespannt; ohne dass ich auf den Befehl der Alten wartete, trat ich mit in die Hütte. Die Dämmerung war schon eingebrochen, alles war ordentlich aufgeräumt, einige Becher standen auf einem Wandschränke, fremdartige Gefäße auf einem Tische, in einem glänzenden Käfig hing ein Vogel am Fenster, und er war es wirklich, der die Worte sang. Die Alte keuchte und hustete, sie schien sich gar nicht wieder erholen zu können, bald streichelte sie den kleinen Hund, bald sprach sie mit dem Vogel, der ihr nur mit seinem gewöhnlichen Liede Antwort gab; übrigens tat sie gar nicht, als wenn ich zugegen wäre. Indem ich sie so betrachtete, überlief mich mancher Schauer: Denn ihr Gesicht war in einer ewigen Bewegung, indem sie dazu wie vor Alter mit dem Kopfe schüttelte, sodass ich durchaus nicht wissen konnte, wie ihr eigentliches Aussehn beschaffen war.

Als sie sich erholt hatte, zündete sie Licht an, deckte einen ganz kleinen Tisch und trug das Abendessen auf. Jetzt sah sie sich nach mir um, und hieß mir einen von den geflochtenen Rohrstühlen nehmen. So saß ich ihr nun dicht gegenüber und das Licht stand zwischen uns. Sie faltete ihre knöchernen Hände und betete laut, indem sie ihre Gesichtsverzerrungen machte, sodass es mich beinahe wieder zum Lachen gebracht hätte; aber ich nahm mich sehr in Acht, um sie nicht zu erbosen.

Nach dem Abendessen betete sie wieder, und dann wies sie mir in einer niedrigen und engen Kammer ein

Bett an; sie schlief in der Stube. Ich blieb nicht lange munter, ich war halb betäubt, aber in der Nacht wachte ich einige Mal auf, und dann hörte ich die Alte husten und mit dem Hunde sprechen, und den Vogel dazwischen, der im Traum zu sein schien, und immer nur einzelne Worte von seinem Liede sang. Das machte mit den Birken, die vor dem Fenster rauschten, und mit dem Gesang einer entfernten Nachtigall ein so wunderbares Gemisch, dass es mir immer noch nicht so war, als sei ich erwacht, sondern als fiele ich nur in einen andern noch seltsamem Traum.

Am Morgen weckte mich die Alte, und wies mich bald nachher zur Arbeit an. Ich musste spinnen, und ich begriff es auch bald, dabei hatte ich noch für den Hund und für den Vogel zu sorgen. Ich lernte mich schnell in die Wirtschaft finden, und alle Gegenstände umher wurden mir bekannt; nun war mir, als müsste alles so sein, ich dachte gar nicht mehr daran, dass die Alte etwas Seltsames an sich habe, dass die Wohnung abenteuerlich und von allen Menschen entfernt liege, und dass an dem Vogel etwas Außerordentliches sei. Seine Schönheit fiel mir zwar immer auf, denn seine Federn glänzten mit allen möglichen Farben, das schönste Hellblau und das brennendste Rot wechselten an seinem Halse und Leibe, und wenn er fröhlich sang, blähte er sich stolz auf, sodass sich seine Federn noch prächtiger zeigten.

Oft ging die Alte aus und kam erst am Abend zurück, ich ging ihr dann mit dem Hunde entgegen, und sie nannte mich Kind und Tochter. Ich ward ihr endlich von Herzen gut, wie sich unser Sinn denn an alles, besonders in der Kindheit, gewöhnt. In den Abendstunden lehrte sie mich lesen, ich fand mich leicht in die Kunst, und es ward nachher in meiner Einsamkeit eine Quelle von unendlichem Vergnügen, denn sie hatte einige alte geschriebene Bücher, die wunderbare Geschichten enthielten.

Die Erinnerung an meine damalige Lebensart ist mir noch bis jetzt immer seltsam: Von keinem menschlichen Geschöpfe besucht, nur in einem so kleinen Familienzirkel einheimisch, denn der Hund und der Vogel machten denselben Eindruck auf mich, den sonst nur längst gekannte Freunde hervorbringen. Ich habe mich immer nicht wieder auf den seltsamen Namen des Hundes besinnen können, sooft ich ihn auch damals nannte.

Vier Jahre hatte ich so mit der Alten gelebt, und ich mochte ohngefähr zwölf Jahr alt sein, als sie mir endlich mehr vertraute, und mir ein Geheimnis entdeckte. Der Vogel legte nämlich an jedem Tage ein Ei, in dem sich eine Perle oder ein Edelstein befand. Ich hatte schon immer bemerkt, dass sie heimlich in dem Käfige wirtschafte, mich aber nie genauer darum bekümmert. Sie trug mir jetzt das Geschäft auf, in ihrer Abwesenheit diese Eier zu nehmen und in den fremdartigen Gefäßen wohl zu verwahren. Sie ließ mir meine Nahrung zurück, und blieb nun länger aus, Wochen, Monate; mein Rädchen schnurrte, der Hund bellte, der wunderbare Vogel sang und dabei war alles so still in der Gegend umher, dass ich mich in der ganzen Zeit keines Sturmwindes, keines Gewitters erinnere. Kein Mensch verirrte sich dorthin, kein Wild kam unserer Behausung nahe, ich war zufrieden und arbeitete mich von einem Tage zum andern hinüber. – Der Mensch wäre vielleicht recht glücklich, wenn er so ungestört sein Leben bis ans Ende fortführen könnte.

Aus dem wenigen, was ich las, bildete ich mir ganz wunderliche Vorstellungen von der Welt und den Menschen, alles war von mir und meiner Gesellschaft hergenommen: Wenn von lustigen Leuten die Rede war, konnte ich sie mir nicht anders vorstellen wie den kleinen Spitz, prächtige Damen sahen immer wie der Vogel aus, alle alten Frauen wie meine wunderliche Alte. Ich hatte auch von Liebe etwas gelesen, und spielte nun in meiner Fantasie seltsame Geschichten mit mir selber. Ich dachte mir den schönsten Ritter von der Welt, ich schmückte ihn mit allen Vortrefflichkeiten aus, ohne eigentlich zu wissen, wie er nun nach allen meinen Bemühungen aussah: Aber ich konnte ein rechtes Mitleid mit mir selber haben, wenn er mich nicht wieder liebte; dann sagte ich lange rührende Reden in Gedanken her, zuweilen auch wohl laut, um ihn nur zu gewinnen. – Ihr lächelt! Wir sind jetzt freilich alle über diese Zeit der Jugend hinüber.

Es war mir jetzt lieber, wenn ich allein war, denn alsdann war ich selbst die Gebieterin im Hause. Der Hund liebte mich sehr und tat alles was ich wollte, der Vogel antwortete mir in seinem Liede auf alle meine Fragen, mein Rädchen drehte sich immer munter, und so fühlte ich im Grunde nie einen Wunsch nach Veränderung. Wenn die Alte von ihren langen Wanderungen zurückkam, lobte sie meine Aufmerksamkeit, sie sagte, dass ihre Haushaltung, seit ich dazugehöre, weit ordentlicher geführt werde, sie freute sich über mein Wachstum und mein gesundes Aussehn, kurz, sie ging ganz mit mir wie mit einer Tochter um.

›Du bist brav, mein Kind!‹, sagte sie einst zu mir mit einem schnarrenden Tone; ›wenn du so fortfährst, wird es dir auch immer gut gehn: Aber nie gedeiht es, wenn man von der rechten Bahn abweicht, die Strafe folgt nach, wenn auch noch so spät.‹ – Indem sie das sagte, achtete ich eben nicht sehr darauf, denn ich war in allen meinen Bewegungen und meinem ganzen Wesen sehr lebhaft; aber in der Nacht fiel es mir wieder ein, und ich konnte nicht begreifen, was sie damit hatte sagen wollen. Ich überlegte alle Worte genau, ich hatte wohl von Reichtümern gelesen, und am Ende fiel mir ein, dass ihre Perlen und Edelsteine wohl etwas Kostbares sein könnten. Dieser Gedanke wurde mir bald noch deutlicher. Aber was konnte sie mit der rechten Bahn meinen? Ganz konnte ich den Sinn ihrer Worte noch immer nicht fassen.

Ich war jetzt vierzehn Jahr alt, und es ist ein Unglück für den Menschen, dass er seinen Verstand nur darum bekömmt, um die Unschuld seiner Seele zu verlieren. Ich begriff nämlich wohl, dass es nur auf mich ankomme, in der Abwesenheit der Alten den Vogel und die Kleinodien zu nehmen, und damit die Welt, von der ich gelesen hatte, aufzusuchen. Zugleich war es mir dann vielleicht möglich, den überaus schönen Ritter anzutreffen, der mir immer noch im Gedächtnisse lag.

Im Anfange war dieser Gedanke nichts weiter als jeder andre Gedanke, aber wenn ich so an meinem Rade saß, so kam er mir immer wider Willen zurück, und ich verlor mich so in ihm, dass ich mich schon herrlich geschmückt sah, und Ritter und Prinzen um mich her. Wenn ich mich so vergessen hatte, konnte ich ordentlich betrübt werden, wenn ich wieder aufschaute, und mich in der kleinen Wohnung antraf. Übrigens, wenn ich meine Geschäfte tat, bekümmerte sich die Alte nicht weiter um mein Wesen.

An einem Tage ging meine Wirtin wieder fort, und sagte mir, dass sie diesmal länger als gewöhnlich ausbleiben werde, ich solle ja auf alles ordentlich achtgeben und mir die Zeit nicht lang werden lassen. Ich nahm mit einer gewissen Bangigkeit von ihr Abschied, denn es war mir, als würde ich sie nicht wiedersehn. Ich sah ihr lange nach und wusste selbst nicht, warum ich so beängstigt war; es war fast, als wenn mein Vorhaben schon vor mir stände, ohne mich dessen deutlich bewusst zu sein.

Nie hab ich des Hundes und des Vogels mit einer solchen Emsigkeit gepflegt, sie lagen mir näher am Herzen, als sonst. Die Alte war schon einige Tage abwesend, als ich mit dem festen Vorsatze aufstand, mit dem Vogel die Hütte zu verlassen, und die sogenannte Welt aufzusuchen. Es war mir enge und bedrängt zu Sinne, ich wünschte wieder dazubleiben, und doch war mir der Gedanke widerwärtig; es war ein seltsamer Kampf in meiner Seele, wie ein Streiten von zwei widerspenstigen Geistern in mir. In einem Augenblicke kam mir die ruhige Einsamkeit so schön vor, dann entzückte mich wieder die Vorstellung einer neuen Welt, mit allen ihren wunderbaren Mannigfaltigkeiten.

Ich wusste nicht, was ich aus mir selber machen sollte, der Hund sprang mich unaufhörlich an, der Sonnenschein breitete sich munter über die Felder aus, die grü-

nen Birken funkelten: Ich hatte die Empfindung, als wenn
ich etwas sehr Eiliges zu tun hätte, ich griff also den kleinen Hund, band ihn in der Stube fest, und nahm dann
den Käfig mit dem Vogel unter den Arm. Der Hund
krümmte sich und winselte über diese ungewohnte Be-
handlung, er sah mich mit bittenden Augen an, aber ich

fürchtete mich, ihn mit mir zu nehmen. Noch nahm ich
eins von den Gefäßen, das mit Edelsteinen angefüllt war,
und steckte es zu mir, die übrigen ließ ich stehn.

Der Vogel drehte den Kopf auf eine wunderliche Weise, als ich mit ihm zur Tür hinaustrat, der Hund strengte sich sehr an, mir nachzukommen, aber er musste zurückbleiben.

Ich vermied den Weg nach den wilden Felsen und ging nach der entgegengesetzten Seite. Der Hund bellte und winselte immerfort, und es rührte mich recht inniglich, der Vogel wollte einige Mal zu singen anfangen, aber da er getragen war, musste es ihm wohl unbequem fallen.

So wie ich weiter ging, hörte ich das Bellen immer schwächer und endlich hörte es ganz auf. Ich weinte und wäre beinahe wieder umgekehrt, aber die Sucht etwas Neues zu sehn, trieb mich vorwärts.

Schon war ich über Berge und durch einige Wälder gekommen, als es Abend ward, und ich in einem Dorfe einkehren musste. Ich war sehr blöde, als ich in die Schenke trat, man wies mir eine Stube und ein Bette an, ich schlief ziemlich ruhig, nur dass ich von der Alten träumte, die mir drohte.

Meine Reise war ziemlich einförmig, aber je weiter ich ging, je mehr ängstigte mich die Vorstellung von der Alten und dem kleinen Hunde; ich dachte daran, dass er wahrscheinlich ohne meine Hülfe verhungern müsse, im Walde glaubt ich oft, die Alte würde mir plötzlich entgegentreten. So legte ich unter Tränen und Seufzern den Weg zurück; sooft ich ruhte, und den Käfig auf den Boden stellte, sang der Vogel sein wunderliches Lied, und ich erinnerte mich dabei recht lebhaft des schönen verlassenen Aufenthalts. Wie die menschliche Natur vergesslich ist, so glaubt ich jetzt, meine vormalige Reise in der Kindheit sei nicht so trübselig gewesen als meine jetzige; ich wünschte wieder in derselben Lage zu sein.

Ich hatte einige Edelsteine verkauft und kam nun nach einer Wanderschaft von vielen Tagen in einem Dorfe an. Schon beim Eintritt ward mir wundersam zumute, ich erschrak und wusste nicht worüber; aber bald erkannt ich mich, denn es war dasselbe Dorf, in welchem ich geboren war. Wie ward ich überrascht! Wie liefen mir vor Freuden, wegen tausend seltsamer Erinnerungen, die Tränen von den Wangen! Vieles war verändert, es waren neue Häuser entstanden, andre, die man damals erst errichtet hatte, waren jetzt verfallen, ich traf auch Brandstellen; alles war weit kleiner, gedrängter als ich erwartet hatte. Unendlich freute ich mich darauf, meine Eltern nun nach so manchen Jahren wiederzusehn; ich fand das kleine Haus, die wohlbekannte Schwelle, der Griff der Tür war noch ganz so wie damals, es war mir, als hätte ich sie nur gestern angelehnt; mein Herz klopfte ungestüm, ich öffnete sie hastig – aber ganz fremde Gesichter saßen in der Stube umher und stierten mich an. Ich fragte nach dem Schäfer Martin, und man sagte mir, er sei schon seit drei Jahren mit seiner Frau gestorben. – Ich trat schnell zurück, und ging laut weinend aus dem Dorfe hinaus.

Ich hatte es mir so schön gedacht, sie mit meinem Reichtume zu überraschen; durch den seltsamsten Zufall war das nun wirklich geworden, was ich in der Kindheit immer nur träumte – und jetzt war alles umsonst, sie konnten sich nicht mit mir freuen, und das, worauf ich am meisten immer im Leben gehofft hatte, war für mich auf ewig verloren.

In einer angenehmen Stadt mietete ich mir ein kleines Haus mit einem Garten, und nahm eine Aufwärterin zu mir. So wunderbar, als ich es vermutet hatte, kam mir die Welt nicht vor, aber ich vergaß die Alte und meinen ehemaligen Aufenthalt etwas mehr, und so lebt ich im Ganzen recht zufrieden.

Der Vogel hatte schon seit Langem nicht mehr gesungen; ich erschrak daher nicht wenig, als er in einer Nacht plötzlich wieder anfing, und zwar mit einem veränderten Liede. Er sang:

> ›Waldeinsamkeit
> Wie liegst du weit!
> O dich gereut
> Einst mit der Zeit. –
> Ach einzge Freud
> Waldeinsamkeit!‹

Ich konnte die Nacht hindurch nicht schlafen, alles fiel mir von Neuem in die Gedanken, und mehr als jemals fühlt ich, dass ich Unrecht getan hatte. Als ich aufstand, war mir der Anblick des Vogels ordentlich zuwider, er sah immer nach mir hin, und seine Gegenwart ängstigte mich. Er hörte nun mit seinem Liede gar nicht wieder auf, und er sang es lauter und schallender, als er es sonst gewohnt gewesen war. Je mehr ich ihn betrachtete, je bänger machte er mich; ich öffnete endlich den Käfig, steckte die Hand hinein und fasste seinen Hals, herzhaft drückte ich die Finger zusammen, er sah mich bittend an, ich ließ los, aber er war schon gestorben. – Ich begrub ihn im Garten.

Jetzt wandelte mich oft eine Furcht vor meiner Aufwärterin an, ich dachte an mich selbst zurück, und glaubte, dass sie mich auch einst berauben oder wohl gar ermorden könne. – Schon lange kannt ich einen jungen Ritter, der mir überaus gefiel, ich gab ihm meine Hand – und hiermit, Herr Walther, ist meine Geschichte geendigt.«

»Ihr hättet sie damals sehn sollen«, fiel Eckbert hastig ein – »ihre Jugend, ihre Schönheit, und welch einen unbeschreiblichen Reiz ihr ihre einsame Erziehung gegeben hatte. Sie kam mir vor wie ein Wunder, und ich liebte sie ganz über alles Maß. Ich hatte kein Vermögen, aber durch ihre Liebe kam ich in diesen Wohlstand, wir zogen hierher, und unsere Verbindung hat uns bis jetzt noch keinen Augenblick gereut.«

»Aber über unser Schwatzen«, fing Bertha wieder an, »ist es schon tief in die Nacht geworden – wir wollen uns schlafen legen.«

Sie stand auf und ging nach ihrer Kammer. Walther wünschte ihr mit einem Handkusse eine gute Nacht und sagte: »Edle Frau, ich danke euch, ich kann mir euch recht vorstellen, mit dem seltsamen Vogel, und wie ihr den kleinen *Strohmian* füttert.«

Auch Walther legte sich schlafen, nur Eckbert ging noch unruhig im Saale auf und ab. – »Ist der Mensch nicht ein Tor?«, fing er endlich an; »ich bin erst die Veranlassung, dass meine Frau ihre Geschichte erzählt, und jetzt gereut mich diese Vertraulichkeit! – Wird er sie nicht missbrauchen? Wird er sie nicht andern mitteilen? Wird er nicht vielleicht, denn das ist die Natur des Menschen,

eine unselige Habsucht nach unsern Edelgesteinen empfinden, und deswegen Pläne anlegen und sich verstellen?«

Es fiel ihm ein, dass Walther nicht so herzlich von ihm
Abschied genommen hatte, als es nach einer solchen Vertraulichkeit wohl natürlich gewesen wäre. Wenn die Seele
erst einmal zum Argwohn gespannt ist, so trifft sie auch
in allen Kleinigkeiten Bestätigungen an. Dann warf sich
Eckbert wieder sein unedles Misstrauen gegen seinen
wackern Freund vor, und konnte doch nicht davon zurückkehren. Er schlug sich die ganze Nacht mit diesen
Vorstellungen herum, und schlief nur wenig.

Bertha war krank und konnte nicht zum Frühstück erscheinen; Walther schien sich nicht viel darum zu küm-
mern, und verließ auch den Ritter ziemlich gleichgültig.
Eckbert konnte sein Betragen nicht begreifen; er besuchte seine Gattin, sie lag in einer Fieberhitze und sagte,
die Erzählung in der Nacht müsse sie auf diese Art gespannt haben.

Seit diesem Abend besuchte Walther nur selten die
Burg seines Freundes, und wenn er auch kam, ging er
nach einigen unbedeutenden Worten wieder weg. Eckbert ward durch dieses Betragen im äußersten Grade ge-
peinigt; er ließ sich zwar gegen Bertha und Walther nichts
davon merken, aber jeder musste doch seine innerliche
Unruhe an ihm gewahr werden.

Mit Berthas Krankheit ward es immer bedenklicher;
der Arzt ward ängstlich, die Röte von ihren Wangen war
verschwunden, und ihre Augen wurden immer glühen-
der. – An einem Morgen ließ sie ihren Mann an ihr Bette
rufen, die Mägde mussten sich entfernen.

»Lieber Mann«, fing sie an, »ich muss dir etwas entdecken, das mich fast um meinen Verstand gebracht hat, das meine Gesundheit zerrüttet, so eine unbedeutende Kleinigkeit es auch an sich scheinen möchte. – Du weißt, dass ich mich immer nicht, sooft ich von meiner Kindheit sprach, trotz aller angewandten Mühe auf den Namen des kleinen Hundes besinnen konnte, mit welchem ich so lange umging; an jenem Abend sagte Walther beim Abschiede plötzlich zu mir: ›Ich kann mir euch recht vorstellen, wie ihr den kleinen Strohmian füttert‹. Ist das Zufall? Hat er den Namen erraten, weiß er ihn und hat er ihn mit Vorsatz genannt? Und wie hängt dieser Mensch dann mit meinem Schicksale zusammen? Zuweilen kämpfe ich mit mir, als ob ich mir diese Seltsamkeit nur einbilde, aber es ist gewiss, nur zu gewiss. Ein gewaltiges Entsetzen befiel mich, als mir ein fremder Mensch so zu meinen Erinnerungen half. Was sagst du, Eckbert?«

Eckbert sah seine leidende Gattin mit einem tiefen Gefühle an; er schwieg und dachte bei sich nach, dann sagte er ihr einige tröstende Worte und verließ sie. In einem abgelegenen Gemache ging er in unbeschreiblicher Unruhe auf und ab. Walther war seit vielen Jahren sein einziger Umgang gewesen, und doch war dieser Mensch jetzt der einzige in der Welt, dessen Dasein ihn drückte und peinigte. Es schien ihm, als würde ihm froh und leicht sein, wenn nur dieses einzige Wesen aus seinem Wege gerückt werden könnte. Er nahm seine Armbrust, um sich zu zerstreuen und auf die Jagd zu gehn.

Es war ein rauer stürmischer Wintertag, tiefer Schnee lag auf den Bergen und bog die Zweige der Bäume nieder.

Er streifte umher, der Schweiß stand ihm auf der Stirne, er traf auf kein Wild, und das vermehrte seinen Unmut. Plötzlich sah er sich etwas in der Ferne bewegen, es war Walther, der Moos von den Bäumen sammelte; ohne zu wissen was er tat, legte er an, Walther sah sich um, und drohte mit einer stummen Gebärde, aber indem flog der Bolzen ab, und Walther stürzte nieder.

Eckbert fühlte sich leicht und beruhigt, und doch trieb ihn ein Schauder nach seiner Burg zurück; er hatte einen großen Weg zu machen, denn er war weit hinein in die Wälder verirrt. – Als er ankam, war Bertha schon gestorben; sie hatte vor ihrem Tode noch viel von Walther und der Alten gesprochen.

Eckbert lebte nun eine lange Zeit in der größten Einsamkeit; er war schon sonst immer schwermütig gewesen, weil ihn die seltsame Geschichte seiner Gattin beunruhigte, und er irgendeinen unglücklichen Vorfall, der sich ereignen könnte, befürchtete: Aber jetzt war er ganz mit sich zerfallen. Die Ermordung seines Freundes stand ihm unaufhörlich vor Augen, er lebte unter ewigen innern Vorwürfen.

Um sich zu zerstreuen, begab er sich zuweilen nach der nächsten großen Stadt, wo er Gesellschaften und Feste besuchte. Er wünschte durch irgendeinen Freund die Leere in seiner Seele auszufüllen, und wenn er dann wieder an Walther zurückdachte, so erschrak er vor dem Gedanken, einen Freund zu finden, denn er war überzeugt, dass er nur unglücklich mit jedwedem Freunde sein könne. Er hatte so lange mit Bertha in einer schönen Ruhe gelebt, die Freundschaft Walthers hatte ihn so manches Jahr hindurch beglückt, und jetzt waren beide so plötzlich dahingerafft, dass ihm sein Leben in manchen Augenblicken mehr wie ein seltsames Märchen, als wie ein wirklicher Lebenslauf erschien.

Ein junger Ritter, Hugo, schloss sich an den stillen betrübten Eckbert, und schien eine wahrhafte Zuneigung gegen ihn zu empfinden. Eckbert fand sich auf eine wunderbare Art überrascht, er kam der Freundschaft des Ritters umso schneller entgegen, je weniger er sie vermutet hatte. Beide waren nun häufig beisammen, der Fremde erzeigte Eckbert alle möglichen Gefälligkeiten, einer ritt fast nicht mehr ohne den andern aus; in allen Gesellschaften trafen sie sich, kurz, sie schienen unzertrennlich.

Eckbert war immer nur auf kurze Augenblicke froh, denn er fühlte es deutlich, dass ihn Hugo nur aus einem Irrtume liebe; jener kannte ihn nicht, wusste seine Geschichte nicht, und er fühlte wieder denselben Drang, sich ihm ganz mitzuteilen, damit er versichert sein könne, ob jener auch wahrhaft sein Freund sei. Dann hielten ihn wieder Bedenklichkeiten und die Furcht, verabscheut zu werden, zurück. In manchen Stunden war er so sehr von seiner Nichtswürdigkeit überzeugt, dass er glaubte, kein Mensch, für den er nicht ein völliger Fremdling sei, könne ihn seiner Achtung würdigen. Aber dennoch konnte er sich nicht widerstehn; auf einem einsamen Spazierritte entdeckte er seinem Freunde seine ganze Geschichte, und fragte ihn dann, ob er wohl einen Mörder lieben könne. Hugo war gerührt, und suchte ihn zu trösten; Eckbert folgte ihm mit leichterm Herzen zur Stadt.

Es schien aber seine Verdammnis zu sein, gerade in der Stunde des Vertrauens Argwohn zu schöpfen, denn kaum waren sie in den Saal getreten, als ihm beim Schein der vielen Lichter die Mienen seines Freundes nicht gefielen. Er glaubte ein hämisches Lächeln zu bemerken, es fiel ihm auf, dass er nur wenig mit ihm spreche, dass er mit den Anwesenden viel rede, und seiner gar nicht zu achten scheine. Ein alter Ritter war in der Gesellschaft, der sich immer als den Gegner Eckberts gezeigt, und sich oft nach seinem Reichtum und seiner Frau auf eine eigne Weise erkundigt hatte; zu diesem gesellte sich Hugo, und beide sprachen eine Zeit lang heimlich, indem sie nach Eckbert hindeuteten. Dieser sah jetzt seinen Argwohn bestätigt, er glaubte sich verraten, und eine schreckliche Wut bemeisterte sich seiner. Indem er noch immer hinstarrte, sah er plötzlich Walthers Gesicht, alle seine Mienen, die ganze, ihm so wohlbekannte Gestalt, er sah noch immer hin und ward überzeugt, dass niemand als Walther mit dem Alten spreche. – Sein Entsetzen war unbeschreiblich; außer sich stürzte er hinaus, verließ noch in der Nacht die Stadt, und kehrte nach vielen Irrwegen auf seine Burg zurück.

Wie ein unruhiger Geist eilte er jetzt von Gemach zu Gemach, kein Gedanke hielt ihm stand, er verfiel von entsetzlichen Vorstellungen auf noch entsetzlichere, und kein Schlaf kam in seine Augen. Oft dachte er, dass er wahnsinnig sei, und sich nur selber durch seine Einbildung alles erschaffe; dann erinnerte er sich wieder der Züge Walthers, und alles ward ihm immer mehr ein Rätsel. Er beschloss eine Reise zu machen, um seine Vorstellungen wieder zu ordnen; den Gedanken an Freundschaft, den Wunsch nach Umgang hatte er nun auf ewig aufgegeben.

Er zog fort, ohne sich einen bestimmten Weg vorzusetzen, ja er betrachtete die Gegenden nur wenig, die vor ihm lagen. Als er im stärksten Trabe seines Pferdes einige Tage so fortgeeilt war, sah er sich plötzlich in einem Gewinde von Felsen verirrt, in denen sich nirgend ein Ausweg entdecken ließ. Endlich traf er auf einen alten Bauer, der ihm einen Pfad, einem Wasserfall vorüber, zeigte: Er wollte ihm zur Danksagung einige Münzen geben, der Bauer aber schlug sie aus. – »Was gilt's«, sagte Eckbert zu sich selber, »ich könnte mir wieder einbilden, dass dies niemand anders als Walther sei.« – Und indem sah er sich noch einmal um, und es war niemand anders als Walther. – Eckbert spornte sein Ross so schnell es nur laufen konnte, durch Wiesen und Wälder, bis es erschöpft unter ihm zusammenstürzte. – Unbekümmert darüber setzte er nun seine Reise zu Fuß fort.

Er stieg träumend einen Hügel hinan; es war, als wenn er ein nahes munteres Bellen vernahm, Birken säuselten dazwischen, und er hörte mit wunderlichen Tönen ein Lied singen:

> »Waldeinsamkeit
> Mich wieder freut,
> Mir geschieht kein Leid,
> Hier wohnt kein Neid,
> Von Neuem mich freut
> Waldeinsamkeit.«

Jetzt war es um das Bewusstsein, um die Sinne Eckberts geschehn; er konnte sich nicht aus dem Rätsel herausfinden, ob er jetzt träume, oder ehemals von einem Weibe Bertha geträumt habe; das Wunderbarste vermischte sich mit dem Gewöhnlichsten, die Welt um ihn her war verzaubert, und er keines Gedankens, keiner Erinnerung mächtig.

Eine krummgebückte Alte schlich hustend mit einer Krücke den Hügel heran. »Bringst du mir meinen Vogel? Meine Perlen? Meinen Hund?«, schrie sie ihm entgegen. »Siehe, das Unrecht bestraft sich selbst: Niemand als ich war dein Freund Walther, dein Hugo.«

»Gott im Himmel!«, sagte Eckbert stille vor sich hin – »in welcher entsetzlichen Einsamkeit hab ich dann mein Leben hingebracht!«

»Und Bertha war deine Schwester.«

Eckbert fiel zu Boden.

»Warum verließ sie mich tückisch? Sonst hätte sich alles gut und schön geendet, ihre Probezeit war ja schon vorüber.

Sie war die Tochter eines Ritters, die er bei einem Hirten erziehn ließ, die Tochter deines Vaters.«

»Warum hab ich diesen schrecklichen Gedanken immer geahndet?«, rief Eckbert aus.

»Weil du in früher Jugend deinen Vater einst davon erzählen hörtest; er durfte seiner Frau wegen diese Tochter nicht bei sich erziehn lassen, denn sie war von einem andern Weibe.«

Eckbert lag wahnsinnig und verscheidend auf dem Boden; dumpf und verworren hörte er die Alte sprechen, den Hund bellen, und den Vogel sein Lied wiederholen.

Bildnachweis

Das Frontispiz sowie die Illustrationen zu den Märchen von Ludwig Bechstein stammen von Ludwig Richter.

Die Illustrationen zu den Märchen der Gebrüder Grimm stammen von Max Slevogt (Rotkäppchen, Dornröschen und Sneewitchen) und Otto Ubbelohde.

Die Märchen Ludwig Hauffs, einschließlich der hier enthaltenen, wurden 1871 von Theodor Hosemann und Theodor Weber für Hallberger illustriert.

Die Illustrationen zu »Der blonde Eckbert« stammen von Willibald Weingärtner.